AF353312

Rol del jefe

Coordinación editorial
Gabriela Scalamandré

Diseño de tapa
Juan Pablo Olivieri

MARTHA ALICIA ALLES

Rol del jefe
Cómo ser un buen jefe

NUEVA EDICIÓN

GRANICA
ARGENTINA - ESPAÑA - MÉXICO - CHILE - URUGUAY

ARGENTINA
Ediciones Granica S.A.
Lavalle 1634 3º G / C1048AAN Buenos Aires, Argentina
Tel.: +54 (11) 4374-1456 - Fax: +54 (11) 4373-0669
granica.ar@granicaeditor.com
atencionaempresas@granicaeditor.com

MÉXICO
Ediciones Granica México S.A. de C.V.
Industria No. 82, Colonia Nextengo, Delegación Azcapotzalco
02070 Ciudad de Máxico - México
Tel.: +5255-5360-1010
granica.mx@granicaeditor.com

URUGUAY
Ediciones Granica S.A. Scoseria 2639 Bis
11300 Montevideo, Uruguay
Tel: +59 (82) 712 4857 / +59 (82) 712 4858
granica.uy@granicaeditor.com

CHILE
granica.cl@granicaeditor.com
Tel.: +56 2 8107455

ESPAÑA
granica.es@granicaeditor.com
Tel.: +34 (93) 635 4120

www.granicaeditor.com

Alles, Martha Alicia
 Rol del jefe / Martha Alicia Alles. - 3ª ed. - Ciudad Autónoma de
 Buenos Aires: Granica, 2019.
 316 p.; 23x17 cm

 ISBN 978-950-641-981-3

 1. Recursos Humanos. I. Título
 CDD 658.3

AGRADECIMIENTO

*A mi esposo, Juan Carlos Cincotta.
Por su constante apoyo a todos mis proyectos
y sus aportes atinados a esta obra.*

Índice

Presentación de la nueva edición revisada

Los libros, una vez que son editados tienen –por así decirlo– su propia vida. Esta obra en particular, *Rol del jefe*, ha tenido un recorrido muy interesante y singular. Llegó a los lectores a través del camino clásico y habitual, es decir, librerías y, también, en su versión digital –*e-books*–.

Entre sus otros recorridos, *Rol del jefe* ha sido editado como libro destinado a públicos acotados, como los integrantes de una misma organización. En esta última variante, a través de ediciones *in company*, sus contenidos fueron acompañados por cartas del número 1 dirigidas a sus colaboradores explicando –entre otras cosas– cómo el rol del jefe era y es bueno para todos, formando parte de la estrategia. En todos los casos, estas ediciones especiales llevaron en su tapa y contratapa logos de las empresas, fotos del personal, textos que identificaban la historia y la cultura, según cada organización.

Sus caminos no terminan allí, *Rol del jefe* acompañó y acompaña a estudiantes y profesores, así como a jefes y dueños de empresas de países cercanos y lejanos, personas cuya lengua nativa es el español y otras no.

Sus miles de copias forman parte de otras tantas bibliotecas más allá de las fronteras, de un lado y otro del Atlántico, de un lado y otro de la/s Cordillera/s.

Como autora, me preocupo por mantener actualizadas todas mis obras, las reviso exhaustivamente. En algunos casos, estas se modifican y, cuando es necesario, los libros se reescriben.

La nueva edición de *Rol del jefe*, manteniendo la misma estructura de 8 capítulos, ha sido objeto de una revisión completa con algunos agregados en varios de dichos capítulos. El propósito: brindar al lector una mirada completa de los roles necesarios para ser jefe con una mirada al futuro, pensando en el 2030, 2040.

En relación con el *management*, con las organizaciones, los jefes –de todos los niveles– y los colaboradores –también de todos los niveles–, se han producido cambios relevantes producto de varias circunstancias. Sólo por mencionar algunas: la globalización, los nuevos contextos sociales, la irrupción de la tecnología en nuestras vidas cotidianas y las nuevas generaciones, estas últimas afectadas por los factores anteriores.

En cualquier caso, ninguno de nosotros es como era antes y, seguramente, será distinto dentro de cierto número de años. Los comportamientos han cambiado, las formas de ver y hacer las cosas, también. En esta nueva realidad, el rol de los jefes –en organizaciones de todo tipo y tamaño– ha devenido en más relevante aún.

En las últimas décadas, además, se han roto algunos paradigmas. Los jefes no responden a estructuras piramidales provenientes de la antigüedad en el cargo y la organización, o la edad de los involucrados. Otros son los factores que determinan los roles y lugares ocupados en las diversas jerarquías. Veamos la figura al pie.

A través de ella se desea transmitir la idea de que, con respecto a la relación jefe-colaborador, todas las combinaciones son posibles.

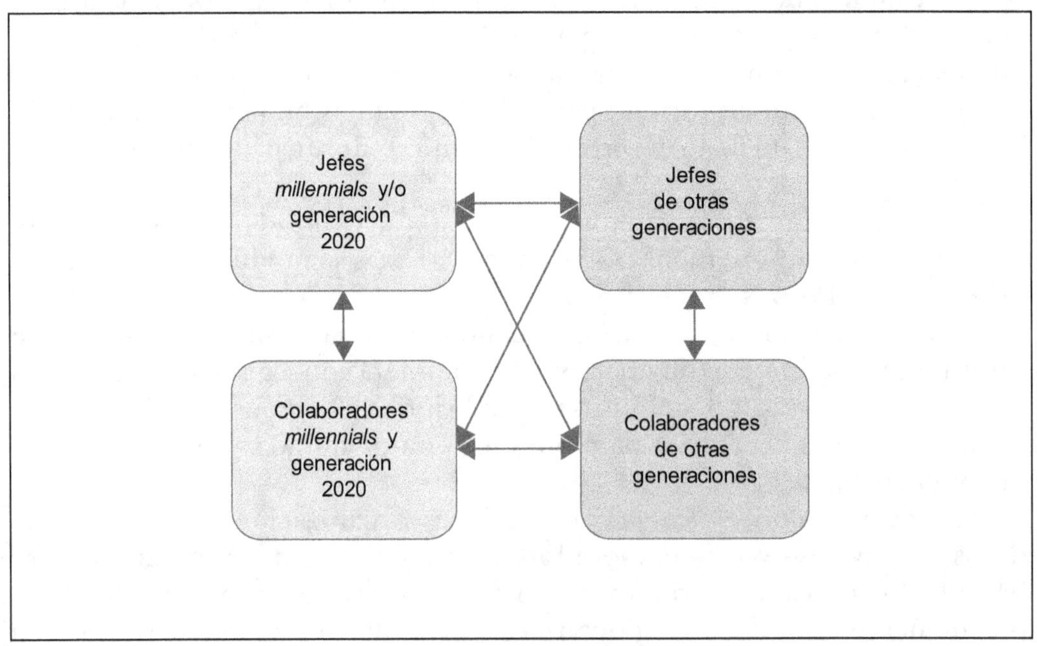

- Jefes *millennials*[1] y/o generación 2020[2] que tienen colaboradores correspondientes a la generación de *millennials*, generación 2020 y, también, de otras generaciones.
- Jefes de otras generaciones que tienen colaboradores de la generación de *millennials* y generación 2020 y, también, de otras generaciones.
- Grupos de pares y colaboradores que forman parte de otras generaciones.

Ser jefe dependerá sólo de las capacidades de unos y otros, es decir, de sus conocimientos, competencias, experiencia y motivación.

Los jefes y sus roles

En esta obra utilizamos el término "jefe" con un alcance amplio. Jefe es la persona que tiene a otras a su cargo dentro de una estructura jerárquica. Los jefes pueden tener niveles muy diversos, desde el número 1 de la organización hasta otro con pocos colaboradores a su cargo. Del mismo modo, es jefe aquel que siendo dueño está al frente de su propia compañía, ya sea una empresa de grandes dimensiones o una pequeña en la que trabajan pocas personas, familiares o no. También es jefe el director de una película, una orquesta, ballet o equipo deportivo. El término "jefe" describe un rol.

Por su parte, colaborador es aquella persona que coopera con otra. En el ámbito de las organizaciones se utiliza el término para denominar a las personas que trabajan bajo la conducción de otra/s.

Complementando los conceptos previos, las palabras que dan origen al título *–Rol del jefe–* integran las diversas facetas de la actividad de todo jefe. Enfoca su papel dentro de la organización, agregando a sus funciones tradicionales las responsabilidades y tareas inherentes a esta condición, por ejemplo: seleccionar colaboradores, evaluar su desempeño y entrenarlos, sólo por nombrar algunas.

---

1. *Millennials* (Generación de): Nacidos entre 1977 y 1997. Fuente. *Diccionario de términos de Recursos Humanos*. Ediciones Granica, Buenos Aires, 2011.
2. Generación 2020 (también se los denomina *centennials*): Nacidos después de 1997. Fuente. *Diccionario de términos de Recursos Humanos*. Ediciones Granica, Buenos Aires, 2011.

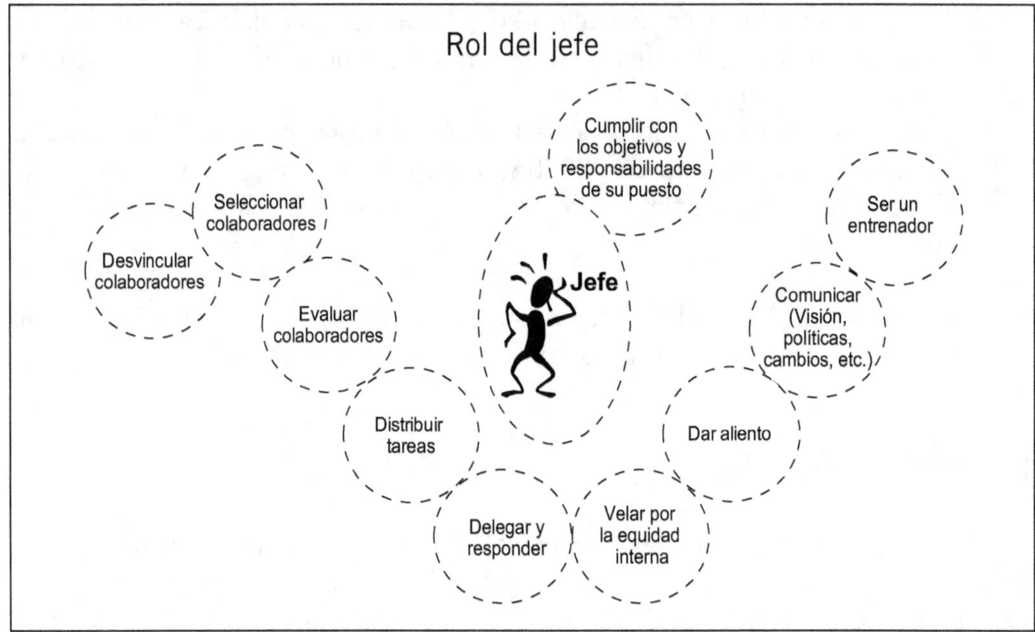

Los distintos roles de un jefe se exponen en la figura precedente. Para su tratamiento, en los 8 capítulos de la obra los hemos agrupado de algún modo, estando muchos de ellos directamente relacionados entre sí.

Distintos interesados en la temática de esta obra

Los distintos roles de los jefes junto con las tareas, conocimientos y competencias que involucra este concepto, constituyen una materia que puede ser de interés *desde distintas miradas.*

Como decíamos, los jefes forman parte de organizaciones de todo tipo, por lo cual, todos los temas aquí tratados serán de interés para dueños de empresas y/o números 1, directivos y jefes, para colaboradores, para expertos en cualquier temática organizacional y, también, para especialistas en Recursos Humanos.

En la figura siguiente hemos señalado a los principales interesados en la temática de esta obra, desde el número 1 –CEO, dueño, director general, o cualquier otra denominación que corresponda a esa posición– y también los

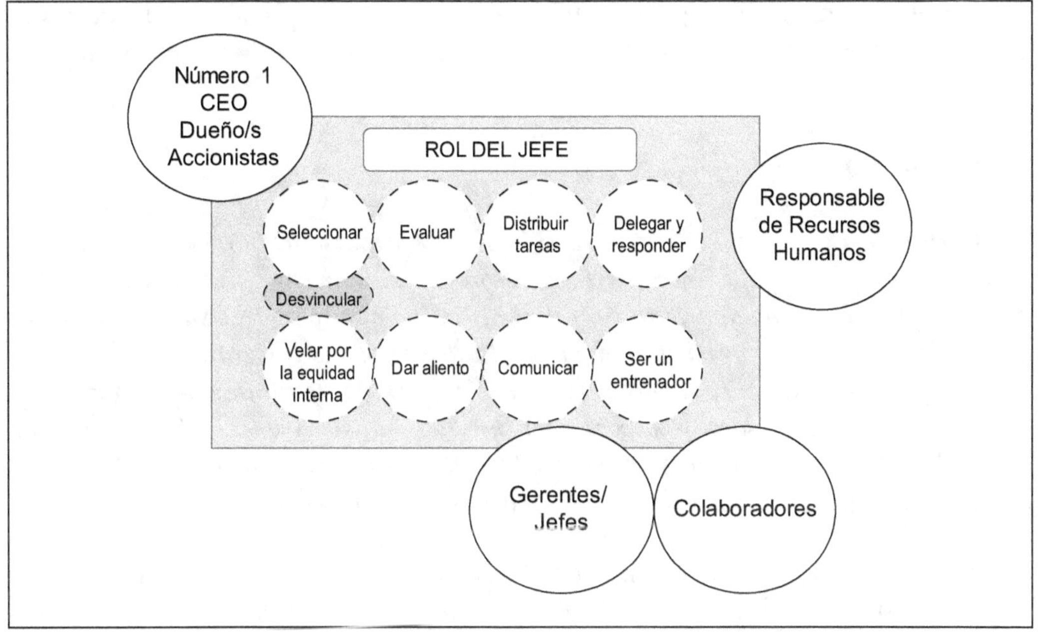

accionistas, hasta el responsable del área de Recursos Humanos. Adicionalmente, todos los integrantes de la organización, gerentes, jefes, colaboradores.

En resumen, los aspectos tratados en *Rol del Jefe* van más allá de los directamente involucrados en la relación jefe-colaborador. Por el contrario, es una temática *para todos y de todos*. Una persona puede ser dueño, jefe o colaborador, manejar su propio negocio o formar parte de una gran multinacional; en cualquier circunstancia tiene relación con otras personas, en alguno de los roles mencionados o cualquier otro, y, desde su mirada, personal e individual, los diferentes aspectos lo involucran.

Cualquier directivo preocupado por el factor humano deberá conocer acerca de los diferentes roles ya que él mismo deberá llevarlos a cabo, no sólo requerirlos en otros.

Por último, los jefes, de todos los niveles, forman parte de todo tipo de organización, una empresa, una ONG, un ente gubernamental, una asociación artística o deportiva. Todas las organizaciones se conforman con personas, jefes y colaboradores que, quizá, también pueden ser a su vez jefes. En cualquier caso, será necesario un manejo profesional de los temas concernientes.

Antes de terminar la presentación de esta nueva edición revisada de la obra, dejo a continuación un concepto al lector, a modo de reflexión inicial.

Liderazgo 2.0

Podemos denominar "Liderazgo 2.0" a la *capacidad para generar compromiso y lograr que otras personas participen con entusiasmo en la consecución de objetivos. Implica la capacidad para conducir al equipo a su cargo y asumir un rol cercano al mismo, así como para desarrollar el talento de sus integrantes y alcanzar a través de su accionar un clima organizacional armónico y desafiante. Este nuevo líder considera las posibilidades, recursos y oportunidades de la Web 2.0 y las características de las nuevas generaciones, en especial, Millennials y Generación 2020.*

El liderazgo así definido posee algunos aspectos diferenciadores.

- Su estilo de conducción es cercano a su equipo (líder circular).
- Considera/utiliza la Web 2.0[3], principalmente redes sociales.
- Lidera con comodidad las nuevas generaciones (*Millennials* y Generación 2020).
- Desarrolla el talento.
- A través de su accionar logra un clima armónico y desafiante en su equipo/la organización según sea su nivel.

El rol del jefe que plantea esta nueva versión revisada le permitirá al jefe asumir este nuevo estilo de liderazgo. Un liderazgo que implicará un circulo virtuoso conformado por los conceptos: *entrenar, delegar, entrenar, delegar,* etcétera.

Presentación de la obra

En la Introducción de la Edición 2008, al presentar la obra decíamos que "no es nuestro propósito ofrecer al lector un libro académico" sobre el rol

---

3. *Web 2.0.* La expresión Web 2.0 hace referencia a una segunda generación de Web basada en comunidades de usuarios y una gama especial de servicios web, como redes sociales, blogs, microblogs, wikis, entre otras, que fomentan la colaboración y el intercambio ágil de información entre los usuarios. Fuente. *Diccionario de términos de Recursos Humanos.* Ediciones Granica, Buenos Aires, 2011

de los jefes y los conocimientos necesarios para alcanzar un desempeño exitoso o superior en dicho rol. La idea, y espero que se haya logrado, es la presentación de temas complejos de manera directa, aplicable a aquellos directivos y jefes de áreas diversas, de niveles igualmente diversos.

En esta nueva edición totalmente revisada, hemos respetado las imágenes elegidas para representar tanto al jefe como al colaborador. Estas tienen un cierto aire *vintage* que nos pareció muy apropiado. Ciertos conceptos sobre los jefes son permanentes, así como otras circunstancias, como decíamos en párrafos previos, nos han cambiado a todos, quizá para siempre, en la mayoría de los aspectos que conforman nuestra vida.

También hemos continuado con algunas figuras tipo cómic, para dirigir el foco a las cuestiones allí planteadas dándoles, al mismo tiempo, un tratamiento informal. Los jefes deberán ejercer sus roles de jefe en un contexto caracterizado por la informalidad sin dejar de lado su esencia (son los jefes).

Nuestra experiencia como consultores internacionales, actuando en países de toda Hispanoamérica, nos ha permitido encontrar un denominador común tanto en grandes empresas y *holdings* como en otras medianas y pequeñas. A la mayoría de los jefes les cuesta asumir su rol a pleno, ya sean jóvenes o con mayor experiencia. Muchos poseen ideas equivocadas sobre qué espera la organización respecto de sus roles como jefes.

En numerosos casos, con la mejor intención, los jefes realizan acciones que, si bien pueden no estar totalmente equivocadas, no representan la mejor variante posible. Si a estos mismos jefes se les presentan otras opciones, se les muestran otros caminos, los siguen con entusiasmo. Desean hacer las cosas bien y, en ocasiones, no saben muy bien cómo.

En resumen, siempre será de utilidad tanto para los que son jefes desde hace mucho como para los más recientes, revisar conceptos, analizar si lo están haciendo bien, qué podrían hacer mejor. En todos los casos, siempre habrá algo que se puede mejorar.

La obra está conformada por:

- Presentación de la nueva edición revisada
- Introducción
- Capítulo 1. *Ser jefe*
- Capítulo 2. *Cómo elegir al colaborador más adecuado*
- Capítulo 3. *Dar aliento y reconocimiento a un colaborador*
- Capítulo 4. *Cómo guiar a un colaborador en su carrera*

- Capítulo 5. *La relación diaria con el colaborador*
- Capítulo 6. *Conducir a otros*
- Capítulo 7. *El jefe como entrenador de sus colaboradores*
- Capítulo 8. *Sugerencias para alcanzar un desempeño superior como jefe*

En el desarrollo de los temas hemos incluido una serie de planteos, preguntas, cuestiones, dudas, etc., con sus respectivos comentarios y/o respuestas, según corresponda.

Todos los interrogantes planteados nos los han formulado, en algún momento, jefes ya sea que, o bien no sabían cómo resolver un tema, encarar una situación, o bien, sabiendo cómo deberían resolver la cuestión, deseaban confirmar su parecer, confirmar que estaban en el camino correcto.

Los jóvenes que ya son jefes o aquellos que aspiran a serlo, encontrarán en esta obra reflejadas sus inquietudes, quizá alguna que todavía no se han planteado.

Invito al lector a que nos escriba, comentando sus dudas y sugerencias. También si tiene alguna pregunta cuya respuesta no está en el libro. Podremos estar comunicados, como siempre, a través de cualquiera de nuestras participaciones en las redes sociales, así como escribiendo a la siguiente dirección de correo electrónico: **libros@marthaalles.com**

Introducción

Muchos fuimos jefes por primera vez sin una preparación previa. En mi caso particular, tenía 25 años y me designaron jefa de cuatro profesionales, dos varones y dos mujeres, la mayoría de ellos con algunos años más. Por aquellos años la característica de ser jefa mujer y, además, menor que sus colaboradores, era al menos poco frecuente, por no decir extraño. No tuve ningún tipo de entrenamiento específico para desempeñarme en esas circunstancias, y el único consejo que recibí fue: "reúnase una vez por semana con cada uno de ellos para ver el avance de los trabajos". No fue mucho, pero sí suficiente para comenzar. A la luz de los años, quizá, los errores fueron muchos.

En la actualidad existe una mayor conciencia acerca de que para asumir el rol de jefe se requiere preparación, entrenamiento, seguimiento del nuevo rol y más entrenamiento. En mi opinión, sin embargo, esta comprensión aún no ha evolucionado hasta alcanzar el nivel que la temática requiere. Bajo esta perspectiva es que presentamos este trabajo.

Cuando las organizaciones son de gran tamaño, usualmente, los colaboradores ven en sus jefes la imagen de la organización para la cual trabajan. En ocasiones, no conocen (personalmente) a las máximas autoridades. De allí la importancia del rol que cada jefe asume con relación a un sinnúmero de temas.

Alrededor del concepto *jefe-colaborador* otros términos, de algún modo, hacen referencia a esta relación. Si vamos hacia atrás en el tiempo, podríamos hablar de reyes, súbditos y cortesanos. Una concepción más cercana a nuestros días, referida a esta relación, y que aún se utiliza, es la de subordinado.

Sobre estos términos, cabe una primera distinción: todos los cortesanos son subordinados, pero no todos los subordinados son cortesanos. El diccionario define cortesano como "persona que sirve obsequiosamente a un superior". La acepción de subordinado a la que nos referimos es más universal, aunque no entusiasma: "Dicho de una persona sujeta a otra o dependiente de ella".

A subordinados y cortesanos los comprende una condición: la heteronimia, que es, según el diccionario, "la voluntad que se rige por imperativos que están fuera de ella misma"; y la describen varios estatus típicos, por ejemplo: subalterno (de inferior rango); súbdito (sujeto a la autoridad de un superior).

En nuestro trabajo utilizaremos el término *colaborador* como más representativo de la idea contemporánea respecto de la relación existente entre una persona y su superior jerárquico en el ámbito de las organizaciones en el siglo XXI. La figura del colaborador, en el escenario actual, se corresponde con una persona que siendo un subordinado del jefe, lo es desde una perspectiva tal que enriquece a ambos. El jefe escucha a su colaborador, quien, potencialmente, podrá realizar aportes creativos y valiosos, pero el primero es el que, en última instancia, tomará las decisiones.

La relación jefe-colaborador no se corresponde con la idea de un jefe que sólo da órdenes ni con su opuesto: un grupo de pares que trabajan juntos. Es una interrelación en la que uno da las orientaciones, el otro las enriquece y el jefe toma la decisión final.

Un ejemplo, un gerente de ventas o un jefe de cuentas corrientes debe cumplir con aquello que su puesto le demande. Sin embargo, ser jefe implica mucho más: además de sus tareas específicas debe realizar todas aquellas tareas y funciones inherentes al rol de jefe, las cuales consisten en:

- Distribuir tareas. Delegar tareas.
- Seleccionar a sus colaboradores.
- Evaluar sus comportamientos.
- Delegar tareas.
- Dar aliento.

- Comunicar la misión, visión, valores y estrategia organizacionales, y los específicos del área a cargo.
- Ser un entrenador de sus colaboradores en cuanto a su desarrollo profesional.
- Desvincular a los colaboradores cuando ello sea pertinente.

En resumen, ser jefe de otras personas implica asumir un rol complejo que demanda conocimientos, competencias y compromiso con la función. Un buen jefe deberá comprender el alcance de las tareas mencionadas precedentemente para alcanzar un desempeño superior.

Un jefe, cualquiera sea su nivel, deberá cumplir con su actividad principal –vender, comprar, o cualquier otra–, junto con una serie de funciones adicionales producto de tener colaboradores a su cargo. Ser jefe implica muchas cosas. Desde ser guía de las personas a cargo hasta conducirlas, lo que no es fácil, sobre todo considerando que a la mayoría de nosotros, cuando nos nombraron jefes por primera vez, no nos explicaron el alcance completo de lo que eso significaba. Llegar a obtener un desempeño superior como jefe, en cualquier nivel, implica tres elementos básicos:

1. Cumplir con el descriptivo del propio puesto, los objetivos asignados y las responsabilidades.
2. Cumplir satisfactoriamente con una serie de "funciones" que la mayoría de las veces no figuran por escrito en la descripción del puesto. Sin embargo, las organizaciones esperan que todos los jefes las cumplan, y cuando esto no sucede se da lugar, de un modo u otro, a una evaluación no satisfactoria del jefe en cuestión.
3. Ser entrenador de los colaboradores, un desarrollador de talentos para la organización.

Es muy importante no perder de vista que, más allá de que nos referiremos a las capacidades necesarias para ser un buen jefe, quien asume este rol lo primero que deberá cumplir es la responsabilidad específica que le fue asignada, cualquiera que ésta sea (producción, ventas, auditoría, etcétera).

En resumen, un jefe deberá cumplir con sus responsabilidades específicas y, además, ser un buen jefe de sus colaboradores.

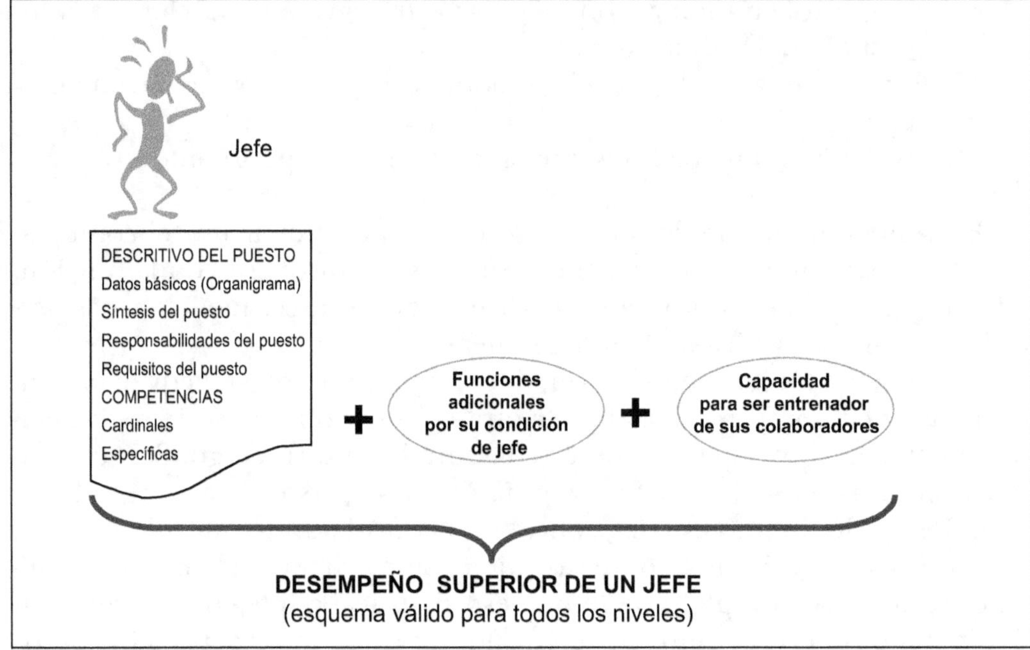

La expresión "rol del jefe" –al igual que la de "jefe entrenador"– implica un concepto que encierra un conjunto de actividades y roles que debe, necesariamente, cumplir cualquier persona que tiene a otras a su cargo. Si el lector deja de lado, sólo por un momento, la mirada organizacional podrá ver que "rol del jefe" se podrá encontrar en cualquier grupo humano, desde uno de catequesis hasta otro dedicado a actividades deportivas, desde una agrupación política a una de tipo artístico o cultural. Tiene relación con los grupos humanos.

Si el jefe forma parte de una organización, de cualquier tipo o tamaño, tendrá una descripción de su puesto, escrita o tácita, con tareas y responsabilidades a su cargo. Pero además de llevar adelante la gestión encomendada, por su rol de jefe de otras personas tiene una serie de responsabilidades y tareas inherentes a esta condición. Esta idea se expresa en el gráfico siguiente.

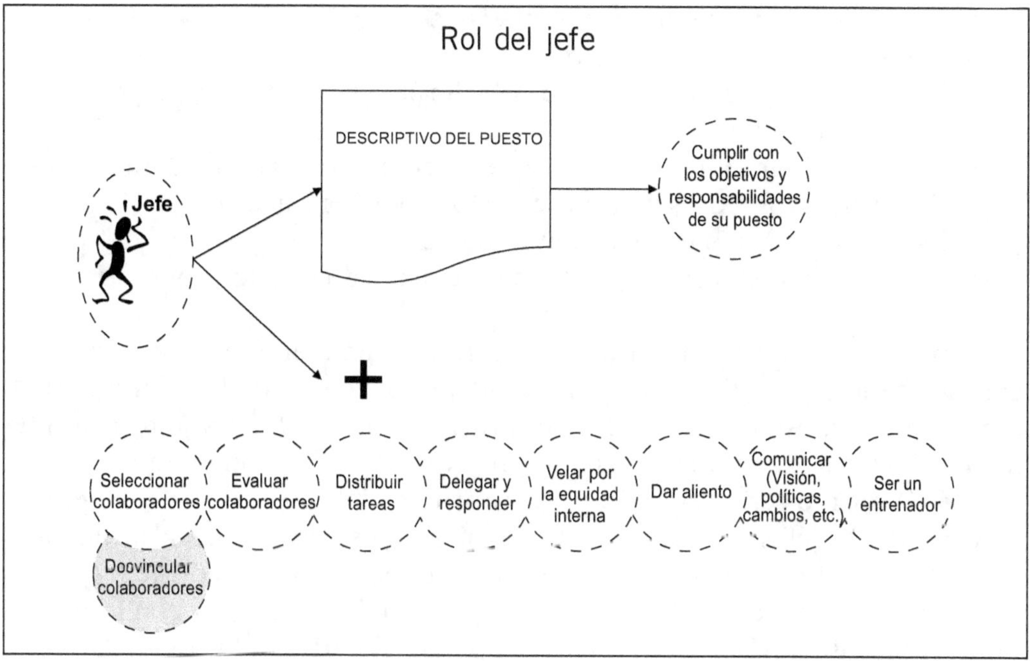

Ser jefe implica un conjunto de funciones y responsabilidades que se añaden a las mencionadas:

- Jefe es la persona que *debe responder* por su propio trabajo y por el de aquellas personas que se encuentran bajo su supervisión.
- Un jefe es *responsable de conducir un equipo de gente* capaz de obtener resultados. Debe brindar a su equipo un liderazgo eficaz, agregando valor al trabajo de sus subordinados.

El jefe y los empleados

Para dirigir mejor a sus colaboradores el jefe debe motivar y enseñar, al mismo tiempo. Algunas tareas relacionadas:

- Elegir para tareas difíciles a empleados que lo hayan impresionado antes.
- Evaluar capacidades de los empleados.

- Apoyarlos cuando comenten un error.
- No dar consejos innecesarios.
- Una vez delegada la tarea, no interferir. Dar opiniones, pero no con mucha frecuencia.
- Elegir colaboradores sinceros, que puedan expresar sus desacuerdos.
- Reconocer los éxitos y evitar las culpas por los fracasos.
- Estar disponible para sus colaboradores.
- Darles ánimo cuando algo no sale de acuerdo con lo esperado.

Como ya se expresara, en una primera instancia el jefe deberá cumplir con una serie de objetivos y responsabilidades. Este tipo de funciones, usualmente, están consignadas en el descriptivo del puesto. Si la organización ha fijado objetivos, deberá además cumplir con ellos. Con relación a estos aspectos, él mismo será evaluado por sus propios jefes. Como ya se dijera, la mayoría de los jefes dentro de una organización se encuentran "atrapados" entre dos roles: el de jefe y, al mismo tiempo, el de colaborador.

Un jefe, cualquiera sea su nivel jerárquico, deberá cumplir con lo descrito en el párrafo anterior: objetivos y responsabilidades del puesto. Además, e inherentemente a su condición de jefe o supervisor, deberá cumplir con otras responsabilidades adicionales. Daremos a continuación una apretada síntesis al respecto. Todos estos temas se verán en profundidad a lo largo de esta obra.

- **Seleccionar colaboradores (eventualmente desvincularlos, si fuese necesario).** El jefe siempre debe elegir a sus colaboradores, aun cuando en la organización exista un área de Recursos Humanos que conduzca los procesos de reclutamiento y selección. Si la organización trabaja con un modelo de competencias, el jefe deberá estar entrenado para entrevistar por competencias. Cuando se deba despedir a un colaborador, por mal desempeño o por otro motivo, es el jefe quien deberá comunicarle a la persona esa decisión.
- **Evaluar colaboradores.** Los jefes evalúan a sus colaboradores de acuerdo con los procesos de evaluación del desempeño que su organización ha implementado, y dan retroalimentación al respecto. Sin embargo, la tarea de evaluación no se agota allí, ya que diariamente deberán comunicar a sus empleados cómo están haciendo las cosas: lo que hacen bien, y lo que deben mejorar.

- **Distribuir tareas. Delegar y responder.** Los jefes distribuyen las tareas a realizar entre los integrantes de su equipo de colaboradores; para ello deben aprender a delegar. Cuando se delega una tarea se hace responsable al receptor (de la tarea); sin embargo, también el jefe deberá responder por dicha actividad.

- **Dar aliento a sus colaboradores. Velar por la equidad interna.** Esta función se relaciona con la de evaluar a los colaboradores. Un jefe debe dar aliento a su equipo de manera permanente. Mediante palabras, mediante acciones concretas... Es parte de su responsabilidad como conductor de un grupo de personas. Al mismo tiempo, velar por la equidad interna.

- **Comunicar la visión organizacional, los valores, las políticas, los cambios, etc.** La comunicación tiene un rol preponderante en la relación jefe-colaborador. Se conforma de pequeños gestos cotidianos e incluye, además, la transmisión de información acerca de temas relevantes. Un jefe comunica la misión, visión y valores de la organización, no sólo a través de las "frases" que definen estos aspectos, sino desde su accionar cotidiano. El jefe actúa de acuerdo con estos conceptos. Lo mismo deberá suceder en relación con las políticas organizacionales, con los cambios que la organización o el área deba encarar, entre otros temas. Por último, pero no menos importante, el jefe deberá dar retroalimentación a sus colaboradores; como ya se dijo, deberá hacerlo no sólo en las ocasiones que el proceso de evaluación del desempeño indique, sino de manera permanente.

- **Ser un entrenador en el desarrollo de sus colaboradores.** El jefe debe asumir el rol de entrenador de sus colaboradores para que éstos desarrollen conocimientos y competencias, sean cada día mejores en sus puestos de trabajo, y puedan acceder a posiciones de mayor nivel, cuando sea oportuno. Es decir, los ayudan y acompañan en sus carreras laborales dentro de la organización. Si ésta ha implementado programas de *mentoring* (se explicará en el Capítulo 7), el rol de mentor será un aspecto adicional que se suma a las responsabilidades (y roles) del descriptivo de puesto del jefe: ser un entrenador.

Como ya se ha expresado en párrafos anteriores, "rol del jefe" es un concepto que, por un lado, implica conocer una serie de roles y tareas –y su alcance– que un jefe debe realizar, y por otro lado, generar los comportamientos adecuados para que estas funciones se lleven a cabo eficazmente.

Muchos de los aspectos mencionados requieren equilibrio y un delicado balance que debe construirse día a día. El jefe no es un amigo, pero debe ser amigable. Mucho se habla de contener a los empleados, de apoyarlos, de comunicarse con ellos. La comunicación jefe-colaborador deberá ser amable, con el tono de voz adecuado, sobre todo aquello que sea relevante y pertinente. Este arte de ser jefe es muy fácil para algunos y muy difícil para otros.

En esta obra, el término "jefe" se utiliza considerando el rol, y no haciendo mención a una jerarquía particular dentro de la organización. Un CEO o número 1 es un jefe, del mismo modo que lo es un supervisor de vendedores o promotores. Cada persona que tiene otras a su cargo, cualquiera sea su nivel jerárquico, debe llevar adelante un determinado rol en relación con las personas que supervisa y guía: el de jefe.

Asumir y desarrollar el rol de jefe implica analizar y reflexionar sobre los siguientes temas y actividades:

- Analizar el significado de las expresiones "rol del jefe" o "ser jefe".
- El jefe debe responder por su propio trabajo y por el de sus subordinados.
- Saber delegar. Fases de la delegación.
- Elegir al colaborador más adecuado.
- Identificar cuál es el rol del jefe en un proceso de selección a partir de los candidatos presentados por el área de Recursos Humanos.
- Saber reconocer comportamientos de manera objetiva, dejando de lado los juicios previos (prejuicios).
- Realizar entrevistas de selección desde el rol de jefe.
- Dar aliento y reconocimiento al colaborador.
- Reconocer y evaluar comportamientos.
- Analizar la evaluación de desempeño desde el rol de jefe.
- Saber dar retroalimentación.
- Guiar a un colaborador en su carrera.
- Tener en cueta el concepto de carrera.
- Considerar distintos tipos de carrera.
- Asumir el rol de jefe en el desarrollo de competencias.
- Manejar *tips* prácticos para la relación diaria con el colaborador.

- Ser cuidadoso en la comunicación diaria y organizacional.
- El jefe y los valores organizacionales. Cómo comunicarlos, fomentarlos y ser un modelo a seguir por parte de los colaboradores.
- El jefe y los rumores; cómo neutralizarlos.
- Ayudar a los colaboradores con sus problemas aportando, si es posible, soluciones.
- Autoevaluarse como jefe.

En resumen, se podría decir que *rol del jefe* implica los siguientes aspectos:

- Ser jefe es un rol que deben desempeñar todos aquellos que tienen gente a su cargo en el ámbito de una organización, cualquiera sea su tipo y tamaño.
- Los jefes deben llevar a cabo una serie de tareas en relación con este rol, desde elegir a sus colaboradores y evaluarlos, hasta relacionarse diariamente con ellos.
- El rol del jefe se complementa con asumir, al mismo tiempo, un papel protagónico en la ayuda y guía a los colaboradores en su crecimiento, de tal manera que se constituye en "jefe entrenador" (ya se vio en párrafos anteriores).
- Un jefe debe *responder* por su propio trabajo y por el de aquellas personas que se encuentran bajo su supervisión.
- Además, es la persona *responsable de conducir un equipo* capaz de obtener resultados. Debe brindar a su equipo un liderazgo eficaz, agregando valor al trabajo de sus subordinados.
- Entre sus tareas cotidianas se pueden señalar las siguientes:
  - Ser responsable por la incorporación de nuevos colaboradores.
  - Asignar tareas a los integrantes de su equipo.
  - Fijar tareas con objetivos de tiempo.
  - Evaluar la eficacia (desempeño) de su personal.
  - Dar aliento y reconocimiento a los colaboradores.
  - Relacionar tareas con capacidades.
  - Guiar a los colaboradores en sus respectivas carreras.
  - Proponer (cuando sea necesario) la desvinculación de colaboradores y seguir todos los pasos necesarios para que ésta resulte armoniosa para ambas partes.

- ○ Aplicar las políticas de Recursos Humanos.
- ○ Ser un ejemplo para sus colaboradores.
- Saber delegar es esencial para cualquier directivo, jefe o supervisor. Delegar supone confiar una tarea a otra persona sin dejar de asumir la responsabilidad por lo que se realiza.
- Muchos jefes tienen colaboradores que a su vez son jefes de otras personas; un buen jefe deberá ayudarlos a desempeñar ese rol.
- Por último, la relación jefe-colaborador se basa en la comunicación, que tiene un papel preponderante. Desde cómo comunicar las políticas organizacionales hasta cómo evitar los rumores, la gama de aspectos relacionados es muy amplia.

En síntesis, los jefes –de todos los niveles– cumplen un rol en relación con sus colaboradores. Cada organización tendrá su estilo de conducción y diferentes metodologías de trabajo, y esto deberá ser considerado en cada caso: cómo se construye el "rol del jefe" dentro de la cultura organizacional.

Definir si se trabaja, por ejemplo, bajo empowerment, será una decisión que tomará la máxima conducción. Si se decide que se adoptará esa modalidad, los distintos niveles jerárquicos serán capacitados para ello y modificarán su forma de trabajo.

Entre los métodos de trabajo que las organizaciones implantan, se encuentran tanto *Balance Scorecard* (Cuadro de mando integral) como Gestión por Competencias. Ambas tecnologías afectan de un modo u otro el rol del jefe, según las funciones descritas. Por ejemplo, una de las tareas del jefe es seleccionar a sus colaboradores. Si la organización ha implementado Gestión por Competencias, las entrevistas de selección que llevará a cabo el jefe deberán ser realizadas en base a esta metodología.

Las buenas prácticas en materia de Recursos Humanos

En otras obras nos hemos referido a los subsistemas de Recursos Humanos. Se denominan de este modo aquellas funciones organizacionales, en relación con las personas que la integran, que no son obligatorias, es decir, que no devienen del marco legal vigente en los diferentes países; por ejemplo, *selección*. Las buenas prácticas profesionales y el sentido común nos indican que es bueno para todos contar con procesos de selección profesional; sin embargo, no existe una ley que así lo defina. Lo mismo sucede con la *evaluación del desempeño* y la *descripción de puestos.* Según la obra *Dirección estratégica de Recursos Humanos. Gestión por competencias,* los subsistemas de Recursos Humanos son:

- Análisis y descripción de puestos.
- Atracción, selección e incorporación de personas.
- Evaluación del desempeño.
- Remuneraciones y beneficios.
- Formación.
- Desarrollo y planes de sucesión.

En esta obra trataremos el rol que todo jefe debe asumir en relación con sus colaboradores y, a su vez, cómo se relaciona ese rol con los mencionados subsistemas de Recursos Humanos.

Las buenas prácticas indican que cuando los subsistemas de Recursos Humanos están bien diseñados, generan una situación *ganar-ganar.* Es bueno para la organización, es bueno para el empleado.

Durante muchos años se creyó que los subsistemas que hemos visto se diseñaban sólo para beneficio de las organizaciones, a tal punto que los mismos especialistas sostenían esa postura. Este concepto ha cambiado. En la actualidad –y siempre que los subsistemas estén bien diseñados– se considera que la aplicación de estas modalidades de gestión es buena para todos: para el colaborador, la organización y los jefes.

Por último, otro error frecuente es pensar que los jefes que deben cumplir una serie de roles son los denominados "mandos medios", denominación poco feliz que hace referencia a los jefes que dependen de gerentes de mayor nivel. Esta categoría, así definida, constituye en muchos casos una especie de "jamón del sándwich" que vivía –y vive, en algunos casos– en el peor de los mundos, ya que se espera de ellos una serie de acciones y actitudes que, sin embargo, no observan en sus propios jefes. Hace unos años, en un taller de retroalimentación o *feedback* (tema que se verá en el Capítulo 3) coordinado por mí, uno de los participantes dijo: "Entiendo la importancia del tema, lo único que no comprendo es por qué mi jefe no está aquí", en una directa alusión a que su jefe requería –quizá más que él mismo– recibir capacitación en materia de retroalimentación.

El concepto de "jefe" incluye a la máxima conducción, las buenas prácticas deben iniciarse allí. El CEO o número 1 de la organización es el jefe de sus gerentes y directores, y desde esa posición –y en cascada– comprende y asume las tareas adicionales "por ser jefe", llegando así a todos los demás niveles de jefatura a los cuales les atañe cumplir con el "rol del jefe".

Hasta aquí hemos mencionado muchas veces que un jefe cumple otros roles más allá de la tarea específica que le es encomendada. Si bien, en una primera instancia, puede parecer una repetición de conceptos, lo hemos considerado necesario, como una forma de darle entidad a este enfoque que, entendemos, es diferenciador. Esta obra está dedicada a explicar los roles adicionales de un jefe y cómo éstos le permitirán alcanzar un desempeño superior como jefe.

Planes de formación sobre el rol de los jefes

Muchas organizaciones tienen problemas no tanto con los máximos niveles de conducción sino, en especial, con la segunda y tercera líneas. No obstante, cuando se desea desarrollar a cada uno de los jefes para que alcance un desempeño superior, se debe partir del máximo nivel y en cascada llegar a todas las líneas de conducción.

Recientemente me preguntaron: "¿Qué pasa si un jefe no quiere ser un entrenador de sus colaboradores?", y respondí: "Si un jefe no desea

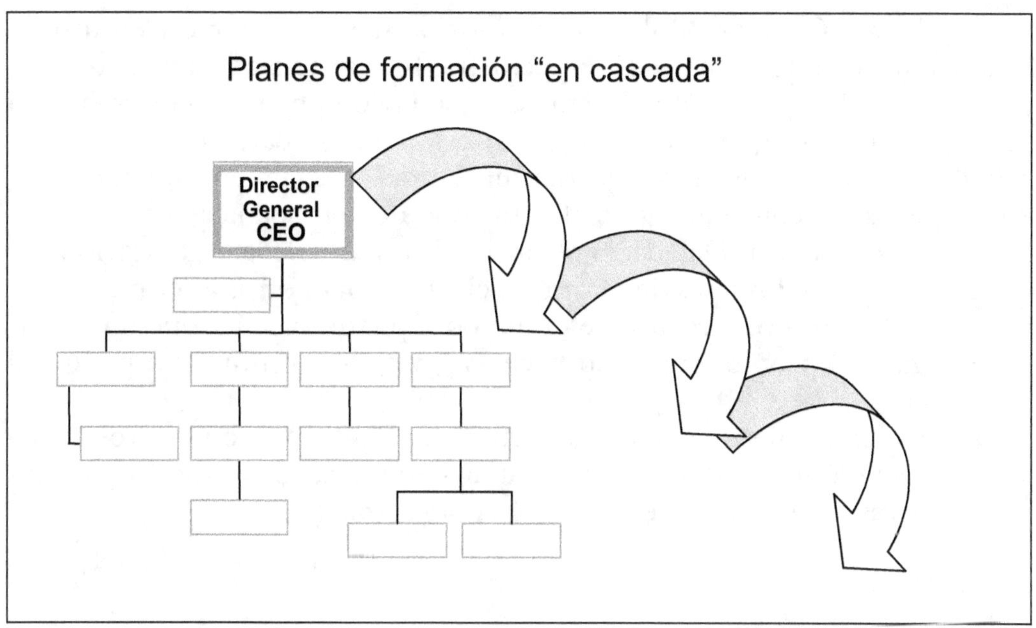

asumir ese rol, es posible que tampoco esté cumpliendo satisfactoria-mente otros roles y tareas de su función. Es probable que necesite ayuda para ser un mejor jefe o un mejor entrenador, pero si no quiere serlo vea-mos su desempeño, en general, y seguramente encontraremos otras ca-rencias".

Entre las experiencias prácticas de aplicación de programas de for-mación integrales sobre "rol del jefe", creo importante destacar la de una empresa de Guatemala en la cual, para llevar adelante el mencionado pro-grama, se trabajó del siguiente modo:

1. Se diseñó una actividad de codesarrollo bajo la modalidad "Formador de formadores".

2. Los directores recibieron la formación para ser mejores jefes y –lo que es sustancial– para luego ellos mismos impartir la actividad a los jefes que tienen a su cargo.

3. Los directores impartieron el taller a estos gerentes para que ellos –a su vez y en cascada– hicieran lo propio con los jefes y/o supervisores a su cargo.

El Método Codesarrollo[1] permite a los participantes poner "en uso" la competencia y autoevaluarse al respecto, tras lo cual podrán confeccionar su propio plan de acción para el desarrollo de la competencia, considerando los aspectos en los que se deba mejorar. Este método para la formación de adultos puede ser aplicado a la transmisión de conocimientos, aunque en sus orígenes fue concebida para el desarrollo de competencias.

En la experiencia relatada, la recepción por parte de la organización fue excelente, ya que los jefes de mayor nivel ayudaron a otros a ser buenos jefes. Cuando esto no se realiza de este modo, puede suceder que un supervisor diga: "mi propio jefe no lo hace así", y esto constituye un potencial problema.

En el caso expuesto, además de concretarse la formación en "rol del jefe" se posibilitó una instancia adicional de comunicación entre los distintos niveles gerenciales y de supervisión de la organización.

---

1. Desarrollado por MAI – Martha Alles International.

Capítulo 1

Ser jefe

> *Temas del capítulo*
>
> - Qué significa ser jefe
> - Diferencia entre "ser responsable por" y "responder por"
> - La autoridad del jefe, y qué implica saber delegar
> - El proceso de delegación
> - La relación del jefe con sus colaboradores

Qué significa ser jefe

En la Introducción explicamos el enfoque general con el que se tratarán los diferentes temas en esta obra. Este capítulo será destinado a resolver una duda que tienen muchos jefes, a todos los niveles: ¿qué significa ser jefe?, ¿hasta dónde se debe delegar? (veremos este aspecto más adelante y en detalle) y ¿hasta qué punto es responsable uno (el jefe) y otros (los colaboradores)? Muchos jefes piensan que una vez que delegaron una tarea ya no son responsables de ella, y si ésta no se lleva a cabo o se hace mal –por cualquier razón– aducen: "el responsable es XX", donde el mencionado XX es un colaborador que el jefe supervisa. Esta distribución de responsabilidades no es correcta.

Otra pregunta que los jefes suelen formularse es a quién beneficia "ser un buen jefe". Algunos podrán pensar que los buenos jefes benefician a los empleados. En esta postura podremos encontrar a todos los que se sitúan a favor del derecho de los empleados. En las antípodas, otros podrán pensar que un buen jefe beneficia a la organización. Sin embargo, llevar a cabo una adecuada tarea de jefe, cumpliendo los diversos roles que se plantearon en la Introducción y que veremos en estos ocho capítulos, es al mismo tiempo beneficioso para el colaborador, para la organización y para aquel que deba llevar a cabo la tarea de jefe.

El primer concepto que todo jefe debe tener en claro es que llevar adelante el rol con eficacia favorece, en primera instancia, a él mismo. Esta afirmación no se hace con el propósito de verlo desde una perspectiva egoísta, sino realista. Como se dijo, el ser un buen jefe es beneficioso para la organización y siempre lo es, al mismo tiempo, para el empleado.

Diferencia entre "ser responsable por" y "responder por"

Continuando con el tema que dio inicio al capítulo, debe considerarse que un jefe que delega una tarea sigue siendo, de un modo u otro, "responsable" de dicha tarea.

Cuando se delega una tarea, la persona que la asume será responsable por su ejecución. Sin embargo, el jefe no se libera de esa responsabilidad: será el que responda por la tarea delegada de la cual es responsable su colaborador. Allí surgen dos conceptos:

- Ser responsable por...
- Responder por...

Esto significa:

- El jefe (gerente o número uno) es la persona que responde por el trabajo tanto propio como de sus colaboradores; la delegación de tareas que realiza no implica un abandono o desentendimiento de la misma sino un traspaso de la responsabilidad por su ejecución, siendo él la persona que responderá ante otros por los resultados.
- El jefe (gerente o número uno) es la persona responsable de administrar los recursos y conducir a su gente de modo tal de potenciar las capacidades individuales en pos de alcanzar los mejores resultados.
- El jefe (gerente o número uno) debe brindarle a su equipo una guía eficaz, agregando valor al trabajo de sus subordinados.

En relación con todo lo anterior, los jefes, de todos los niveles, desde el Número 1, deberán de alguna manera rendir cuentas de sus acciones, de acuerdo a sus niveles de responsabilidad –*accountability*–. Se retomará este tema en el capítulo 6.

Como se dijo, un jefe, además de cumplir con lo que su puesto requiera, debe –al mismo tiempo–

llevar a cabo ciertas tareas inherentes a su rol de jefe, que en una apretada síntesis son:

- Incorporar nuevos colaboradores.
- Asignar tareas a los integrantes de su equipo.
- Fijar tareas con asignación de plazos de ejecución.
- Evaluar el desempeño de sus colaboradores.
- Tener en cuenta si los colaboradores pueden realizar las tareas asignadas, es decir, si éstas están en relación con los conocimientos y competencias de dichos colaboradores.
- Si fuese necesario, deberá proponer la desvinculación de colaboradores, cuidando –dentro de lo posible– que esta situación no perjudique ni a la empresa ni a la persona que debe dejar la organización.
- Aplicar las políticas de Recursos Humanos que la organización haya definido.

Nos iremos refiriendo a todas estas funciones a lo largo de esta obra; algunas serán analizadas en este mismo capítulo.

La autoridad del jefe, y qué implica saber delegar

La autoridad del jefe implica llevar a cabo todas las tareas mencionadas en el punto anterior; es decir, son tareas a su cargo y bajo "su" responsabilidad. La enumeración precedente resume las funciones, responsabilidades y ámbito de actuación de toda persona que conduce a otras.

Es importante enfatizar que un jefe es el responsable único de seleccionar a su personal, fijarle objetivos y tareas, evaluar su desempeño, delegar tareas de acuerdo con las capacidades individuales y grupales, decidir el despido de un colaborador y aplicar las políticas de Recursos Humanos, aunque para ello cuente con la asistencia de los especialistas pertinentes (por ejemplo, del área de RRHH) y, eventualmente, la ayuda y supervisión de su propio jefe. En última instancia él será el responsable de tomar todas las decisiones en cuanto a su personal se refiere.

El término *delegación* se podría definir como la acción de asignar a un colaborador una tarea de la cual él será responsable, reteniendo quien delega la obligación de responder por la misma.

- Saber delegar es esencial para cualquier directivo, jefe o supervisor.
- La delegación requiere confianza, y la confianza se construye.
- El jefe que delega en ningún caso debe desligarse o desentenderse de la tarea delegada.

La delegación es una de las competencias[1] fundamentales que todo gerente/jefe debe poseer, considerando que una buena delegación sirve de medio para obtener mejores resultados gracias a que evita la concentración de tareas en una sola persona y brinda al jefe la posibilidad de concentrarse en los temas prioritarios de su función, dejando a otros la ejecución de las tareas de carácter más operativo. Asimismo, sirve para motivar a los colaboradores, dado que implica depositar confianza en las capacidades del otro, en la creencia de que es capaz de realizar con éxito la tarea encomendada.

Poseer la capacidad de delegar efectivamente evitará que el gerente/jefe dedique esfuerzo y tiempo a tareas que otro puede realizar con eficacia y que le pueden llegar a brindar una gran satisfacción si con ello pone en juego sus capacidades personales y profesionales.

En muchas personas existe la idea de que la delegación depende sólo de la capacidad del jefe para delegar; esto es cierto pero incompleto, por lo que la afirmación no es enteramente veraz. El proceso de delegación requiere de dos partes (ver gráficos de la página siguiente):

1. Un jefe que delega y un colaborador responsable de la tarea delegada.
2. Un jefe que responde por la tarea delegada.

---

1. En la Metodología MAI –Martha Alles International– a la competencia *Capacidad para delegar* se la denomina *Conducción de personas*. Se retoma este tema en el capítulo 6.

El jefe delega
El colaborador
es responsable
por la tarea
delegada

El jefe responde por la tarea delegada
El jefe delega
El colaborador
es responsable
por la tarea
delegada

El proceso de delegación

Hemos denominado *proceso de delegación* a todos los pasos que se recomienda seguir para una adecuada delegación de tareas.

Muchas personas desearían delegar, pero no saben cómo hacerlo. Otros lo han intentado sin éxito.

En el presente existen muchas personas sobrecargadas de tareas a las cuales se denomina *workaholics* o *adictos al trabajo*. Estos casos son más frecuentes que lo que es dable imaginarse. Suelen ser personas con baja o escasa capacidad de delegación.

Seguir los siete pasos que detallamos a continuación les permitirá a estas personas, y a cualquier otra, lograr la delegación de tareas con éxito.

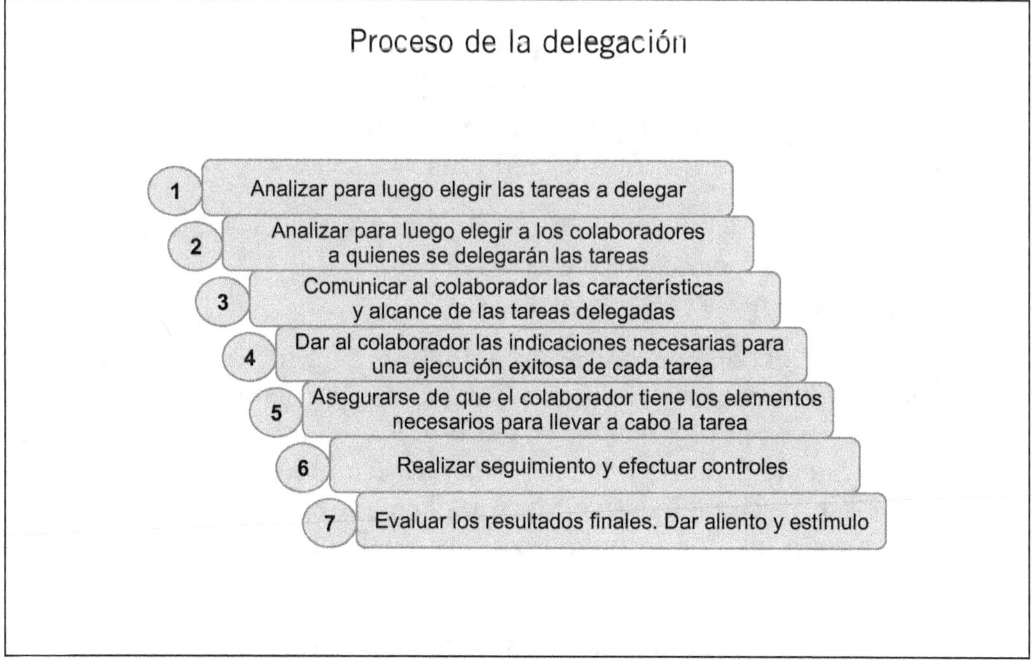

Analizar para luego elegir las tareas a delegar

El jefe debe llevar a cabo un profundo análisis de todas las tareas a su cargo para luego reflexionar e identificar cuáles puede delegar. Una vez que se ha realizado este análisis, encontrará que algunas de estas tareas ya están asignadas a un colaborador, pero –quizá– algunas las está realizando él mismo y pueden ser delegadas.

Analizar para luego elegir a los colaboradores a quienes se delegarán las tareas

Una vez que se han identificado las tareas que pueden ser delegadas, se debe elegir a los colaboradores que las asumirán. Para ello se debe analizar en detalle y evaluar las capacidades, conocimientos y competencias de cada uno de los colaboradores.

Comunicar al colaborador las características y alcance de las tareas delegadas

El colaborador debe ser claramente informado sobre cada tarea que deba realizar. Para lograr una delegación efectiva la comunicación no debe dar lugar a dudas: el jefe debe dejar claramente definido el alcance de la tarea y los tiempos y recursos disponibles para llevarla a cabo.

Dar al colaborador las indicaciones necesarias para una ejecución exitosa de cada tarea

En ocasiones, el colaborador pudo no haber realizado esta tarea antes, o se espera algo diferente. Por lo tanto, deberá recibir claramente las indicaciones necesarias para una ejecución exitosa. Por ejemplo: se espera que el colaborador calcule un ratio aplicando una determinada fórmula. Esta indicación debe ser precisa, en caso contrario el colaborador puede decidir utilizar una diferente que por alguna razón no sea la más adecuada.

Asegurarse de que el colaborador tiene los elementos necesarios para llevar a cabo la tarea

Cuando se delega una tarea es responsabilidad del jefe asegurarse de que el colaborador disponga de los medios y elementos necesarios para llevarla a cabo. Si esto no es así y el mismo jefe no tiene autoridad para obtener los medios necesarios deberá informar a sus superiores al respecto.

Realizar seguimiento y efectuar controles

Si bien la responsabilidad por la ejecución de la tarea es de la persona a la cual se la delegó, el jefe debe controlar su cumplimiento así como también brindar aliento y consejo cuando sea necesario.

Evaluar los resultados finales. Dar aliento y estímulo

Luego de que el colaborador haya concluido con la tarea asignada será necesario e imprescindible que el jefe realice una evaluación del desempeño que el colaborador ha tenido para poder brindarle una retroalimentación adecuada.

Errores frecuentes de la delegación

Como decíamos anteriormente, muchas personas han intentado delegar sin éxito, por la razón que fuera, y se transforman en "defensores" de la no delegación con argumentos que en una primera instancia parecen atendibles: *No delego porque lo hago mejor* o *más rápido*, etc. Ver el gráfico siguiente.

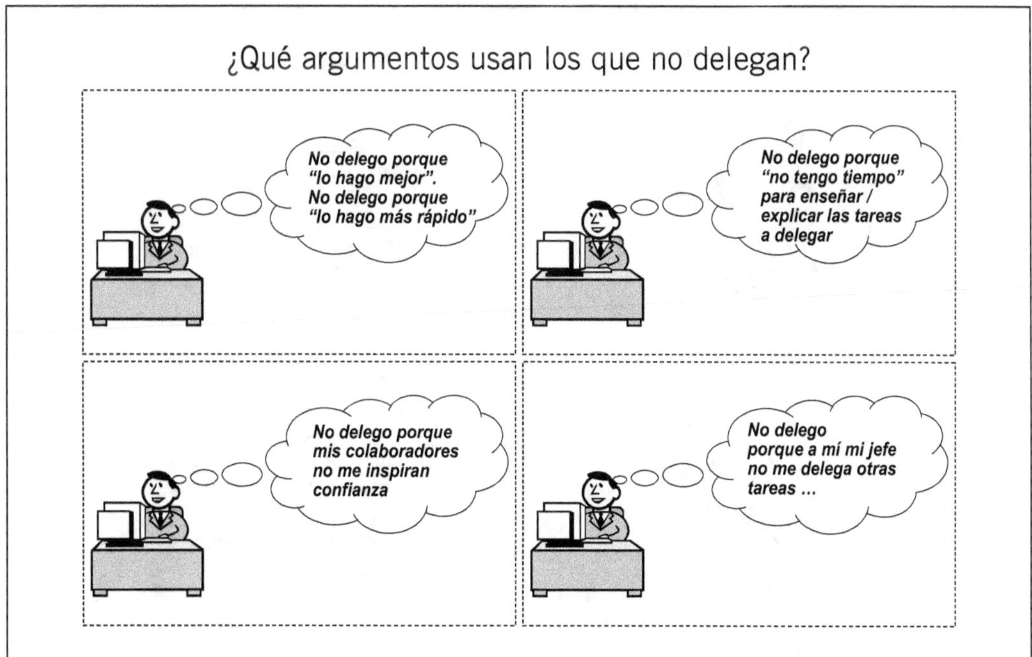

Cada jefe debe tener en cuenta que si bien en ciertas tareas puede ser más efectivo que sus colaboradores –por experiencia, conocimientos, etc.–, si dedica tiempo a realizar tareas que otros, con el debido entrenamiento, podrían ejecutar adecuadamente, terminará sobrecargado y no podrá dedicarle el tiempo necesario a sus funciones esenciales: coordinar, dirigir y administrar.

Algunos errores frecuentes en la delegación de tareas:

- *Elegir a la persona inadecuada.* Elegir una persona que no se adecua a la tarea encomendada puede traer graves consecuencias, según sea el tenor de dicha tarea. Por lo tanto, enfatizamos que es sumamente importante elegir a la persona adecuada para la realización de cada tarea. Un jefe debe confiar en las capacidades y aptitudes de sus colaboradores para llevar a cabo la actividad encomendada, demostrarles respeto y brindarles opiniones honestas y constructivas que les permitan sentirse respaldados.

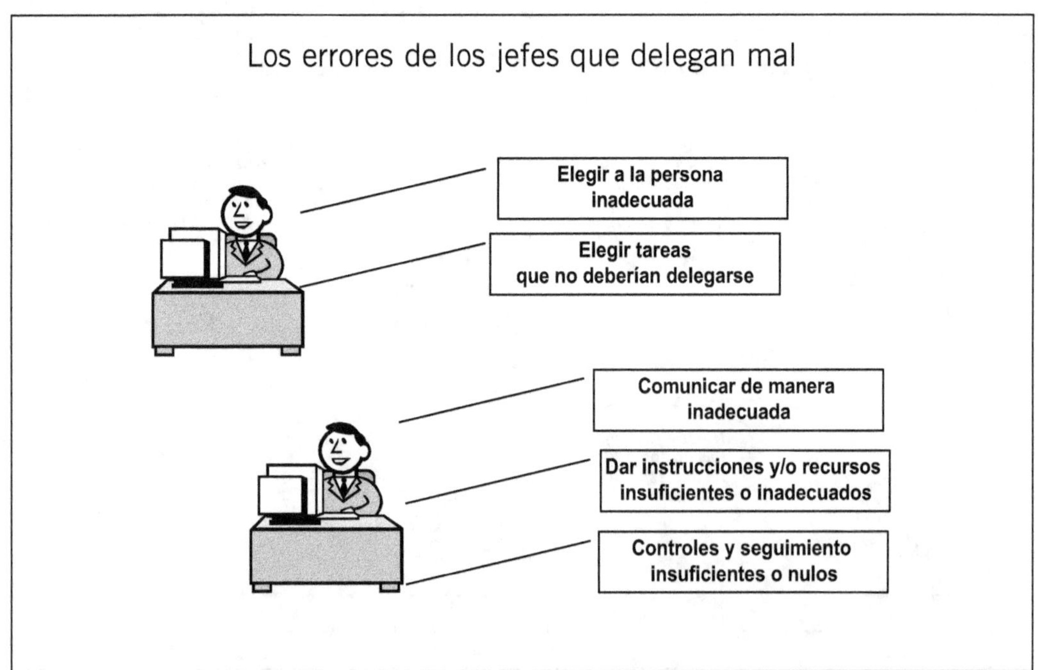

Un jefe debe evitar caer en el error de delegar tareas en función de apreciaciones o juicios subjetivos como, por ejemplo, el aprecio personal. La elección del colaborador al que se le delegarán tareas debe realizarse únicamente en función de sus capacidades –conocimientos y competencias– y no en base a otras razones.

- *No "tener tiempo" para guiar a las personas a las cuales delegó tareas.* Es una excusa frecuente que esgrimen las personas que no saben o no pueden delegar. Un jefe debe dedicar el tiempo necesario a planificar la delegación de tareas y guiar a sus colaboradores en su ejecución; caso contrario corre el riesgo de ingresar a un círculo vicioso: no tiene tiempo para brindar instrucciones, por lo cual realiza él mismo ciertas tareas que otros podrán llevar a cabo, sobrecargándose más en cada ocasión.

- *Elegir tareas que no deberían delegarse.* Este es otro error frecuente. Así como dijimos que se debe elegir a la persona adecuada para delegar una tarea, es igualmente importante elegir tareas que sea factible y conveniente delegar. El jefe debe elegir cuidadosamente cuál tarea es delegable y cuál no.

- *Comunicar de manera inadecuada.* La mala comunicación es la causa de muchos problemas de delegación. Si un jefe elige a la persona y tarea adecuadas y falla en la comunicación, el resultado no será el esperado. La comunicación de la tarea delegada debe ser clara. No deben quedar dudas acerca del objetivo, alcance, contenido, características, pautas, recursos disponibles, etc. Además, se deben explicitar todas las expectativas.

- *Dar instrucciones y/o recursos insuficientes o inadecuados.* Un error sumamente frecuente consiste en dar instrucciones incompletas o insuficientes, las que pueden ser tan perjudiciales como las equivocadas. Muchos jefes creen que con simplemente indicar a un colaborador que debe hacer esto o aquello es suficiente, y no siempre es así. Por lo tanto, es necesario asegurarse que un colaborador recibe las instrucciones correctas, que deben ser completas y precisas. Del mismo modo, es frecuente que los jefes no se aseguren de que sus colaboradores disponen de los elementos y recursos necesarios para llevar a cabo aquello que se les ha encomendado. Ambas situaciones se dan con frecuencia.

- *Controles y seguimiento insuficientes o nulos.* Por último, otro error frecuente es la falta de control y seguimiento sobre las tareas delegadas a los colaboradores. Quizá no la ausencia absoluta de control y seguimiento, pero sí ambos en un nivel insuficiente.

Formas adecuadas de delegar. "Obtener acuerdos"

A continuación, y en sentido contrario a "los errores frecuentes", se presentará una forma adecuada de delegar que hemos denominado "obtener acuerdos", en referencia a la mejor manera de llevar a cabo el proceso de delegación, que concluye al lograrse un acuerdo del colaborador en relación con la tarea delegada.

- *Elegir la tarea a delegar y comunicársela al colaborador.* Una vez que el jefe ha elegido la tarea a delegar y la persona elegida para que la asuma, el primer paso será explicarle claramente a ese colaborador en qué consiste la tarea. Una manera de hacerlo es brindarle la oportunidad de que exprese sus opiniones, su disposición o no a realizar la tarea, así como los inconvenientes que percibe.

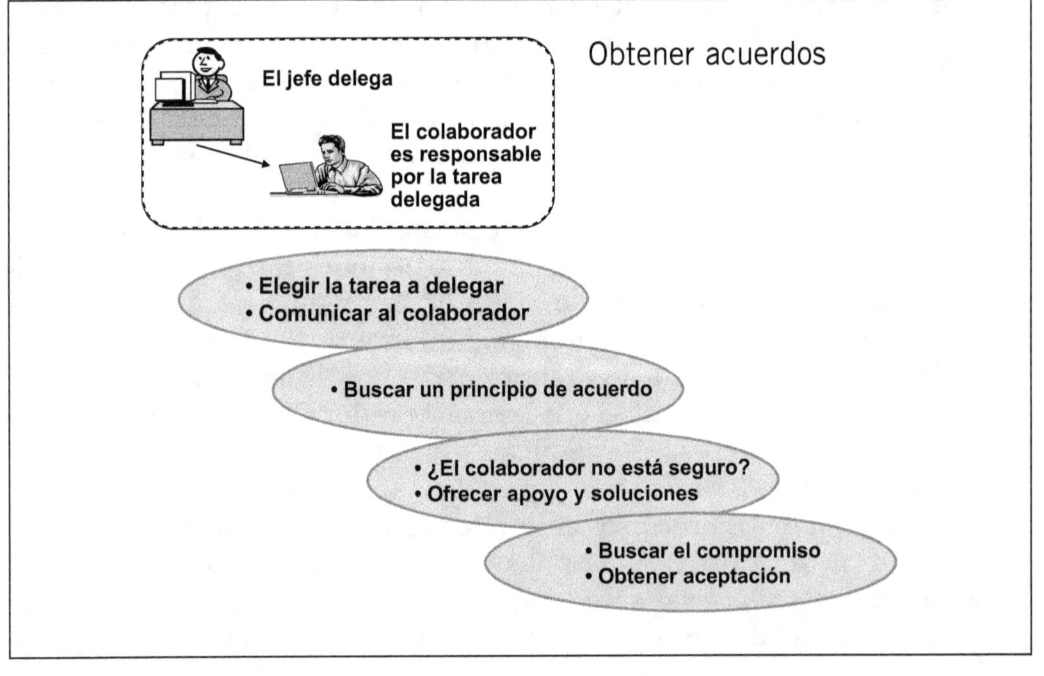

De este modo se busca *un principio de acuerdo.* Un buen jefe debe ser perceptivo y reconocer las dudas en sus colaboradores: por ejemplo, un "sí" dicho sin convencimiento puede ser un "no", consciente o no. El resultado, en este caso, puede ser diferente al deseado.

- *Si el colaborador no está seguro, ofrecer apoyo y soluciones.* Si un colaborador no se siente seguro respecto de su capacidad para asumir la tarea, por la razón que fuere –desde falta de conocimientos o competencias, hasta falta de confianza en sí mismo–, no podrá realizar de manera adecuada la tarea delegada. En función de lo que el colaborador haya expuesto –como posibles objeciones–, explique nuevamente y despeje las dudas que generan las objeciones por parte del colaborador. Proponga una solución mutuamente satisfactoria y manifieste su disposición a ayudarlo. Si la inseguridad persiste, puede ofrecer que la primera vez realicen juntos la tarea.

  Sólo luego de conocer las observaciones y puntos de vista de su colaborador podrá tratar de conseguir su compromiso y la aceptación de la tarea que desea encomendarle.

- *Buscar el compromiso y obtener aceptación.* A través de los pasos descritos se podrá lograr la aceptación de la tarea delegada junto con el compromiso por parte del colaborador.

La delegación efectiva

Delegar no implica ninguna clase de amenaza para quien delega; por el contrario, le permite mejorar los resultados y concentrarse en lo realmente relevante.

Para que la delegación sea efectiva deben darse algunas circunstancias "previas", tales como que el jefe se sienta seguro de sí mismo y que la cultura organizacional sea proclive a la delegación. En caso contrario, quizá sea más difícil lograrlo. Un jefe seguro de sí mismo tendrá más fácilmente confianza en los demás, ya que el otro elemento indispensable para la delegación es que el jefe se sienta confiado en relación con sus colaboradores.

Una vez que se verifican estos tres factores que hemos denominado "previos", veremos cómo continúa un proceso de delegación para que sea efectivo.

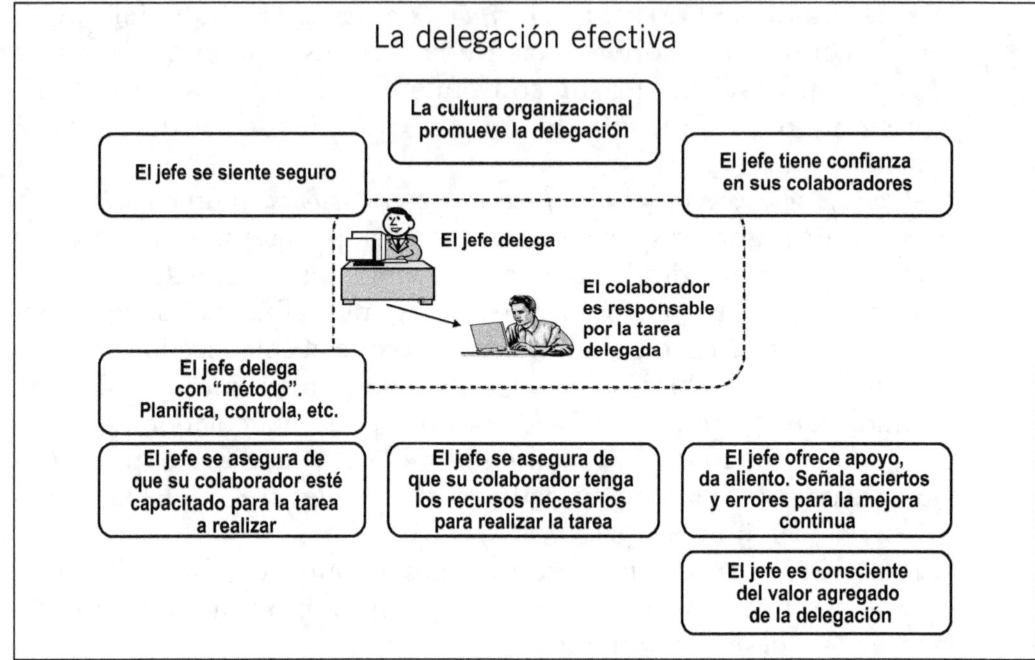

El jefe delega con "método". ¿Qué queremos decir con esta expresión? Por ejemplo, que siga los siete pasos que describimos en párrafos anteriores. Además, un jefe que delega debe hacerlo con planificación y control. Por un lado, fijar plazos y prioridades, y luego verificar su cumplimiento. De este modo, el jefe reconoce a la delegación como una herramienta que le permite hacer más efectivo su desempeño y brindar oportunidades de crecimiento a sus colaboradores.

El jefe se asegura de que su colaborador está capacitado para la tarea a realizar. Reconoce y valora las capacidades de sus colaboradores y los hace sentir respaldados en el momento de ejecutar las tareas que les encomienda. Sabe reconocer las capacidades individuales de cada uno de sus colaboradores y sólo les delega tareas en función de ellas. Además, y no menos importante, se asegura que su colaborador tenga los recursos necesarios para llevar a cabo la tarea.

El jefe ofrece apoyo, da aliento. Señala aciertos y errores para la mejora continua.

Por último, el jefe es consciente del valor agregado de la delegación. Tiene una clara noción de la importancia de organizar y planificar la ejecución de las tareas de acuerdo con las prioridades planteadas, para, en función de ello, asignar cada tarea a la persona indicada.

Cómo elegir la tarea a delegar

Un paso importante e ineludible que se debe realizar antes de delegar tareas consiste en llevar a cabo un análisis de las tareas que se realizan a fin de poder determinar cuáles son susceptibles de ser delegadas. Un método efectivo para hacerlo consiste en hacerse las preguntas que se presentan en los dos gráficos siguientes y elaborar un listado de los resultados obtenidos.

Tan importante como saber elegir qué tareas delegar es poder determinar aquellas otras que no se pueden/deben delegar.

Cómo elegir las tareas a delegar (II)
¿Cuándo no se debe delegar?
Estas tareas: ¡No delegar!
¿Qué tareas sólo pueden ser realizadas personalmente?
¡Darles prioridad!

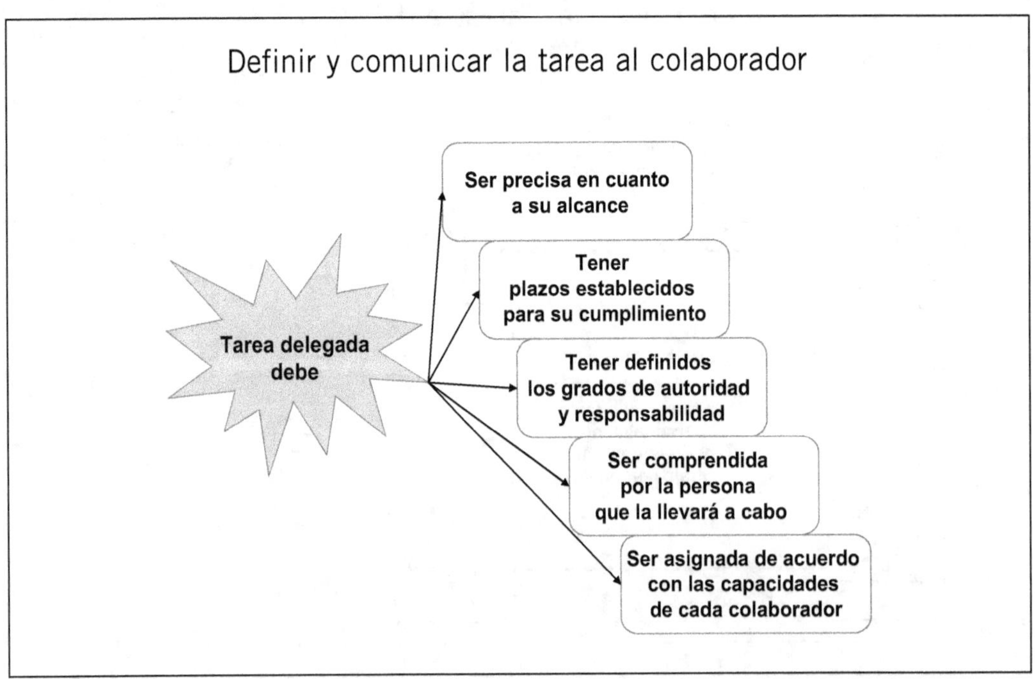

Definir y comunicar la tarea al colaborador
Tarea delegada debe
Ser precisa en cuanto a su alcance
Tener plazos establecidos para su cumplimiento
Tener definidos los grados de autoridad y responsabilidad
Ser comprendida por la persona que la llevará a cabo
Ser asignada de acuerdo con las capacidades de cada colaborador

Una vez realizado este análisis de las tareas, aquellas que se decida delegar deben contar con las características enumeradas en el gráfico siguiente.

En función de todo lo expuesto en párrafos anteriores, ofrecemos un resumen sobre la mejor manera de comunicar las tareas y responsabilidades a un colaborador.

- La comunicación de la tarea debe ser precisa en cuanto a su contenido y alcance. Muchas tareas las comienza una persona y las finaliza otra; estos límites deben ser claros, evitando conflictos entre los colaboradores.
- La persona que asume una tarea debe tener en claro los plazos establecidos para su realización. El jefe debe tener en cuenta, además, que deben ser plazos que, si bien pueden ser exigentes, al mismo tiempo deben ser posibles de cumplir.
- El colaborador debe tener en claro quién tiene autoridad sobre cada tema en particular y cuáles son los distintos grados de responsabilidad en relación con la tarea asignada.
- El jefe debe asegurarse de que la tarea fue comprendida adecuadamente por la persona que deberá llevarla a cabo.
- Por último, no es posible asignar a un colaborador una tarea que éste no pueda realizar; por lo tanto, una tarea debe ser asignada de acuerdo con las capacidades de cada colaborador.

Un último comentario sobre delegación

Se suele utilizar como sinónimos los términos *empowerment* y *delegación*. Si bien, empowerment[2] implica delegación, deben darse otros elementos adicionales para trabajar bajo empowerment. Por lo tanto, puede existir delegación bajo cualquier estilo de gestión o management, aunque no es condición necesaria que exista empowerment. Sin embargo, es al mismo tiempo cierto que no existe empowerment sin delegación. Nos referiremos a este tema en el Capítulo 6, "Conducir a otros".

---

2. *Empowerment:* Procedimientos y políticas organizacionales tendientes a que las decisiones sobre un hecho en particular se tomen lo más cerca posible del nivel donde el hecho tiene lugar. Fuente: *Diccionario de términos de Recursos Humanos.* Ediciones Granica, Buenos Aires, 2011.

La relación del jefe con sus colaboradores

¿Cuál es el rol o la intervención que debe tener un jefe cuando ya ha asignado una tarea? No debe "desentenderse" de la tarea delegada, mucho menos si el colaborador que la ha asumido es la primera vez que la realiza o no tiene la suficiente experiencia en el tema. Por lo tanto, el jefe debe estar atento y dispuesto a enseñar, apoyar y motivar.

A continuación presentamos pasos a seguir para una efectiva relación del jefe con su colaborador:

1. El jefe debe estar capacitado para evaluar a sus colaboradores.
2. Debe enseñar, apoyar, volver a enseñar (de ser necesario).
3. Dar las sugerencias adecuadas, no pecar ni por exceso ni por defecto.
4. Una vez delegada la tarea, darle espacio al colaborador para que la lleve a cabo.
5. Reconocer los éxitos, señalar los aciertos en la ejecución de las tareas y dar ánimo cuando algo sale mal.
6. Alentar al colaborador para que comente sus experiencias.
7. El jefe debe estar disponible para sus colaboradores.

En síntesis, en una primera instancia, el jefe debe evaluar las capacidades del colaborador al cual se le delegará la tarea; luego darle a éste instrucciones claras acerca del modo como debe realizarla, dejando luego a su colaborador en libertad para ejecutarla; debe tratar de evitar cualquier consejo innecesario que haga sentir al colaborador que no se confía en sus capacidades, sin por ello dejar de señalar los errores que comete, pero siempre a modo de enseñanza.

En estas páginas y en otros capítulos de este mismo libro, el lector encontrará referencias a que el jefe debe apoyar a sus colaboradores, escucharlos, tener en cuenta sus opiniones, y otros comentarios similares. Es preciso señalar que este tipo de comportamientos se considera que son los apropiados en una relación adulta jefe-colaborador. En ningún momento es nuestra intención proponer esquemas de trabajo donde los colaboradores piensen que sus jefes son como *papá y/o mamá*, que el trabajo es un lugar para hacer o decir cualquier cosa. Las organizaciones están compuestas por personas adultas donde cada uno cumple un rol. El de los jefes se describe en esta obra y parte del concepto de que el rol de un jefe comprende el desarrollo de las capacidades –conocimientos y competencias–

de su equipo de trabajo, entre otras funciones, como se verá en los siguientes capítulos.

Los reemplazos cuando el jefe no está

1. Siempre es una buena idea que uno de los colaboradores asuma un rol "de reemplazo" ante ausencias del jefe de corta duración, imprevistas o planeadas.
2. Una situación como la descrita debe ser comunicada claramente a todos.
3. El "jefe del jefe" debería realizar un seguimiento especial de este tipo de situaciones.
4. Se debe capacitar al eventual reemplazo y fijar con él pautas claras de actuación.

La comunicación al resto del equipo de trabajo de la designación de un segundo (o "mano derecha") es un aspecto que debe tenerse en cuenta y cuya importancia muchas veces se pasa por alto. Dejar en claro de quién dependen en caso de que el jefe esté ausente evitará el surgimiento de roces y problemas mayores relacionados con las susceptibilidades personales y la falta de una atribución clara de las responsabilidades.

Uno de los deberes de todo jefe es preparar a sus colaboradores para que, en caso de estar él ausente, puedan desempeñarse y continuar con el desarrollo de las tareas en forma normal. Esto implica preparar y capacitar a ciertos integrantes de la organización, con el objeto de formar niveles intermedios entre la jefatura y los colaboradores en general.

Cuando el jefe se ausenta, por trabajo, vacaciones, enfermedad o cualquier otra causa, puede solicitar a su propio jefe que controle a algún empleado o tarea en particular. Por ejemplo, en el caso que se esté llevando a cabo un proyecto o alguna actividad que requiera de la supervisión de una persona de mayor experiencia.

El jefe de otros jefes

Muchos gerentes y directores son "jefes" de otras personas que, a su vez, también son jefes. Aquel que es jefe de otros jefes debe cumplir un rol específico al respecto.

El jefe de colaboradores que a su vez son jefes de otras personas tiene el deber de guiar a éstos en su "rol de jefes"; es decir, debe convertirse en un entrenador para:

- **Ayudar y asesorar**, en caso que sea pertinente, brindándoles su consejo para la solución de situaciones o problemas que deriven de la conducción del grupo humano a su cargo, o bien de la administración de recursos, políticas, procesos y circuitos administrativos, etc.
- **Capacitar**, en el día a día, basándose en su experiencia y en sus acciones cotidianas, que deben funcionar como ejemplo a seguir.

Para el caso de los "jefes de jefes" se ha definido una competencias a la cual hemos denominado *Liderazgo Ejecutivo*[3], cuya definición es la siguiente:

> Capacidad para dirigir a un grupo o equipo de trabajo del que dependen otros equipos, y comunicar la visión de la organización, tanto desde su rol formal como desde la autoridad moral que define su carácter de líder. Implica ser un *líder de líderes,* al crear un clima de energía y compromiso junto con un fuerte deseo de guiar a los demás, que se verifica en el comportamiento de los otros al acompañar su gestión con entusiasmo.

En síntesis

La relación de un jefe con sus colaboradores se construye en el día a día; no alcanza con preocuparse por ello "de vez en cuando". Se construye a través de las palabras que se expresan y las acciones que se realizan, por lo cual se debe ser coherente entre lo que se dice y lo que se hace.

A continuación usted encontrará dos páginas para diseñar su *plan de acción personal* respecto de las temáticas de este capítulo.

El plan de acción consta de las siguientes partes:

- **Formación:** actividades de capacitación (talleres, seminarios, codesarrollo) que su organización o alguna institución a la cual usted pueda tener acceso brinde sobre la temática.
- **Lecturas:** en la parte final del Capítulo 8 encontrará sugerencias al respecto. Siempre le recomendamos la lectura de libros. En Internet sólo se sugiere consultar *papers* de universidades o firmas conocidas y de prestigio. De lo contrario, en algunos casos se puede obtener información no aconsejable.
- **Actividades extracurriculares:** en este punto se hace referencia a actividades no relacionadas con el ámbito laboral que pueden ayudarlo en el desarrollo de sus capacidades. Por ejemplo: desempeñarse como director del equipo de fútbol (*soccer*) o cualquier otro deporte del colegio de sus niños.
- **Referente:** estudio de una persona con un alto grado de desarrollo de la capacidad que se desea mejorar. Al analizar sus comportamientos, se pueden mejorar los propios.
- **Aplicar sugerencias:** en el Capítulo 8 se brinda una serie de sugerencias o *tips* para mejorar en las distintas temáticas abordadas en esta obra. Para la confección de su plan de acción le sugerimos leer detenidamente y tomar en cuenta los consejos de ese capítulo.

En la segunda de las dos páginas siguientes usted encontrará una "agenda". La idea que deseamos transmitirle es que el plan de acción debe ser concreto, con ideas para poner en práctica de forma inmediata (o al menos en el corto plazo).

Usted puede confeccionar una agenda para cada uno de los capítulos de la presente obra.

---

3. Alles, Martha. *Diccionario de comportamientos. La trilogía. Tomo 2.* Ediciones Granica, Buenos Aires, 2015.

Plan de acción. Una amplia gama de posibilidades

| Plan de acción: FORMACIÓN | → | Actividades de formación propuestas por la organización donde trabajo u otras a las cuales pueda acceder. |

Nombre del curso/Actividad	Lugar y fecha
....	....

| Plan de acción: LECTURAS | → | Libros o artículos relacionados: Biografías de aquellos que fueron "buenos jefes" y/o buenos entrenadores de personas. |

Nombre del libro/Actividad	Lugar y fecha
....	....

| Plan de acción: ACTIVIDADES extracurriculares | → | Actividades no relacionadas con mi trabajo que me ayuden a mejorar |

Tipo de actividad a realizar	Lugar y fecha
....	....

| Plan de acción: REFERENTE | → | + (positivo): comportamientos para imitar
- (negativo): comportamientos que debería imitar |

Nombres de referentes	Lugar y fecha
....	....

| Plan de acción: APLICAR SUGERENCIAS | → | Elegir un número reducido de consejos (capítulo 8) y llevarlos a la práctica. Luego intentar con otros. |

Sugerencia /Consejo a seguir	Lugar y fecha
....	....

Plan de acción. Debe ser concreto

¿Qué haré?
Acciones

¿Cuándo lo haré?
Plazos

¿Qué me propongo
alcanzar?
(En relación con la temática elegida)

Tomar una agenda (la que me resulte más práctica y esté acostumbrado a usar) y registrar acciones a realizar en un plazo mínimo de 3 meses.

Notas

Cómo elegir al colaborador más adecuado

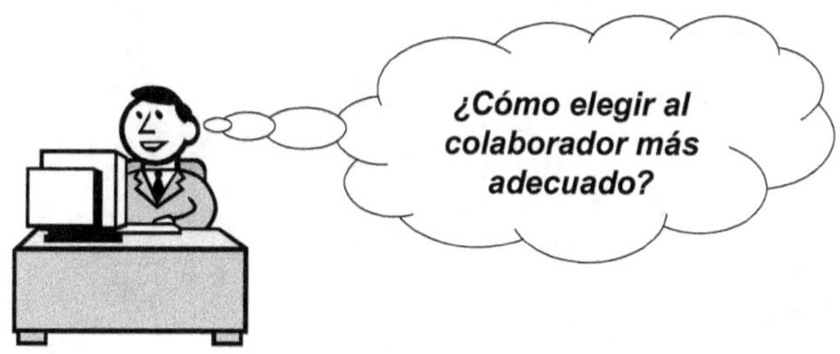

Temas del capítulo

- **El jefe y la elección de sus colaboradores**
- **Diferencia entre conocimientos y competencias**
- **El rol del jefe en un proceso de selección**
- **El perfil buscado**
- **La entrevista del jefe con su futuro colaborador**
- **La decisión final**
- **La importancia de una buena inducción**
- **A modo de reflexión final sobre los temas de este capítulo**

El jefe y la elección de sus colaboradores

Las personas que dirigen a otras, y aun las que son jefes desde hace muchos años, se cuestionan la mejor forma de elegir a un colaborador. Ya sea una persona de fuera de la organización, como uno que provenga de

la misma empresa. En el primer caso se trata de una búsqueda externa; en el segundo de una búsqueda interna, a través de la autopostulación o *job posting.* Nos referiremos a este último caso más adelante. Sin embargo, en esencia la forma de elegir a un colaborador, en un caso y otro, es la misma.

Cuando se habla de selección de personas es muy importante destacar que una buena selección –es decir, cuando se realiza profesionalmente y una persona es elegida en función de los conocimientos y competencias que el puesto requiere– es beneficiosa tanto para el colaborador como para la organización.

Los jefes se preguntan desde cuál es su rol en un proceso de selección, hasta cómo asumirlo de manera eficaz. Los que tienen muchos años de experiencia ya saben cómo seleccionar a sus colaboradores, y una gran parte creen tener un "don" para elegirlos. Todo es posible. A continuación trataremos de responder las dudas más frecuentes y dar lineamientos sobre cómo llevar a cabo un proceso de selección desde la perspectiva de un jefe que recibe candidatos ya evaluados por el área de Recursos Humanos. Para el caso de un jefe que deba realizar el proceso completo, es decir, sin el apoyo

y la intervención de un especialista, le sugerimos complementar esta lectura con la de la obra *Selección por competencias*[1].

Los jefes deben tener un rol activo en la selección de sus colaboradores. Si la organización posee un área de Recursos Humanos que interviene en todo el proceso, será responsabilidad del jefe la definición del perfil, la decisión de si se realiza la búsqueda dentro o fuera de la organización, y la elección final del candidato a incorporar. Para que todo esto se verifique será necesario que cada jefe tenga los conocimientos y la preparación adecuados.

El rol a asumir por el jefe tiene relación con el proceso de selección completo: desde tomar la decisión de incorporar a un nuevo empleado, hasta la elección final del candidato. En este capítulo se verá cada uno de los pasos de ese proceso.

Una decisión que usualmente habrá que tomar, es si la búsqueda se realizará dentro o fuera de la organización. Ambas alternativas tienen factores a

---

1. Alles, Martha. *Selección por competencias*. Ediciones Granica, Buenos Aires, 2016.

favor y en contra (o más favorables y menos favorables, para no dar el sentido absoluto de "contra" a ciertos aspectos). Se deberá analizar cuidadosamente cada situación en particular para definir qué es lo mejor en cada caso.

Sin entrar en aspectos teóricos reservados a los especialistas, siempre será útil comprender el alcance de los distintos temas relacionados. Por ejemplo, del gráfico al pie es importante destacar el verdadero significado de las palabras allí mencionadas. La primera diferenciación que debe efectuarse es entre los términos *reclutamiento* y *selección*, que refieren a cuestiones diferentes, aunque suelen utilizarse como sinónimos.

Reclutamiento: es el proceso de identificar y atraer a un grupo de candidatos, de los cuales más tarde se seleccionará a alguno/s que recibirá/n la oferta de empleo.

Muchas personas sienten/piensan que hacer una selección las coloca en una posición de preeminencia respecto de otras personas, como si se estuviese otorgando un beneficio –en este caso, un trabajo–. ¡Y no es así! A veces, cuando intervenimos como consultores en un proceso de selec-

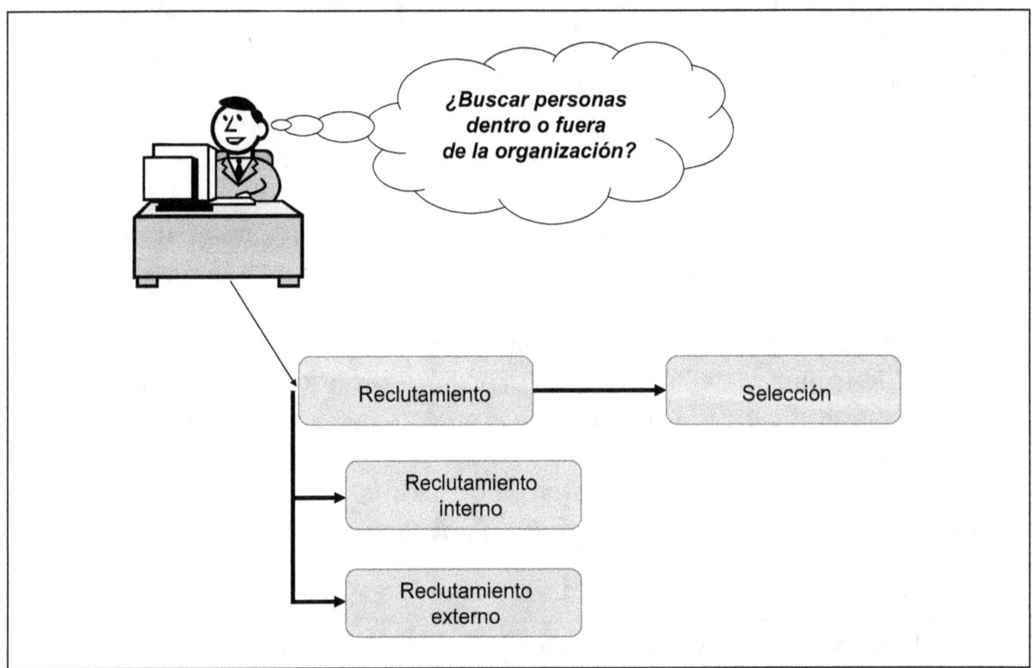

ción, nos preguntan si podemos "conseguirles un trabajo" (para ellos, para un hijo, etc.); en ese caso la respuesta adecuada es que nosotros no tenemos ni ese rol ni esas atribuciones. A la hora de contratar a un colaborador, un consultor, por ejemplo, sólo realiza un trabajo profesional que consiste en aplicar una serie de conocimientos y herramientas para que luego otro tome la mejor decisión. Algo análogo sucede con cualquier persona que deba realizar un proceso de selección, aun para sí mismo: debe seguir una serie de pasos para elegir a la persona más adecuada para la posición a cubrir.

Una organización primero define qué necesita (el perfil); en función del perfil se define el o los candidato/s ideal/es, que serán *su objeto de deseo*; y luego deberá *conquistarlos*, atraerlos. En un proceso de selección, ambas partes eligen: no sólo lo hace la empresa, sino también el postulante. A su vez, para que la empresa pueda elegir debió –en una primera instancia– identificar lo que se desea y luego atraer a varios posibles candidatos, y no sólo a uno.

Selección: es, como su nombre lo indica, el proceso destinado a seleccionar o elegir a una o varias personas en particular en función de criterios preestablecidos. Se inicia definiendo correctamente el perfil requerido, dejando en claro las expectativas del solicitante y las reales posibilidades de satisfacerlas.

Es muy importante una buena identificación de los candidatos que a la organización le interesan en relación con el perfil buscado e, igualmente, su posterior atracción. Por ello es fundamental la correcta definición acerca de qué se está buscando, por un lado, y cuáles son las reales expectativas de los participantes, por otro.

En síntesis

Reclutamiento: es la convocatoria de candidatos. Es una actividad de divulgación destinada a atraer de manera selectiva a los candidatos que cubren los requisitos mínimos para la posición requerida. Es la base para la etapa siguiente (selección).

Selección: es una actividad de clasificación donde se escoge a aquellos que tengan mayor posibilidad de adaptarse al cargo ofrecido para satisfacer las necesidades de la organización y del perfil.

Los candidatos pueden ser personas desempleadas o, por el contrario, con empleo. Estos últimos pueden estar empleados en la misma organización o en otras empresas.

De los que pertenecen a la misma organización (reclutamiento interno), algunos pueden ser personas que cumplan hoy con el perfil requerido, y otros que potencialmente puedan alcanzar esa condición luego de un período de adaptación o entrenamiento.

La misma clasificación de candidatos, con el perfil real o potencial, se puede realizar en relación con el reclutamiento externo.

Otro aspecto interesante a destacar está referido, precisamente, a los dos tipos posibles de reclutamiento: interno y externo. Una sugerencia habitual es que la primera fuente que debe explorarse es la propia organización, y sólo luego de haber agotado la búsqueda interna, salir al mercado. Algunas organizaciones tienen sistemas perfectamente establecidos de reclutamiento interno, en general con el nombre de *job posting* o autopostulación, en los cuales se procede de la siguiente forma: se explicitan las vacantes internas, y las personas interesadas se postulan. La forma de concretar esto varía según las organizaciones. Por ejemplo:

- Oferta de la vacante: en carteleras o la intranet de la organización, con un formato similar a un anuncio de publicación externa.
- Postulación: la realiza la persona interesada, introduciendo sus referencias en las bases de datos de la intranet de la organización, o enviando un correo electrónico al área de Recursos Humanos.

Sobre la importancia de buscar posibles candidatos dentro de la organización, cabe recordar que si una vacante se cubre con una persona interna, siempre es una buena noticia. Cuando un integrante de la empresa es ascendido a una posición superior[2], se cumple con dos propósitos básicos de la función de Recursos Humanos: por un lado, solucionar una necesidad al menor costo, y por otro –quizás el más importante–, brindar una oportunidad de crecimiento a un colaborador.

Promoción interna. Como ya se dijo, la primera fuente de reclutamiento que se debe investigar es la propia organización. Ascender o trasladar empleados ofrece varias ventajas:

---

2. La autora ha publicado, sobre este tema, la obra *Construyendo talento*, Ediciones Granica, Buenos Aires, 2016.

- Por lo general, se crea una vacante a un nivel más bajo, que es más fácil de cubrir.
- La organización economiza tiempo y dinero al trasladar a una persona formada en la cultura, que conoce la estructura organizacional y las metodologías de trabajo.
- Se aprovechan los esfuerzos realizados en el desarrollo de colaboradores.
- Es motivador para los otros empleados.
- Permite descubrir talentos escondidos.

Dentro de las buenas prácticas para la designación de personas que ya forman parte de la organización en otros puestos podemos mencionar *Promociones Internas*, donde se analiza la adecuación persona-puesto de una o varias personas según los requisitos de la posición a cubrir[3] y *Autopostulación/Job posting*[4]. En el último caso se trata de una convocatoria a postularse –entre los colaboradores–, llevando a cabo pasos similares a un proceso de selección externa.

Algunas organizaciones exigen que los empleados interesados en la autopostulación obtengan primero permiso de sus supervisores antes de presentar su solicitud (permiso que en algún caso debe constar incluso por escrito). Otras respetan el carácter confidencial del proceso hasta que se haya tomado una decisión. En general, se pone como requisito que las personas tengan un determinado tiempo en la posición actual para aspirar a un cambio; estos plazos oscilan entre 12 y 24 meses de antigüedad en el puesto. Algunas organizaciones limitan el número de autopostulaciones –por ejemplo, una misma persona no puede autopostularse más de dos veces al año (o cualquier otra frecuencia).

Será posible ofrecer a través de autopostulación todas las vacantes de la organización o sólo algunas de ellas (por ejemplo, hasta un determinado nivel). Las organizaciones que no ofrecen públicamente ninguna vacante, aducen razones como las siguientes:

1. Los jefes y gerentes desean ascender a una persona a quien ellos mismos han preparado específicamente para la posición vacante. Por consiguiente, no desean tomar en consideración otras postulaciones.

---

3. Alles, Martha. *Selección por competencias. Atracción y reclutamiento en las redes sociales. Entrevista y medición de competencias.* Ediciones Granica, Buenos Aires, 2016.
4. Alles, Martha. *Las 50 herramientas que todo profesional debe conocer.* Ediciones Granica, Buenos Aires, 2017.

2. Algunos integrantes de la organización "se molestan" cuando los empleados buscan puestos fuera de su departamento o sector, y "se resienten" como si esto fuese algo personal en contra de ellos.
3. La salida de un empleado puede significar que el jefe o el área de la cual la persona "sale" por autopostulación deba esperar la incorporación de un reemplazo, que, tal vez, no sea tan bueno.
4. Algunas organizaciones creen que es mejor traer "sangre nueva" en lugar de promover a los empleados actuales.

El éxito de un sistema de promoción interna y/o autopostulación depende, en gran parte, del acierto con que se diseñe y se controle su aplicación. Ejemplos: una organización puede estipular que los empleados deben permanecer en su puesto actual por lo menos durante un año; el número de postulaciones que un individuo puede realizar en un año también se restringe, generalmente a tres. Además, en muchas organizaciones el empleado debe haber obtenido, en su más reciente evaluación de desempeño, la calificación de "satisfactorio" o "superior" para poder hacer uso del sistema de promoción interna. Estas reglas o políticas internas, entre otras, ayudan a evitar los problemas derivados de empleados que continuamente están buscando otras opciones. Al mismo tiempo, contribuyen a darle al proceso prestigio y seriedad, aumentando así su eficacia.

Diferencia entre conocimientos y competencias

Como decíamos con anterioridad, los jefes se preguntan sobre algunos conceptos en materia de selección. Veremos a continuación la diferencia entre conocimientos y competencias, palabras ya mencionadas varias veces en esta misma obra.

Como se desprende del gráfico de la página siguiente, los conocimientos son diferentes de las competencias. Ejemplos:

• Conocimientos: contabilidad, matemáticas, etc.
• Competencias: trabajo en equipo, comunicación, etc.

Los primeros se relacionan con aquellos saberes que se aprenden en el aula, ya sea en la escuela, la universidad o un curso. En cambio, las compe-

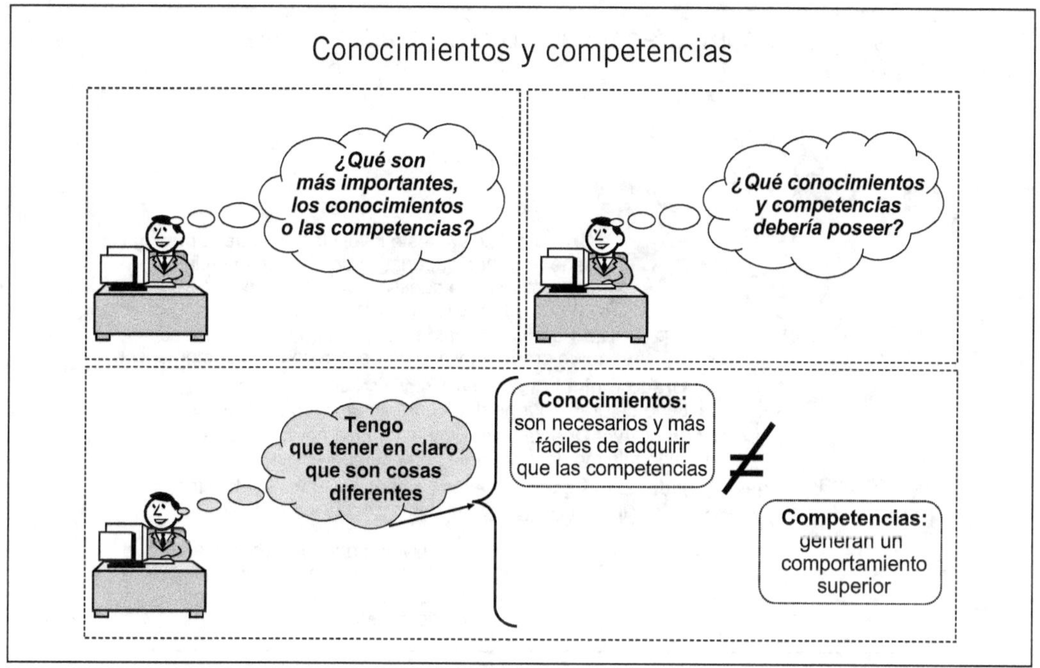

tencias *se desarrollan* y tienen relación con la personalidad; su definición es la siguiente:

Competencia hace referencia a características de personalidad, devenidas en comportamientos, que generan un desempeño exitoso en un puesto de trabajo.

En un proceso de selección tiene mucha importancia esta diferenciación, ya que la forma de evaluar unos y otras son diferentes.

Luego de leer esta definición puede surgir la pregunta: ¿qué es un comportamiento? Veamos.

- Un comportamiento es lo que una persona hace (acción física) o dice (discurso). No es aquello que una persona desea hacer o decir o que piensa que debería hacer o decir.
- Los comportamientos son observables en una acción que puede ser vista o una frase que puede ser oída.

Creemos importante destacar que, cuando se trabaja en un modelo de Gestión por Competencias, éstas (las competencias) se abren en grados o niveles, según el gráfico siguiente:

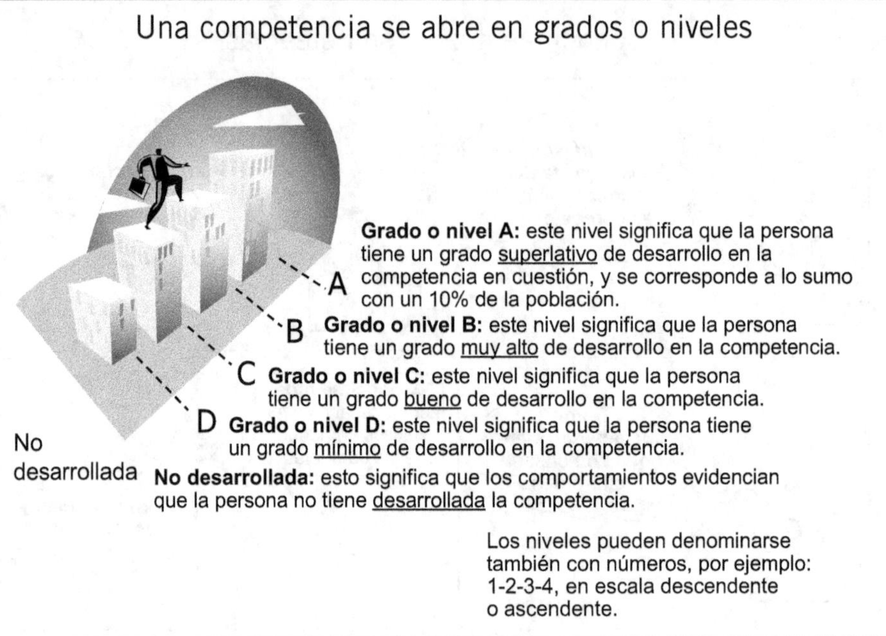

Si bien el grado A es el de mayor nivel, no es requerido para todas las posiciones. Muchas posiciones, aun de alta responsabilidad, pueden requerir de una o varias competencias, niveles más bajos, como C o D.

Por lo tanto, expresiones habituales tales como que "para cubrir un puesto se requiere tal o cual competencia en un nivel muy alto", pueden no verificarse cuando el concepto se lleva a indicadores concretos de comportamientos. Por ejemplo, cuando se solicita un vendedor –usualmente– se plantea como requisito que éste posea la competencia Iniciativa en grado Alto. Sin embargo, cuando se solicita un mayor detalle sobre los comportamientos esperados, se puede observar que ese vendedor deberá "limitar" su accionar a las condiciones definidas por la empresa (productos, precios y condiciones de financiación). Por lo cual, la competencia Iniciativa requerida tiene ciertas características (comportamientos) que no se correlacionan con el nivel más alto de la competencia.

Para cualquier persona interesada en conocer más sobre la temática de competencias le sugerimos la lectura de la obra *Dirección estratégica de Recursos Humanos. Gestión por competencias.* En esta obra sólo se explicarán algunos conceptos básicos que consideramos esenciales para asumir exitosamente el "rol del jefe".

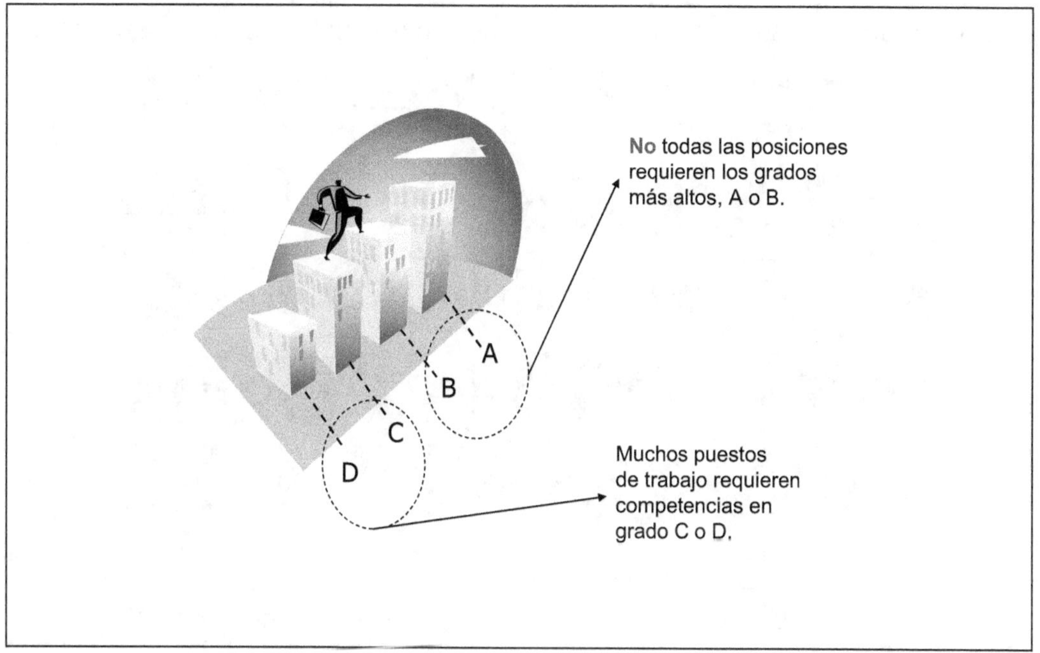

El rol del jefe en un proceso de selección

La responsabilidad del jefe en la selección de un colaborador que se desempeñará bajo su supervisión comienza con la decisión de incorporar un nuevo empleado y la definición del perfil requerido. En otra obra ya mencionada, *Selección por competencias,* se presentan "20 pasos para un proceso de reclutamiento y selección dentro de una organización". Como se puede apreciar en el siguiente gráfico, algunos de éstos sólo atañen al jefe directo del nuevo colaborador, mientras que otros, usualmente, son llevados a cabo por el área de Recursos Humanos y, en ocasiones, por un consultor externo.

El gráfico describe las etapas de un proceso de selección identificando claramente aquellas en las cuales el jefe del futuro colaborador debe tener una intervención directa:

- Determinar la necesidad de un nuevo colaborador.
- Presentar la solicitud de personal. Cada organización tiene sus propios procedimientos al respecto; usualmente se emplea un formulario que

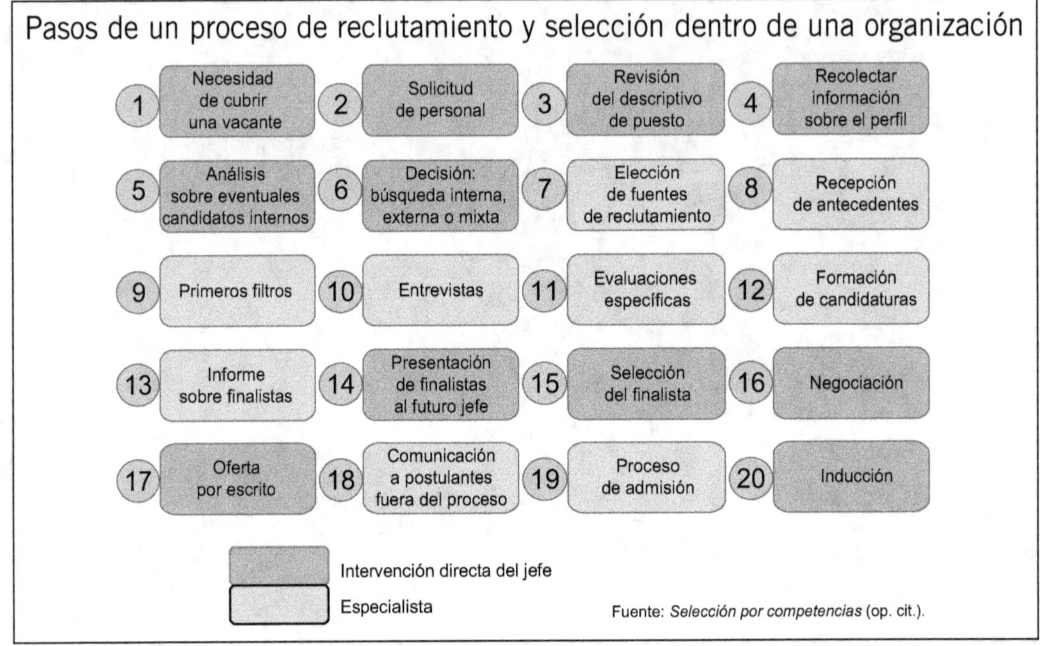

debe ser firmado por el futuro jefe. En otras organizaciones se utiliza el correo electrónico, con un formato específico.

- Revisión y, de ser necesario, actualización del descriptivo del puesto. Si no existiera, definir las responsabilidades más importantes y requisitos necesarios para el puesto.

- Aunque los descriptivos de puestos estén debidamente actualizados, siempre es necesario que el área de Recursos Humanos se reúna con el futuro jefe para analizar toda otra información al respecto, previo a la realización del proceso de búsqueda.

A continuación, y siguiendo la estructura del gráfico expuesto más arriba, se pueden ver dos pasos adicionales, "Análisis sobre eventuales candidatos internos" y/o "Decisión sobre realizar una búsqueda interna". Éstos no son –por lo general– total responsabilidad del futuro jefe, pero es absolutamente imprescindible y aconsejable su participación en estas etapas.

Es importante destacar que, en ocasiones, se puede encarar en simultáneo una búsqueda interna (por ejemplo, a través de autopostulación, publicando un aviso en la intranet de la organización) y una externa (publicando un anuncio en los periódicos).

Una vez que el área de Recursos Humanos, con participación o no de un consultor externo, ha llegado a armar una carpeta con candidatos finalistas, el rol del jefe será determinante, al tomar la decisión final sobre el candidato a incorporar. Primero, asumió un rol preponderante al tomar la decisión de incorporar un nuevo colaborador y definir las características que debía tener; ahora, deberá decidir cuál de los finalistas es el más adecuado para ocupar la posición. Pasos sugeridos:

- Análisis de las postulaciones o carpeta de finalistas.
- Selección del candidato a incorporar.
- La negociación en sí de las condiciones de contratación suele recaer en el área de Recursos Humanos o, en ocasiones, en un director de la compañía. En un caso u otro, es de vital importancia que el futuro jefe participe de algún modo, esté atento a los pasos e involucrado en el proceso, dentro de sus posibilidades y respetando las políticas organizacionales.
- La oferta por escrito, altamente recomendada, se efectuará o no según las políticas organizacionales. Es una situación análoga al punto anterior, y relacionada.
- La inducción, que usualmente consta de dos partes; una de ellas –como mínimo– es de incumbencia del futuro jefe.

De más está destacar la importancia de la participación del futuro jefe en la selección de nuevos colaboradores, dado que será quien trabajará con ellos cotidianamente y quien mejor conoce las necesidades que tiene un puesto de trabajo que se encuentra bajo su supervisión.

Una actitud muy frecuente que se observa entre los jefes, cuando expresan al área de Recursos Humanos su necesidad de incorporar nuevo personal, es dejar todo el proceso en manos de este sector, "desligándose" de cualquier intervención o responsabilidad al respecto, por la creencia arraigada de que es función de esta área de servicio llevar a cabo todo el proceso. La realidad es muy distinta: si bien Recursos Humanos como especialista conducirá la selección en todos los aspectos técnicos y administrativos que se deriven de ella, el responsable último por la decisión de incorporar a un candidato es el jefe directo, de allí la importancia de su intervención.

El perfil buscado

Una correcta definición del perfil del puesto es fundamental para que el proceso de selección tenga resultados óptimos. Una mala definición provocará necesariamente un mal resultado final.

Es importante que el perfil se elabore en función de los requisitos del puesto; el candidato a buscar no debe ser "como nos agrade" sino como lo necesita el puesto de acuerdo con las responsabilidades que comprende y a las características de la organización.

En todos los casos el candidato debe responder a un perfil. Por lo tanto, deben definirse todos los requisitos necesarios: los excluyentes y no excluyentes. Una correcta división de estos requisitos será clave en las etapas posteriores. Si la empresa trabaja con un esquema de gestión por competencias, deberán considerarse las competencias requeridas para el perfil a buscar, usualmente ya definidas.

Las competencias están directamente relacionadas con la estructura, la estrategia y la cultura de la organización, y comprenden las características personales que lograrán que la persona alcance un nivel superior en el puesto.

¿Cuál es el rol del jefe en la definición del perfil?

Para definir el perfil se debe tener en cuenta lo siguiente:

- El perfil es la base de todo el proceso de selección.
- Para su definición se deben considerar todas las tareas que deberá llevar a cabo el nuevo colaborador.
- Las dos categorías de requisitos que conforman el perfil son: los excluyentes y los no excluyentes.
- Si la organización trabaja con un modelo de Gestión por Competencias, serán éstas las que deberán ser consideradas para el perfil a buscar.
- ¡No olvidar la cultura organizacional!

El jefe debe ser un participante activo en la definición del perfil del futuro colaborador, considerando que será quien trabajará en el día a día con él. Sin dudas, es la persona que mejor conoce los requerimientos del puesto a cubrir, en materia de conocimientos y competencias.

En conclusión: el jefe debe ser el responsable por la definición de los requisitos excluyentes y no excluyentes del puesto.

Según se desprende del gráfico precedente, no es lo mismo el descriptivo del puesto que el perfil de la búsqueda. El perfil es la suma del descriptivo del puesto y otros detalles, circunstanciales o no, que es necesario considerar en el momento de realizar un proceso de selección. A esto debe agregarse que, en ocasiones, los descriptivos de puestos pueden no estar actualizados. Por ello, el rol del jefe es vital, primero, para analizar y definir si la información del descriptivo está actualizada y, segundo, para definir los eventuales detalles adicionales que el puesto requiera.

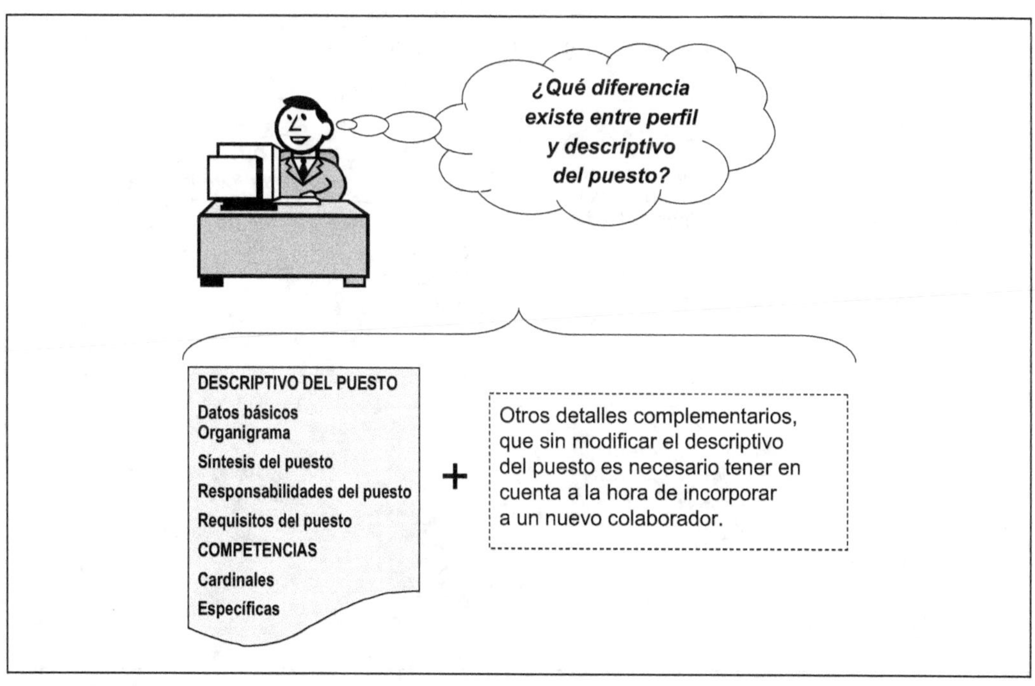

La entrevista del jefe con su futuro colaborador

La entrevista es la herramienta por excelencia en un proceso de selección. En la mayoría de los casos, los jefes tienen muchas preguntas al respecto. Algunas de ellas se exponen en el gráfico siguiente.

Preguntas habituales y posibles respuestas

¿Cómo entrevistar a un posible nuevo colaborador?

Cabe considerar:

- La entrevista no es un paso más, por el contrario, es fundamental para la selección de un nuevo colaborador.
- Es un diálogo que se sostiene con un propósito definido y no por la mera satisfacción de conversar.
- En la relación que se establece entre el entrevistador y el entrevistado existen roles definidos y una correspondencia mutua.

Es importante hacer énfasis en que para que una entrevista sea provechosa y con ella se alcance el objetivo buscado (recabar la mayor cantidad de información posible acerca del candidato, para facilitar la toma de una decisión sobre la búsqueda), es necesario crear un ambiente propicio que haga sentir al candidato cómodo y lo incline a contestar acerca de todos los temas que se le propongan, los cuales –por supuesto– deben respetar la intimidad de la persona.

Es muy importante hacerle sentir al candidato que en ese momento es el centro de atención, por lo que debe evitarse cualquier tipo de interrupciones externas. Del mismo modo, no es conveniente interrumpirlo cuando habla, así como tampoco quedarse absolutamente quieto o mostrar actitudes de indiferencia.

Un entrevistador no debe involucrarse emocionalmente con el entrevistado, por eso se sugiere no emitir opiniones personales, acuerdos o desacuerdos, hablar de sí mismo con respecto a situaciones similares a las que describe el candidato, etc. Simplemente debe escuchar al candidato y mostrarse atento a la información que recibe de su parte.

¿Cuál es el rol del jefe en relación con la entrevista de selección de un nuevo colaborador?

- Entrevistar a los candidatos preseleccionados por el área de Recursos Humanos o el consultor contratado para realizar la búsqueda.
- Profundizar en los aspectos definidos en el perfil del puesto.
- Indagar sobre todo aspecto que considere pertinente e importante tratar.

¿Tengo que aprender a entrevistar?

¡Sí! Aunque haya entrevistado a postulantes muchas veces y con resultados excelentes. La entrevista, para alcanzar óptimos resultados, requiere conocer una técnica que siempre es aconsejable manejar adecuadamente.

¿Cómo entrevistar a un posible nuevo colaborador?

Le sugerimos evitar:

- Hablar demasiado. Si habla más del 30% está exagerando.
- Dar mucha información. Debe brindar sólo la imprescindible.

- Distraerse.
- Interrumpir al candidato a menos que *deba* hacerlo.
- Intimidar al candidato.
- Dejar que sus gesticulaciones distraigan al candidato.
- Sentarse absolutamente quieto.
- Hablar de usted mismo.
- Manifestar acuerdo o desacuerdo.
- Tratar de completar complicados formularios durante la entrevista.
- Interrupciones en persona o por teléfono (*no* pueden tolerarse).
- Ser demasiado enfático.

Es muy usual que los entrevistadores inexpertos o inseguros brinden información que no es necesario dar. Sólo hay que decir lo justo para que el futuro colaborador conozca sobre el puesto para el cual está aplicando. La entrevista no es un momento para confidencias ni otras situaciones análogas.

¿Cómo analizar las respuestas?

Antes de responder a este interrogante es importante recordar que hay diferentes tipos de preguntas; cada uno de ellos debe usarse para un fin específico. Y algunos deben evitarse.

Para la evaluación de competencias, se encuentran una serie de ejemplos de preguntas en la obras *Elija al mejor. La entrevista en selección de personas. La entrevista por competencias*[5] y *Diccionario de preguntas*[6]. El análisis de las respuestas se hace observando comportamientos durante el relato de la persona. Para este análisis el lector puede apoyarse en la obra *Diccionario de comportamientos*[7], donde podrá observar ejemplos de conductas que corresponden a los diversos niveles de cada competencia. Al comparar estos ejemplos con los comportamientos registrados en la entrevista, podrá definir los niveles de competencias de la persona que está siendo analizada. Se explicará más en detalle en los párrafos siguientes.

---

5. Alles, Martha. *Elija al mejor. La entrevista en selección de personas. La entrevista por competencias*. Ediciones Granica, Buenos Aires, 2017. Allí el lector encontrará 1.000 preguntas para ser utilizadas en las distintas situaciones que puede presentar una entrevista.
6. Alles, Martha. *Diccionario de preguntas. La trilogía. Tomo 3*. Ediciones Granica, Buenos Aires, 2015.
7. Alles, Martha. *Diccionario de comportamientos. La trilogía. Tomo 2*. Ediciones Granica, Buenos Aires, 2015.

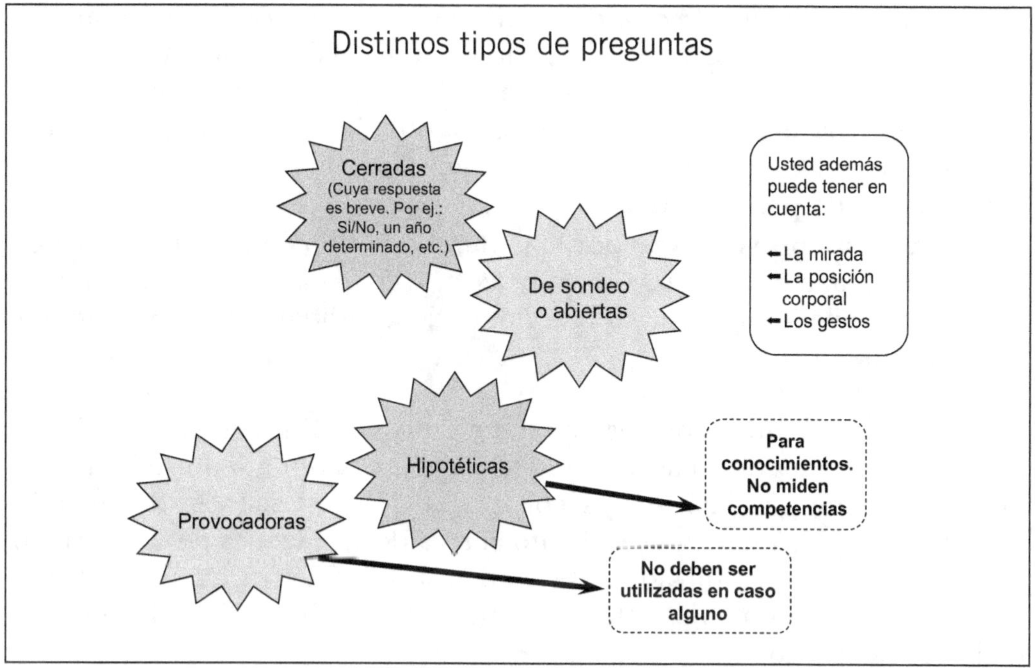

La entrevista debe servir como una fuente de información que constituya la base y fundamento para que el jefe pueda tomar la decisión acerca de la contratación o no del candidato.

Como surge del gráfico precedente, en el desarrollo de una entrevista existen distintos tipos de preguntas que pueden ser utilizadas alternativamente, considerando qué es lo que se desea evaluar. Ellas son:

- **Preguntas cerradas:** son aquellas a las que se puede responder con una sola palabra (sí-no, bueno-malo, por ejemplo); luego pueden complementarse con otras preguntas, si se desea obtener mayor información.

- **Preguntas de sondeo o abiertas:** son aquellas que dan lugar a que el candidato se explaye; por lo general son preguntas cortas, tales como: ¿por qué?, ¿cuál fue la causa?, etc.

- **Preguntas hipotéticas:** son aquellas que indagan acerca de lo que el candidato haría en una situación determinada (hipotética); por ejemplo: "¿qué haría usted si...?", "¿cómo resolvería usted...?", etc. Es importante resaltar que este tipo de preguntas *en ningún caso deben ser utilizadas* *para evaluar competencias,* dado que no indagan acerca de comportamientos concretos y reales que la persona pudo presentar, sino solamente acerca de lo que se haría si se dieran ciertas circunstancias. Son útiles para evaluar conocimientos, ya que de una respuesta se puede deducir si la persona conoce, por ejemplo, cómo llevar a cabo un determinado procedimiento.

- **Preguntas provocativas:** por lo general este tipo de preguntas se realizan a mitad de la entrevista, para agregarles el factor sorpresa, y tienen como objetivo analizar las reacciones del candidato. No son preguntas recomendadas.

Es importante que –además de estar atento a las respuestas que brinden los candidatos a las distintas preguntas– el entrevistador atienda a los gestos, posiciones y demás expresiones corporales del postulante. Por ejemplo, cuando se le pregunta a un candidato acerca de las razones de su desvinculación de su anterior trabajo y éste cambia su tono de voz o la postura corporal, o demuestra nerviosismo, esto puede darnos un indicio de la veracidad o no del relato.

Hemos expuesto los diferentes tipos de preguntas. Para la preparación de la entrevista se recomienda: 1) leer previamente los antecedentes de la persona a entrevistar; 2) preparar las preguntas a realizar durante la entrevista.

Para completar el análisis, será necesario –además– contar con información sobre cómo analizar las respuestas del entrevistado.

En el momento de la entrevista se le sugiere estar muy atento a las respuestas y tiempos verbales utilizados por el candidato. Tener en cuenta que si le está relatando un hecho o comportamiento que ha sucedido anteriormente usará el verbo en tiempo pasado, y le dirá "sucedió tal cosa". Si, por el contrario, le comenta algo que le habría gustado hacer (y que no sabemos si hizo o no), o que hubiera hecho si se hubiesen dado ciertas circunstancias, utilizará el verbo en condicional; le dirá: "podría haberle dicho tal cosa" o "lo habría logrado si...", o expresiones similares. Para evaluar las competencias de una persona sólo interesan los comportamientos pasados, realmente sucedidos, no lo que la persona imagina que podría hacer en un futuro o que hubiera hecho en determinadas circunstancias.

Para analizar las respuestas, y como se dijo en párrafos anteriores, el lector dispone de dos herramientas que la organización puede haber diseñado o, en su defecto, obtenido al recurrir a las dos obras mencionadas; esas herra-

mientas son el *diccionario de preguntas* y el *diccionario de comportamientos.* En el primero encontrará una serie de preguntas para evaluar competencias y en el segundo una serie de comportamientos o posibles respuestas, abiertas por niveles a fin de poder determinar qué grado de la competencia posee el entrevistado. Como ya se dijo en este mismo capítulo, es muy importante que el lector recuerde que no siempre es necesario contar con los niveles superiores de una competencia para desempeñarse exitosamente en un puesto de trabajo.

Los jefes deben recordar:

• *La entrevista es una herramienta por excelencia en la selección de personal.* Es uno de los factores que más influencia tienen en la decisión final respecto de la elección o no de un candidato.

• *La entrevista es un diálogo que se establece con un propósito definido.* Tiene un objetivo concreto: recabar la mayor información posible acerca del candidato y profundizar en aquellos aspectos de mayor relevancia o que presentan dudas.

- *En la entrevista existe una correspondencia mutua.*

Gran parte de la comunicación recíproca consiste en posturas, gestos y otros modos de expresión. La palabra, los ademanes, las expresiones verbales y corporales y las inflexiones de la voz concurren al intercambio que constituye la entrevista.

- *El jefe entrevista a los candidatos preseleccionados por Recursos Humanos o el consultor contratado para realizar la búsqueda.*

Es una tarea ineludible que debe llevar a cabo todo jefe, dado que permite una primera interacción con los candidatos y le ayuda a formarse una clara idea de las características personales de cada uno de ellos. En ocasiones, como ya se comentara, los jefes realizan el proceso completo, desde el reclutamiento.

- *La entrevista permite profundizar aspectos definidos en el perfil del puesto.*

La entrevista debe ser una oportunidad para obtener del candidato la mayor cantidad de información posible acerca de la forma en que cumple con los requisitos del puesto. La entrevista debe ser aprovechada como una oportunidad para mantener un diálogo provechoso para ambas partes, en el cual cada uno obtenga la información que necesita.

- *La entrevista permite indagar sobre todo aspecto que se considere pertinente e importante tratar.*

Es el momento ideal para despejar cualquier duda o bien profundizar en aquellos aspectos que se consideren importantes para poder tomar la decisión final.

Preguntas habituales y posibles respuestas

¿Qué no debo olvidar en la entrevista?

- Detectar las situaciones difíciles.
- Despejar los "baches" de tiempo. Es decir, intervalos en los que el candidato no haya trabajado.
- Indagar las razones por las que el entrevistado se fue de cada empleo.
- Indagar acerca de las motivaciones de cambio.

- Averiguar cuál es la remuneración pretendida y la que actualmente percibe, si el candidato está trabajando.
- Expectativas del postulante, tanto las que expresa como las que están veladas.

Durante una entrevista de selección es esencial averiguar cuáles son las razones que conducen al candidato a buscar un nuevo empleo. Conocerlas permitirá tener una idea más clara de las expectativas del potencial colaborador.

El tema remuneratorio puede ser difícil de tratar; muchas veces los candidatos son renuentes a dar información acerca de la remuneración que perciben en su actual empleo o aquella que desean percibir en el caso de ser seleccionados. No obstante la dificultad mencionada, se deberá indagar sobre ambos aspectos.

Otra cuestión sobre la cual se debe investigar son los "baches de tiempo" en la trayectoria laboral del candidato; con este concepto nos referimos a los lapsos registrados entre un empleo y otro que no son del todo claros. En ocasiones la información que se recibe de los candidatos acerca de estos pe-

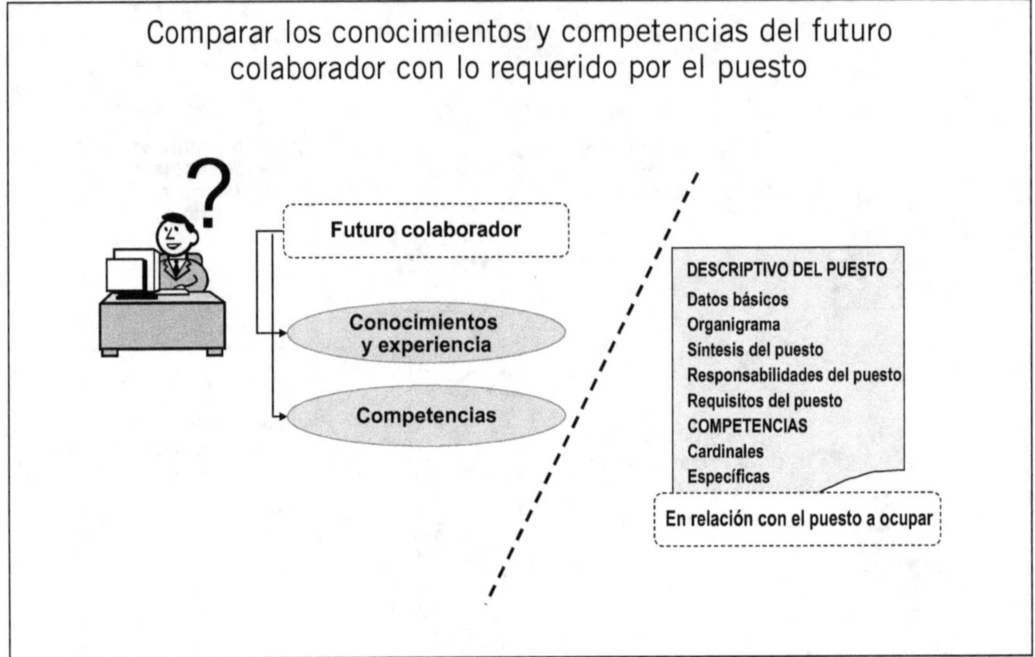

ríodos permite conocer el contexto en el que tuvieron lugar y entender mejor sus trayectorias profesionales, y las actuaciones y actitudes que cada uno de ellos tuvo en esos momentos.

¿Cómo comparar los diferentes postulantes al puesto?

En todos los casos deben compararse los conocimientos y competencias con lo requerido por el puesto de trabajo (ver gráfico siguiente).

La decisión final

En páginas precedentes hemos expuesto *las preguntas habituales sobre selección.* Continuaremos con las respuestas.

¿Cómo tomar la decisión?

Como ya se dijo, la decisión final respecto de una incorporación corresponde al futuro jefe del colaborador que ingresa. Los aspectos fundamentales a tener en cuenta son:

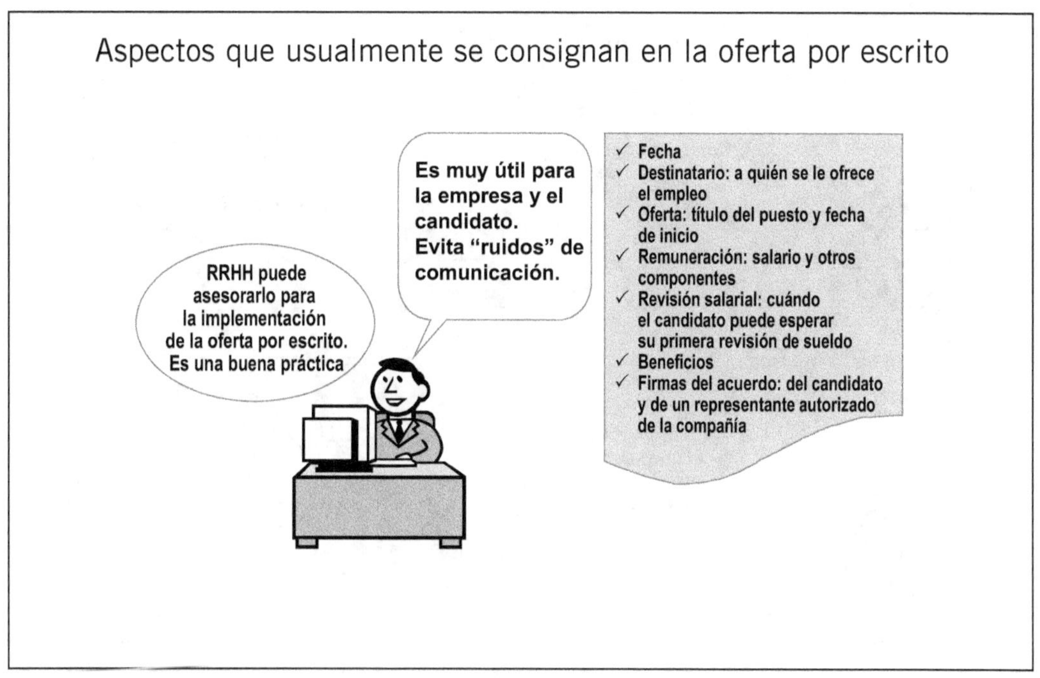

- El jefe elige a su futuro colaborador.
- La negociación y oferta económica final la realiza el área de Recursos Humanos.
- El jefe debe estar involucrado y realizar el seguimiento del proceso.

¿Cómo asegurarse de que no habrá malos entendidos?

La *oferta por escrito* es una práctica organizacional recomendable. Tiene como principal propósito formalizar por escrito los términos acordados. Dejando de lado los aspectos legales, siempre es una forma ordenada de comenzar una relación y evitar malos entendidos por cualquiera de las dos partes. Si en su organización esta modalidad no es utilizada, usted puede recurrir a su jefe o al área de Recursos Humanos para consultar al respecto.

Preguntas habituales y posibles respuestas

¿Cómo se negocian los aspectos económicos?

Usualmente la negociación final la realiza el área de Recursos Humanos. No obstante, dado que el jefe tomará la decisión sobre qué candidato será

elegido para cubrir la vacante, será siempre una buena idea averiguar con el responsable de RRHH cuáles son las pautas correctas para la contratación de un colaborador, nivel de salario, beneficios, etc. De este modo, elegirá un candidato posible dentro de las políticas organizacionales estipuladas.

No se dará una buena imagen al futuro colaborador si éste detecta algún grado de descoordinación entre los distintos sectores de la organización.

¿Quién negocia, el futuro jefe o el área de Recursos Humanos?

Como se dijo en la respuesta a la pregunta anterior, generalmente la negociación la realiza el área de Recursos Humanos. De todos modos, siempre es una buena idea que el futuro jefe conozca cómo es un proceso de negociación para la incorporación de un nuevo empleado, y esté preparado para llevarlo a cabo si en alguna ocasión esto resulta necesario.

Es muy importante que cada jefe/gerente comprenda que la decisión final acerca de la contratación de un candidato a la organización es suya. El especialista de Recursos Humanos tiene en el proceso un rol de asesor; si tuviese un rol más activo en la toma de la decisión final debería quedar claro que lo hace en carácter de colaboración por su experiencia en la temática de selección. Recursos Humanos podrá aconsejar y guiar en todo lo que se refiere a los aspectos técnicos del proceso, pero nunca debe ser quien decida u opte por la incorporación de un candidato por sobre otro.

Usualmente, la oferta económica final la realiza el área de Recursos Humanos. El director general de la organización (CEO, gerente general, según corresponda) interviene sólo en el caso en que el cargo sea de alto nivel.

Como se comentó en párrafos anteriores, una posibilidad es formalizar la oferta de trabajo por escrito; esto es altamente recomendable, debido a que se evitan de este modo posibles ruidos en la comunicación. La oferta por escrito viene a reforzar aquella que se acuerda verbalmente con el candidato cuando se le describen los beneficios, condiciones y demás aspectos inherentes al puesto de trabajo ofrecido.

¿Cómo debe ser el primer día de un nuevo colaborador?

Es muy importante y la base de la relación futura. Por ello se recomienda realizar una adecuada inducción, aspecto que se tratará en las páginas siguientes.

¿Cuál es el rol del jefe en la inducción de un nuevo colaborador?

La primera parte de la inducción –a la organización– usualmente está a cargo de Recursos Humanos. En ese caso el rol del jefe será asegurarse de que se llevó a cabo y ofrecerse a evacuar cualquier duda que se presente.

La segunda parte de la inducción –al puesto de trabajo– estará a cargo del futuro jefe.

Pasos o esquema de una negociación

Como ya se dijo, quizás el jefe directo no participe directamente en la negociación, pero será muy útil que conozca cómo se lleva a cabo. En el gráfico siguiente se puede apreciar el esquema clásico de una negociación aplicado a la incorporación de un nuevo colaborador.

Veamos los pasos de un proceso de negociación para la incorporación de un nuevo colaborador:

Posición: es el primer acercamiento a la negociación. El postulante dice lo que él querría obtener y la organización plantea su opción mínima. Es de-

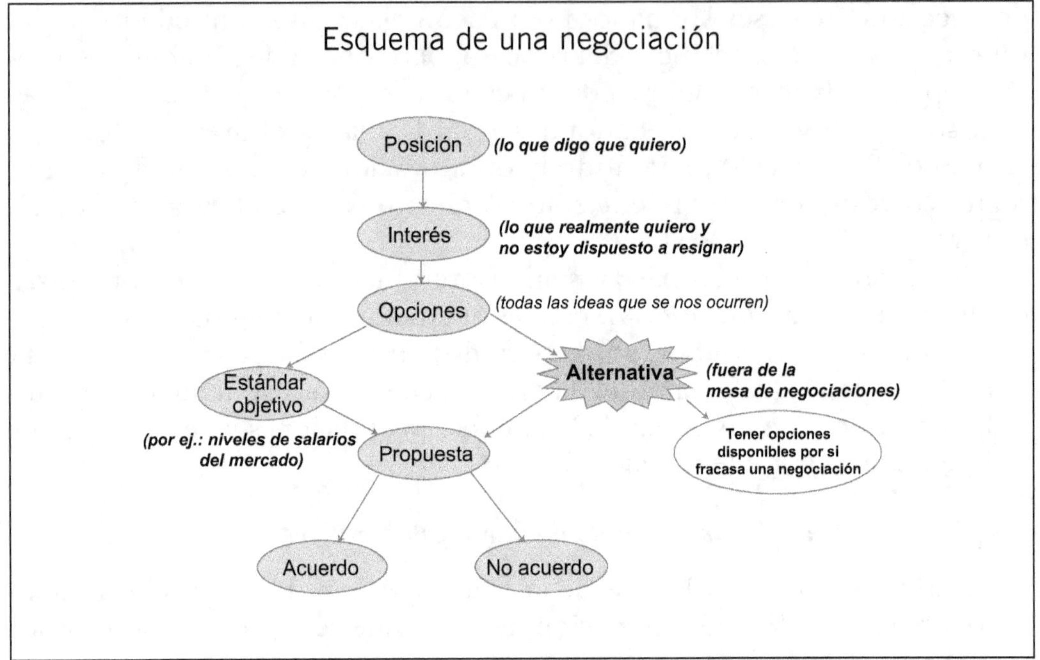

cir, el candidato puede estar dispuesto a percibir algo menos, y la organización puede tener algo más que ofrecer.

Interés: es aquello que realmente quiere el postulante o el nivel mínimo que está dispuesto a percibir en materia de compensaciones y beneficios, y desde la organización será el nivel que no origine problemas en la estructura salarial.

Opciones: son las variantes que se exploran para acercar a las partes reduciendo diferencias.

Estándar objetivo: son aquellos elementos que, al estar fuera de la negociación, pueden aportarle información objetiva. En el caso de la selección, los estándares objetivos o criterios objetivos pueden ser, por ejemplo, salarios de mercado para la posición, antecedentes de negociaciones similares en la organización, etc.

Alternativa: es una opción ubicada fuera de la mesa de negociaciones. Para el postulante será su trabajo actual u otra búsqueda en la cual esté participando, y para la organización puede ser otro candidato igualmente interesante (o al menos adecuado) para cubrir la posición.

Los siguientes pasos se explican por sí solos. En función de los anteriores se realiza una propuesta y se llega o no a un acuerdo.

La importancia de conocer un estándar objetivo –por ejemplo, valores salariales de mercado– y contar o no con una alternativa, serán aspectos determinantes para una mejor negociación y resultado final, tanto desde la perspectiva de la organización (aspecto tratado en esta obra) como si se analizara la situación desde la óptica del futuro colaborador.

La importancia de una buena inducción

La inducción de un nuevo colaborador consta de dos partes: a la organización y al puesto de trabajo. Veremos a continuación la mejor forma de llevar adelante ambas.

Todos nos sentimos perdidos alguna vez un primer día de trabajo. ¿Cómo lograr que ese primer día sea una buena base para la relación futura entre la organización y el colaborador?

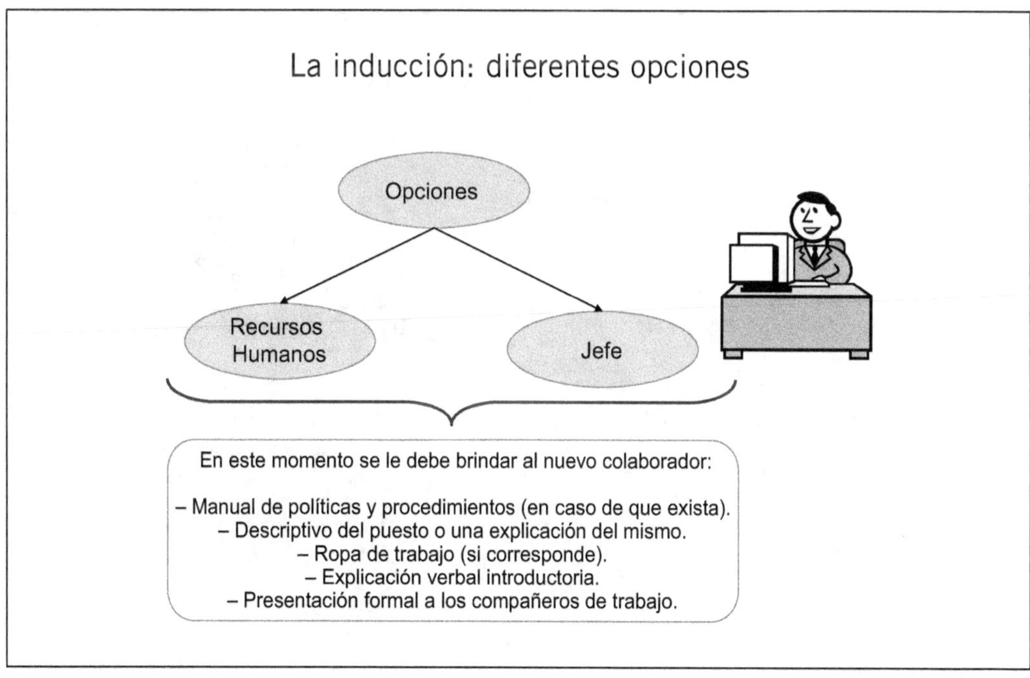

Es responsabilidad de Recursos Humanos. No obstante, el jefe tiene un rol importante que cumplir en esta fase.

La inducción de un nuevo colaborador a la organización consiste en un proceso a través del cual se le brinda información acerca de la organización y su puesto de trabajo. Cada organización puede tener un método diferente, más o menos sofisticado, más o menos extenso, pero fundamentalmente consiste en la transmisión de la información básica y necesaria para desempeñarse respetando las normas organizacionales, y la requerida para conocer las características básicas de la organización. Es por ello que la inducción es el momento ideal para transmitir al nuevo colaborador información acerca de la visión, misión y valores organizacionales, la estructura, las actividades y mercados en los que actúa la entidad, las políticas y normas internas, los beneficios y sistemas existentes, etc.

La inducción puede ser llevada a cabo tanto por el jefe directo como por el área de Recursos Humanos, de acuerdo con los usos y costumbres de cada organización.

Como ya hemos dicho, comprende dos etapas diferentes: la inducción a la organización y la inducción al puesto de trabajo. La primera consiste en

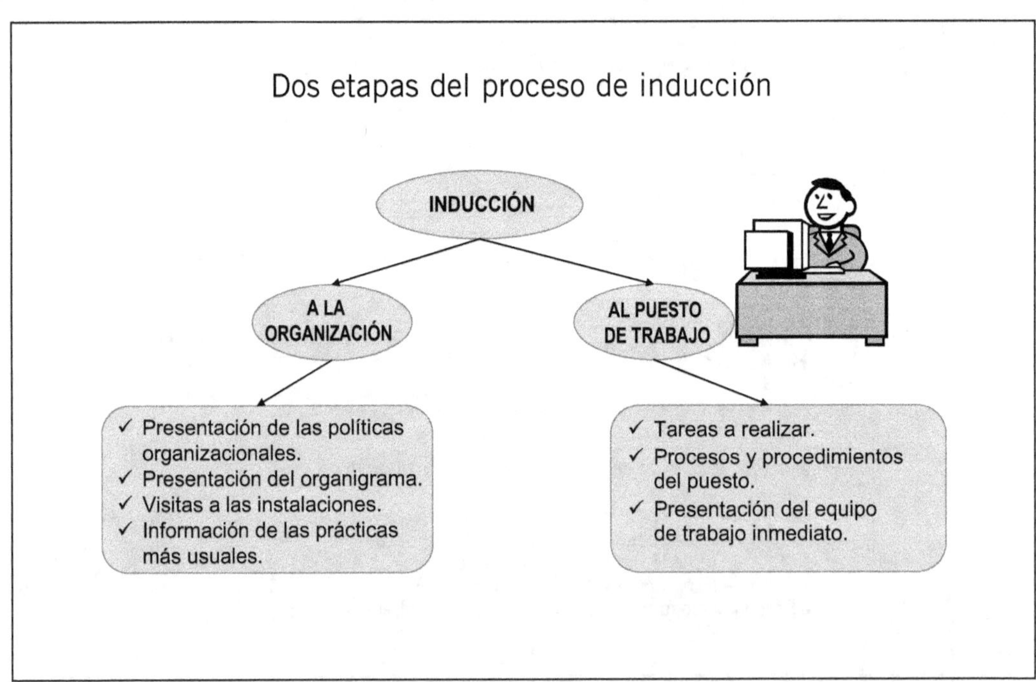

la presentación al candidato de los aspectos generales que todos los empleados deberían conocer (algunos ya han sido mencionados). La segunda se relaciona directamente con el puesto de trabajo, la ejecución de las tareas propias del puesto y todo lo necesario para la integración del nuevo integrante
al equipo de trabajo inmediato. En muchos casos las organizaciones realizan
durante el proceso de inducción actividades de capacitación en algunas herramientas necesarias para desempeñarse en el puesto (por ejemplo, en de-
terminados programas informáticos).

A modo de reflexión final sobre los temas del capítulo

La selección de personas, cualquiera sea el nivel del cargo que ocuparán
dentro de la organización, no está regida por leyes o normas de tipo legal.
Las buenas costumbres y las buenas prácticas sugieren utilizar medios profesionales para realizarla. Por otra parte, el sentido común indica que es conveniente seleccionar a la mejor persona para cada puesto. Y aquí comienza
un aspecto interesante a tener en cuenta. La frase "seleccionar a la mejor
persona para cada puesto" nos está dando una clave. No se trata de elegir a
la mejor persona posible o disponible o que la organización pueda incorporar (léase pagar), sino la mejor persona *en relación con el puesto a ocupar*.

A continuación usted encontrará dos páginas para diseñar su *plan de acción personal* respecto de las temáticas de este capítulo.

El plan de acción consta de las siguientes partes:

- **Formación:** actividades de capacitación (talleres, seminarios, codesarrollo) que su organización o alguna institución a la cual usted pueda tener acceso brinde sobre la temática.
- **Lecturas:** en la parte final del Capítulo 8 encontrará sugerencias al respecto. Siempre le recomendamos la lectura de libros. En Internet sólo se sugiere consultar *papers* de universidades o firmas conocidas y de prestigio. De lo contrario, en algunos casos se puede obtener información no aconsejable.
- **Actividades extracurriculares:** en este punto se hace referencia a actividades no relacionadas con el ámbito laboral que pueden ayudarlo en el desarrollo de sus capacidades. Por ejemplo: desempeñarse como director del equipo de fútbol (*soccer*) o cualquier otro deporte del colegio de sus niños.
- **Referente:** estudio de una persona con un alto grado de desarrollo de la capacidad que se desea mejorar. Al analizar sus comportamientos, se pueden mejorar los propios.
- **Aplicar sugerencias:** en el Capítulo 8 se brinda una serie de sugerencias o *tips* para mejorar en las distintas temáticas abordadas en esta obra. Para la confección de su plan de acción le sugerimos leer detenidamente y tomar en cuenta los consejos de ese capítulo.

En la segunda de las dos páginas siguientes usted encontrará una "agenda". La idea que deseamos transmitirle es que el plan de acción debe ser concreto, con ideas para poner en práctica de forma inmediata (o al menos en el corto plazo).
Usted puede confeccionar una agenda para cada uno de los capítulos de la presente obra.

Plan de acción. Una amplia gama de posibilidades

Plan de acción:
FORMACIÓN

→ Actividades de formación propuestas por la organización donde trabajo u otras a las cuales pueda acceder.

Nombre del curso/Actividad	Lugar y fecha

Plan de acción:
LECTURAS

→ Libros o artículos relacionados:
Biografías de aquellos que fueron "buenos jefes" y/o buenos entrenadores de personas.

Nombre del libro/Actividad	Lugar y fecha

Plan de acción:
ACTIVIDADES
extracurriculares

→ Actividades no relacionadas con mi trabajo que me ayuden a mejorar

Tipo de actividad a realizar	Lugar y fecha

Plan de acción:
REFERENTE

→ + (positivo): comportamientos para imitar
- (negativo): comportamientos que debería imitar

Nombres de referentes	Lugar y fecha

Plan de acción:
APLICAR
SUGERENCIAS

→ Elegir un número reducido de consejos (capítulo 8) y llevarlos a la práctica. Luego intentar con otros.

Sugerencia /Consejo a seguir	Lugar y fecha

Plan de acción. Debe ser concreto

¿Qué haré?
<u>Acciones</u>

¿Cuándo lo haré?
<u>Plazos</u>

¿Qué me propongo
alcanzar?
(En relación con la temática elegida)

Tomar una agenda (la que me resulte más práctica y esté acostumbrado a usar) y registrar acciones a realizar en un plazo mínimo de 3 meses.

../../..

../..

Capítulo 3

Dar aliento y reconocimiento a un colaborador

Temas del capítulo

- **Velar por la equidad interna**
- **Qué implica** *dar aliento* **a un colaborador**
- **La dirección positiva de personas**
- **Reconocer y evaluar comportamientos**
- **Consejos útiles para la entrevista de retroalimentación**
- **El rol del jefe en la evaluación de desempeño y en la carrera de sus colaboradores**
- **El rol del jefe y los proyectos personales de los colaboradores**

Velar por la equidad interna

El jefe decirle al colaborador cómo está haciendo las cosas, ayudarlo a mejorar cada día y, al mismo tiempo, cuidar el equilibrio interno del grupo a su cargo, de la gerencia o de la organización en su conjunto, según corresponda.

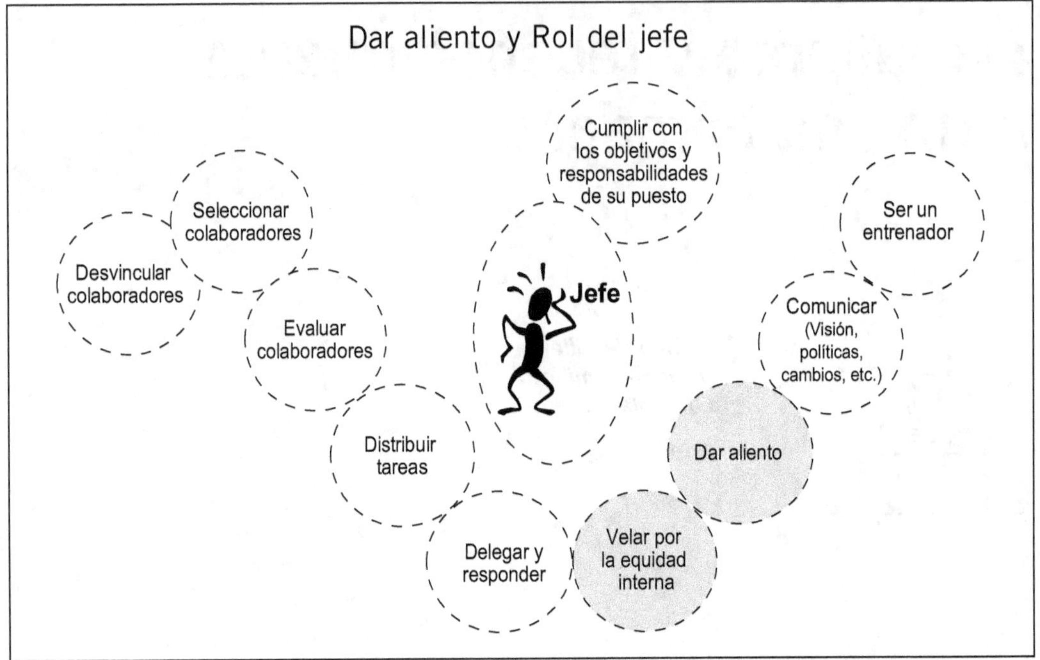

Entre los diversos roles de los jefes, se verán en este capítulo dos temas relacionados entre sí: dar aliento y velar por la equidad interna. La idea se aprecia en la figura precedente.

Según el nivel del jefe en la organización podrá tener mayor o menor injerencia en la toma de ciertas decisiones. En relación con algunos temas podrá cambiar algo o quizá nada, pero siempre podrá hacer algo al respecto.

En cuanto a velar por la equidad interna, dentro de su área de responsabilidad, implicará para el jefe una serie de aspectos, desde cierto manejo de las remuneraciones hasta impartir justicia en el trato, desde su rol y respecto de los miembros de su equipo entre sí.

Como decíamos, velar por la equidad interna se vincula, entre otros aspectos, con la política de Remuneraciones. En la obra *5 pasos para transformar una oficina de personal en un área de Recursos Humanos*[1], en el capítulo 3, Remuneraciones, se explica la temática como un aspecto necesario para un adecuado manejo de los Recursos Humanos dentro de una organización.

---

1. Alles, Martha. *5 pasos para transformar una oficina de personal en un área de Recursos Humanos*. Nuevo libro. Ediciones Granica, Buenos Aires, 2018.

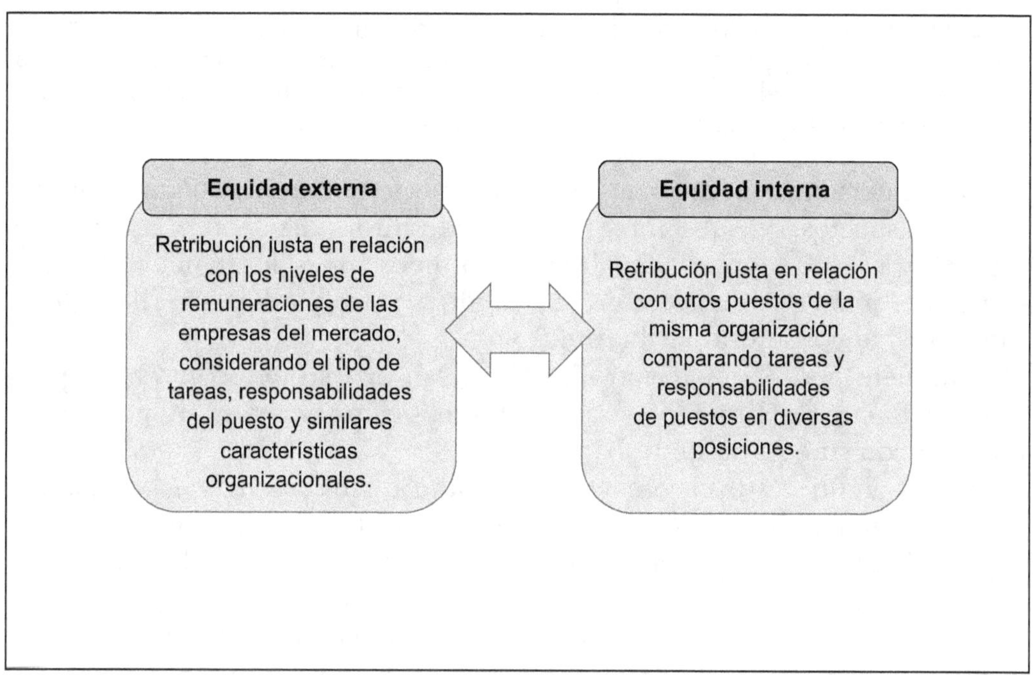

Un concepto a tener en cuenta es la *Equidad interna y Equidad externa en las remuneraciones.* Como se expresara, quizá, un jefe no tiene el nivel de autoridad para resolver algunas cuestiones; no obstante, es imprescindible conocer algunos conceptos y, además, tener en cuenta que tiene un rol que cumplir al respecto. La equidad, tanto interna como externa, es un tema que preocupa a todos.

Más allá de que los jefes vean o no este tema como una función propia, la equidad los preocupa en su rol de jefes y, en ocasiones, por su propio interés particular en función de cómo es remunerado. También interesa a los colaboradores. El número 1 y la alta dirección tienen un rol adicional: el cuidado de la política retributiva en su conjunto.

Estas son las definiciones de los conceptos mencionados:

Equidad externa. Retribución justa en relación con los niveles de remuneraciones de las empresas del mercado, considerando el tipo de tareas, responsabilidades del puesto y similares características organizacionales.
Se relaciona con el subsistema de *Remuneraciones y beneficios* y con los distintos temas relacionados con *compensaciones, política retributiva,* etc.

Equidad interna. Retribución justa en relación con otros puestos de la misma organización comparando tareas y responsabilidades de puestos en diversas posiciones. Se relaciona con el subsistema de *Remuneraciones y beneficios* y con los distintos temas relacionados con *compensaciones, políticas retributivas,* etc.

Como decíamos al inicio, el jefe podría no tener autoridad para cambiar algunos aspectos. No obstante, podrá desde informarse sobre las políticas internas y las razones por las cuales las remuneraciones, los beneficios y otras cuestiones relacionadas son de un modo u otro, hasta sugerir algunos cambios si lo considera pertinente.

También, podrá solicitar ayuda tanto a su propio jefe como al responsable de Recursos Humanos, sobre cómo manejar diferentes situaciones en relación con su equipo de trabajo.

Si, en algún caso, el jefe se ve afectado a nivel personal por alguna política organizacional, deberá elevar su descontento a sus superiores y/o exponerlo con el área de RRHH, sin involucrar a sus colaboradores.

En el capítulo 6 se verán algunas competencias necesarias para ser un buen jefe, todas relacionadas con el cuidado de la equidad, en especial, la interna, mencionada en párrafos previos. Entre ellas, la competencia *Justicia,* definida como la capacidad para dar a cada uno lo que le corresponde o pertenece y, al mismo tiempo, velar por el cumplimiento de los valores de la organización y trabajar mancomunadamente en pos de la visión y la estrategia de ésta. Implica obrar con equidad en cualquier circunstancia, tanto personal como laboral.

Luego de velar por la equidad interna, se verá cómo dar aliento a un colaborador. En esta obra, la acción de dar aliento y reconocimiento a un colaborador se tratará desde dos perspectivas, en relación con la evaluación del desempeño, como herramienta organizacional (a continuación, en este mismo capítulo) y, también, como parte de otro de los roles de los jefes, ser entrenador, que se verá en el capítulo 7.

Qué implica *dar aliento* a un colaborador

La evaluación del desempeño ha sido un tema de preocupación desde hace muchos años y lo sigue siendo hoy. La temática ha sido tratada de muy diferentes maneras. Desde métodos hoy impensables, como identificar a un buen empleado dentro de la organización y comparar a todos los otros con él, hasta la agrupación de empleados por pares para su comparación.

Expondremos en este capítulo las últimas tendencias y, dentro de éstas, cuál es el rol del jefe.

En relación con los últimos enfoques en materia de evaluar el desempeño deseo destacar que en la actualidad se considera que evaluar el desempeño de los colaboradores es un derecho no sólo del empleador, sino también –y con mucha fuerza– del empleado. Las personas necesitan y desean saber cómo están haciendo las cosas. Desde esta doble perspectiva se presentarán los temas de este capítulo.

Muchas personas, tanto jefes como empleados, piensan que las evaluaciones de desempeño se relacionan sólo con aspectos económicos tales como la liquidación de una remuneración variable, usualmente bajo el formato de *bonus* o bono. Esto es parcialmente cierto, ya que por un lado las evaluaciones de desempeño son instrumentos que se utilizan para este tipo de cálculos. Sin embargo, la evaluación del desempeño cubre una serie de propósitos adicionales que veremos más adelante.

Como ya se ha dicho en capítulos anteriores, las buenas prácticas de Recursos Humanos nos indican que evaluar el desempeño de las personas es bueno para la organización, para el colaborador y para el jefe.

Por lo tanto, desde esta perspectiva, como se dijo al inicio del capítulo se analizará el rol de cada jefe en la evaluación de colaboradores.

Ahora bien, no sólo se trata de evaluar el desempeño una o dos veces al año, según el método que cada organización haya implementado y cuando el área de Recursos Humanos distribuya los formularios respectivos. Eso es sólo una parte de la responsabilidad de un buen jefe.

La relación cotidiana del jefe con su colaborador debe basarse en una comunicación permanente que incluya la retroalimentación acerca de cómo se realizan las tareas. De este modo, cuando se lleve a cabo la evaluación anual (o semestral, según corresponda) no habrá sorpresas. Además, y muy importante, la retroalimentación cotidiana permite corregir el accionar del colaborador de modo de asegurar su mejor desempeño.

En el gráfico siguiente se expone una situación frecuente: los jefes aducen falta de tiempo para dar retroalimentación a sus colaboradores y éstos interpretan los silencios a su manera. Como se verá en el Capítulo 5, la co-

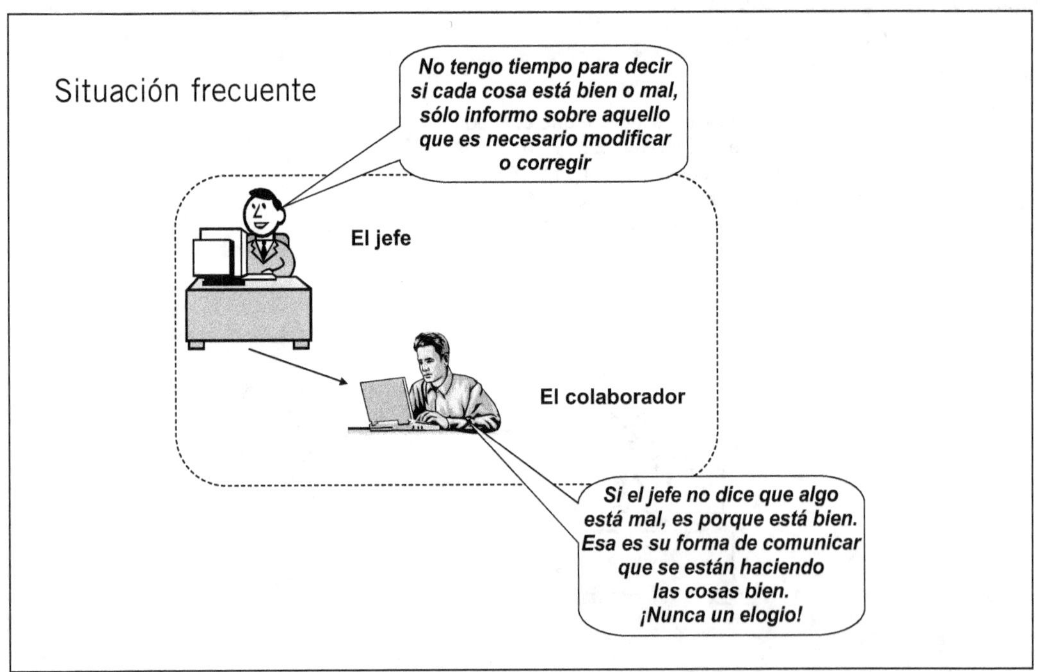

municación es un factor determinante en la buena relación entre personas, y la relación jefe-colaborador no es más que eso, un vínculo entre dos personas donde cada uno tiene un rol asignado. Mutuamente esperan cosas, uno del otro. El colaborador espera saber cómo está haciendo las cosas. Si sólo se le comunican los errores, si bien es cierto que eso da la oportunidad de corregirlos, al mismo tiempo deja de lado el dar aliento al colaborador, que es otro de los roles importantes e indeclinables de un buen jefe.

En síntesis, la comunicación clara mejora la relación jefe-colaborador y, de esa manera, se logra un mejor desempeño de ambos.

Veremos a continuación algunas preguntas frecuentes de los jefes, acerca de la mejor manera de llevar adelante la relación con sus colaboradores.

Preguntas habituales y posibles respuestas

¿Sólo debo señalar los errores, así los colaboradores saben cuándo deben mejorar?

Se deben señalar los errores; eso es cierto. Al mismo tiempo, siempre deben señalarse los aciertos. Un colaborador debe saber cuándo hace las cosas

bien y cuándo debe mejorar. Es el mejor aprendizaje. Esta vía de comunicación debe formar parte de la relación cotidiana de un jefe con cada uno de sus colaboradores.

La comunicación de los aspectos a mejorar debe ser siempre con respeto, sin menoscabar las capacidades del colaborador. Es muy importante, cuando se verifica un error, poder determinar si obedece a desconocimiento sobre el tema o a otra razón, por ejemplo, distracción, no prestar atención a las indicaciones, etc.

Determinar las posibles causas ante una equivocación o una tarea que no fue realizada como se esperaba permite determinar caminos de acción. Si la causa es producto de la carencia de un conocimiento, esto puede solucionarse o bien con una explicación del jefe o de un compañero con más experiencia, o bien con la asistencia del colaborador a una actividad de capacitación. En caso extremo, el jefe quizás deba reconocer que se equivocó al asignar la tarea a ese colaborador.

Si la razón fuese de otro tipo, quizás el colaborador deba encarar actividades de desarrollo de competencias u otras acciones.

En cualquiera de los casos descritos, si el jefe determina la causa y luego no sabe cuál es el camino adecuado para aconsejar al colaborador, la mejor sugerencia será consultar con el departamento de Recursos Humanos para solicitar apoyo.

Si elogio mucho a mis colaboradores, ¿no pedirán aumento de salario?

Como ya se expresó, una persona necesita saber si hace las cosas bien. Por lo tanto, así como dijimos que el señalamiento de un error debe hacerse con respeto, reconocer un acierto debe ser sin *sobreactuaciones*. Es decir, de manera sencilla señalar los aspectos que están bien de la tarea realizada.

Muchos jefes piensan que si felicitan a sus colaboradores luego éstos demandarán incrementos salariales. Esto siempre puede suceder, pero no por esta razón.

Sin relación con la pregunta, es una sugerencia para todos los jefes el estar pendientes de la conformidad o no de sus colaboradores respecto de su remuneración. Es un tema delicado, y habrá que ser absolutamente objetivos. En muchos casos el jefe no podrá resolver una eventual inequidad interna, pero siempre será útil darse cuenta de una situación de esta naturaleza.

¡La empresa es algo diferente al hogar paterno! ¡Un jefe no debe ser "la mamá" o "el papá" de un colaborador!

Muchas personas piensan y sienten de este modo y, de alguna manera, tienen razón. En el último período, la adolescencia se ha prolongado; muchos jóvenes –y otros no tan jóvenes– no tienen una clara conciencia acerca de cómo comportarse en el ámbito laboral.

Las organizaciones están integradas por personas adultas y con madurez deben concebirse las relaciones laborales y estructurarse los puestos de trabajo, aunque en las empresas trabajen personas jóvenes. Por lo tanto, las organizaciones deben proporcionar a sus empleados climas de trabajo armoniosos y saludables, pero siempre serán ambientes de trabajo, no *hogareños*. Del mismo modo, nuestra propuesta es que un jefe se constituya en un entrenador de sus colaboradores, pero esto no significa que deba asumir un rol de tipo paternal.

Esta mención a roles paternos o similares no debe ser interpretada por el lector como una referencia a situaciones en que un jefe le lleva muchos años a un colaborador. Como cualquiera puede verificar, en el ámbito de las organizaciones es posible encontrar jefes que les llevan muchos años a sus colaboradores, otros sólo unos pocos años, otros que son de la misma edad que las personas que se encuentran a su cargo, y, por último, pueden ser más jóvenes, con una diferencia de pocos o muchos años. Todas las variantes son posibles. En ninguna de ellas el jefe debe asumir un rol paterno, aun cuando sea muchos años mayor que su colaborador.

¿Qué hacer si un colaborador presenta actitudes "de hijo" en el ámbito laboral? Con el mismo respeto que se le señala a alguien cualquier tipo de error, se le deberá marcar cuáles son los comportamientos esperados de él en relación con su puesto de trabajo.

Para todos estos problemas o posibles situaciones difíciles son de suma utilidad los *diccionarios de comportamientos* que las organizaciones confeccionan en el momento de poner en marcha modelos de competencias[2]. Si en su rol de jefe usted tiene este tipo de problemas, puede consultar algún documento de esta clase que se encuentre disponible en su organización.

---

2. Si desea conocer sobre Gestión por Competencias, puede recurrir a obras sobre la materia que la autora ha publicado en esta misma editorial. Le sugerimos en primera instancia leer *Dirección estratégica de Recursos Humanos. Volumen 1. Gestión por competencias*. Nueva edición revisada, Ediciones Granica, Buenos Aires, 2015.

En caso de no contar con uno, le sugerimos consultar la obra *Diccionario de comportamientos*[3].

De este modo, si se *piensa* que una persona no posee un comportamiento adecuado, este juicio no será en base a percepciones subjetivas sino a través de la observación objetiva, respecto de cuál es el comportamiento del colaborador y qué se espera de él. Para comunicar al colaborador estas observaciones, se elaborará un documento escrito. De esta manera será más sencillo señalarle al individuo en cuestión cuáles son los comportamientos que se esperan de él en relación con su puesto de trabajo.

¿Cuál es la mejor manera de dirigir un grupo humano?

Llevar a cabo lo que se denomina una dirección positiva. El término "dirección" no hace referencia a la jerarquía, sino a una persona que dirige a otra en algún momento o situación (puede ser un jefe, como en el caso que nos ocupa). Nos referimos a este tema a continuación.

La dirección positiva de personas

Una dirección positiva de las personas incluye reconocer el desempeño de éstas no en base a sensaciones o percepciones sino, por el contrario, por medio de la *evaluación* de sus comportamientos. Se verá este tema más adelante, en este mismo capítulo.

Para analizar el concepto de *dirección positiva* vamos a presentar los elementos que la componen, que pueden observarse en el gráfico de la página siguiente.

1. *Autoestima.* Un jefe debe tener su autoestima en el nivel justo, ni sobrevalorado ni subvalorado. Sin una adecuada autoestima será muy difícil ser un buen jefe.
2. *Saber apoyar.* Un jefe debe apoyar a sus colaboradores para que cumplan exitosamente con las tareas encomendadas según sus respectivos descriptivos de puestos. Dar apoyo implica estar atento a si el colaborador

---

3. Alles, Martha. *Diccionario de comportamientos. La trilogía. Tomo 2.* Ediciones Granica, Buenos Aires, 2015.

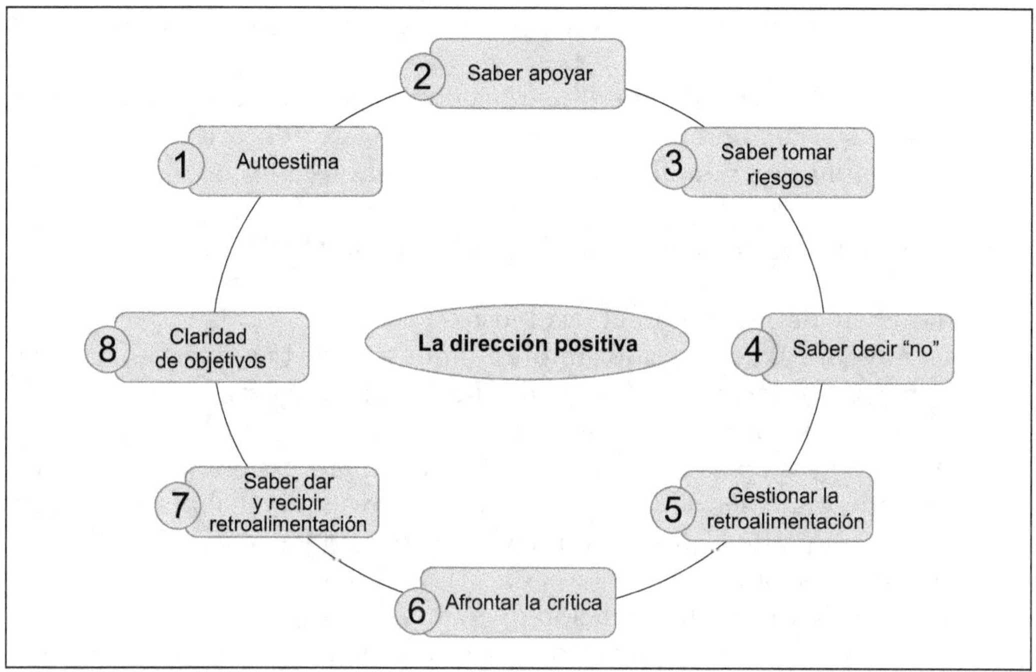

necesita algún tipo de soporte para llevar a cabo su tarea (nuevos conocimientos, desarrollo de competencias, recursos físicos, etc.).

3. *Saber tomar riesgos.* Asumir riesgos al delegar tareas a sus colaboradores. Se debe confiar en las capacidades de éstos para desempeñar tareas cada vez más complejas y darles oportunidades para demostrarlas.

4. *Saber decir "no".* Dar aliento al colaborador significa tanto reconocer cuando hace algo bien, como saber decir "no" o señalar un área de mejora.

5. *Gestionar la retroalimentación.* Dar y recibir retroalimentación de manera positiva. No sólo ser capaz de brindar a los colaboradores información sino también ser capaz de recibir aquella que éstos nos brindan y aprovecharla como *input* para mejorar uno mismo.

6. *Afrontar la crítica.* Un buen jefe acepta críticas de sus colaboradores y sabe hacer observaciones sin molestar al otro.

7. *Saber dar y recibir retroalimentación* (*feedback*) constructiva o positiva implica decir por qué algo está bien y por qué no. Para aprender es necesario conocer las razones por las que una tarea ha concluido de manera satisfactoria, como también de que no se hayan alcanzado los

objetivos propuestos, cuando esto suceda. En caso contrario no hay aprendizaje.

8. *Claridad de objetivos.* Para el jefe los objetivos, tanto los propios como los de sus colaboradores, deben de estar claros en primera instancia para él mismo, para luego poder comunicarlos a los otros.

En resumen, la *dirección positiva* implica que un jefe debe:

- Tener su autoestima en el nivel justo.
- Dar aliento al colaborador implica tanto señalar lo que éste hace bien como saber decirle "no" o señalar un área de mejora.
- Aceptar críticas de sus colaboradores.
- Apoyar a sus colaboradores para que cumplan exitosamente con sus responsabilidades. Esto implica estar atento a si el colaborador necesita algún tipo de soporte para llevar a cabo su tarea.
- Asumir riesgos al delegar tareas a sus colaboradores.
- Dar y recibir retroalimentación de manera positiva. El *feedback* o retroalimentación positiva implica decir por qué algo está bien y por qué no.
- Para el jefe los objetivos, tanto los propios como los de sus colaboradores, deben estar claros.

Si bien en una primera lectura puede parecer que los ítems mencionados son muchos o que el tema es complicado, podrá ver que no es así si lo relaciona con su propia gestión o con la de un superior que usted valore como "buen jefe".

Reconocer y evaluar comportamientos

Para una mejor comprensión de este tema se ofrecerán algunos lineamientos básicos sobre la evaluación del desempeño, para luego focalizarnos en el rol del jefe al utilizar esta herramienta que usualmente no diseña, ya que esa es una tarea del área de Recursos Humanos. Sin embargo, los protagonistas de la evaluación del desempeño, los actores principales, son el jefe y su colaborador.

Como se dijo al inicio de este capítulo, las evaluaciones del desempeño se asocian –en el "imaginario" de las personas, tanto en su rol de jefes como de empleados– solamente con temas económicos, pero es importante destacar que su propósito no se dirige solamente a este aspecto.

Esta concepción "económica" se halla profundamente arraigada en la mente de todos, a tal punto que hasta los especialistas en RRHH, si un año, por ejemplo, no se han generado utilidades, proponen "no evaluar el desempeño". ¿Por qué? Porque no habrá *bonus,* aumentos de salario y/o promociones. Esto no debería ser así; como veremos a continuación, la evaluación del desempeño tiene una serie de otros propósitos, además de conectarse con temas económicos.

En primer lugar, la evaluación del desempeño permite analizar y determinar la "adecuación persona-puesto". Cuando esta adecuación no se verifica las causas pueden ser que la persona necesita capacitación en conocimientos o el desarrollo de competencias. Desde la perspectiva de la organización, la evaluación puede servir para "descubrir" a personas que resultarían adecuadas para desempeñarse en otros puestos. Desde la perspectiva del individuo, a través de la retroalimentación (reunión de retroalimentación) se puede revelar que la persona quiere hacer otra cosa, etc. Este tipo de instancias en la relación jefe-colaborador es motivador para ambos; por ejemplo, las personas se sienten involucradas cuando se les dice que están haciendo bien las cosas (desde ya, sólo si es así) y cuando pueden relacionar lo que están haciendo con los objetivos organizacionales.

El resultado de esta relación es siempre *ganar-ganar,* dado que tanto la organización como el colaborador obtienen beneficios de ella. Es decir, es bueno para la organización, que orienta su accionar a la consecución de su estrategia y objetivos, y, al mismo tiempo, es bueno para los colaboradores, que mejoran su actuación.

Preguntas habituales y posibles respuestas

¿Cómo evaluar el desempeño de un colaborador?

Para evaluar el desempeño de un colaborador se requiere:

- Definir la posición a evaluar y asegurarse de que tanto el supervisor como el supervisado estén de acuerdo con respecto a las responsabilidades establecidas y los criterios de evaluación. Es importante que ambos comprendan la esencia del puesto: qué se espera de esa función.

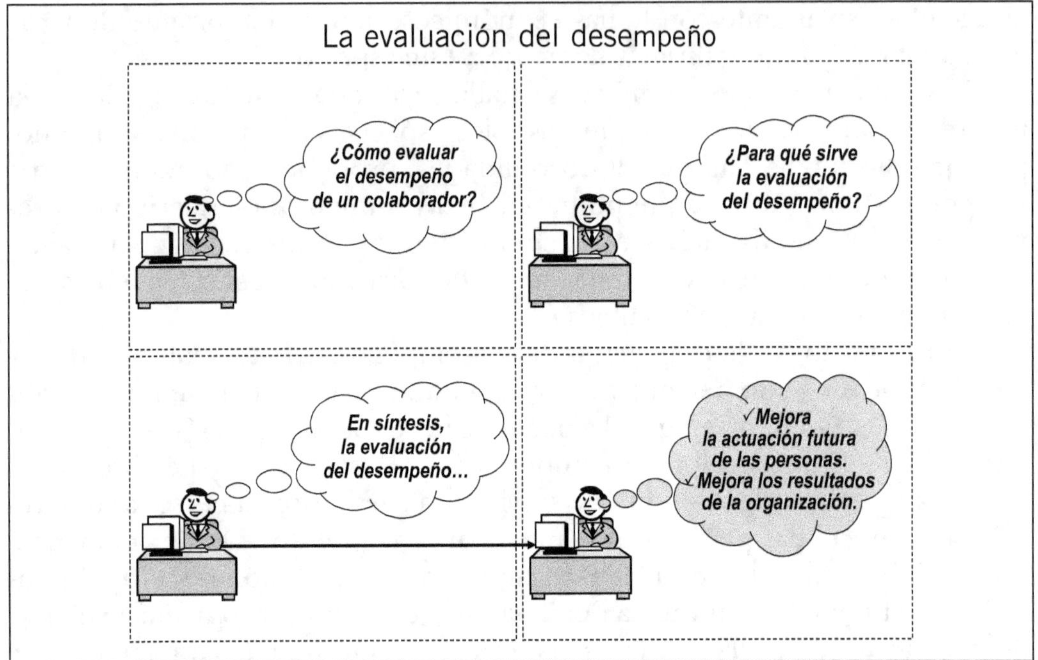

- La evaluación del desempeño siempre debe realizarse con relación a "algo"; ese algo es el puesto de trabajo, dado que sólo se podrá decir que un colaborador se ha desempeñado adecuadamente o no en función del perfil acordado con respecto al puesto que ocupa.
- Contar con un método para la evaluación.
- Dar retroalimentación al colaborador. La retroalimentación no debe realizarse sólo al final de un período de evaluación sino que debe ser una práctica constante, de modo de permitir al colaborador mejorar en los aspectos que lo requieran y responder así a las expectativas de su puesto.

¿Para qué sirve la evaluación de desempeño?

Otra pregunta frecuente relacionada es *"¿Para que sirven los métodos que las organizaciones implementan para evaluar el desempeño de las personas?"*. Veamos.

La evaluación del desempeño de un colaborador se relaciona con:

- Aspectos económicos, incrementos salariales o liquidación de *bonus* u otro tipo de remuneraciones variables o incentivos relacionados con el desempeño y el cumplimiento de objetivos.

- Promociones. Concretas o potenciales. Estas últimas se relacionan con los planes de sucesión y otros programas organizacionales.
- Desarrollo de carrera, posibilidades de crecimiento. Se relaciona, de alguna manera, con el punto anterior.
- Desarrollo de competencias y/o programas de formación en conocimientos. Si se han detectado brechas tanto en conocimientos como en competencias al realizarse la evaluación del desempeño, se ofrece al colaborador instancias para mejorar, según los programas organizacionales disponibles.

En síntesis, la evaluación del desempeño...

Además de lo antedicho, podemos señalar otros propósitos adicionales de la evaluación del desempeño, en directa relación con el vínculo entre el colaborador y la organización a la que pertenece:

- Refuerza la relación jefe-empleado.
- En relación con los temas remunerativos, permite el cálculo de *bonus* o remuneración variable.
- Permite analizar el desempeño del colaborador desde todas sus perspectivas: sus conocimientos y necesidades de capacitación, el grado de desarrollo de sus competencias, el uso de recursos, su motivación, cómo ve el colaborador a su jefe y cómo ve el jefe a su colaborador.
- Es una oportunidad para "descubrir" si el colaborador desea hacer otra cosa.
- Es factor de motivación para los colaboradores.
- Permite descubrir a personas clave para la organización.
- Es un momento de reflexión compartido entre jefe y empleado. De este modo, quizá, pueda descubrir que un colaborador es la persona adecuada para cubrir otra posición.

Las evaluaciones pueden ser de diferente tipo. La que hemos analizado hasta aquí es la que mide el desempeño específico de un colaborador; podríamos llamarla "vertical" sólo para unirla con una imagen visual. En este tipo de instancias, una persona es evaluada por su jefe, se autoevalúa e, idealmente, participa como un tercer evaluador el jefe del jefe. Existen otras clases de evaluaciones, entre ellas la denominada *evaluación de 360°* (*feedback 360°*), de amplia difusión y que es llamada así porque incorpora como evaluadores, además de los que intervienen en el resto de las evaluaciones, a pares y subordinados. De allí la figura circular y el nombre utilizado. Existe una versión simplificada de la evaluación de 360°, que recibe el nombre de *evaluación de 180°*, aplicable, por ejemplo, si un colaborador no tiene subordinados.

Un sistema de evaluación del desempeño puede combinar la evaluación de objetivos, contemplando aspectos de tipo cuantitativo, y de competencias, en base a la observación de comportamientos.

A los objetivos los llamamos el "qué" (qué se debe lograr) y a las competencias, el "cómo" (la forma en que se alcanzan esos objetivos). Los objetivos, como veremos a continuación, se relacionarán luego con las remuneraciones. Las competencias, con las actividades de desarrollo.

Es importante destacar que los conocimientos no quedan fuera de la evaluación del desempeño. Ya los hemos mencionado. Cuando un colaborador no alcanza un objetivo o no realiza una tarea adecuadamente, la primera pregunta que se formula un jefe es si los conocimientos que tiene son los adecuados y si esa situación podría mejorar con, por ejemplo, capacitación. Sin embargo, aquí hacemos foco en la temática de competencias, especialmente, dado que en ellas radica la dificultad mayor a la hora de evaluar el desempeño de los colaboradores.

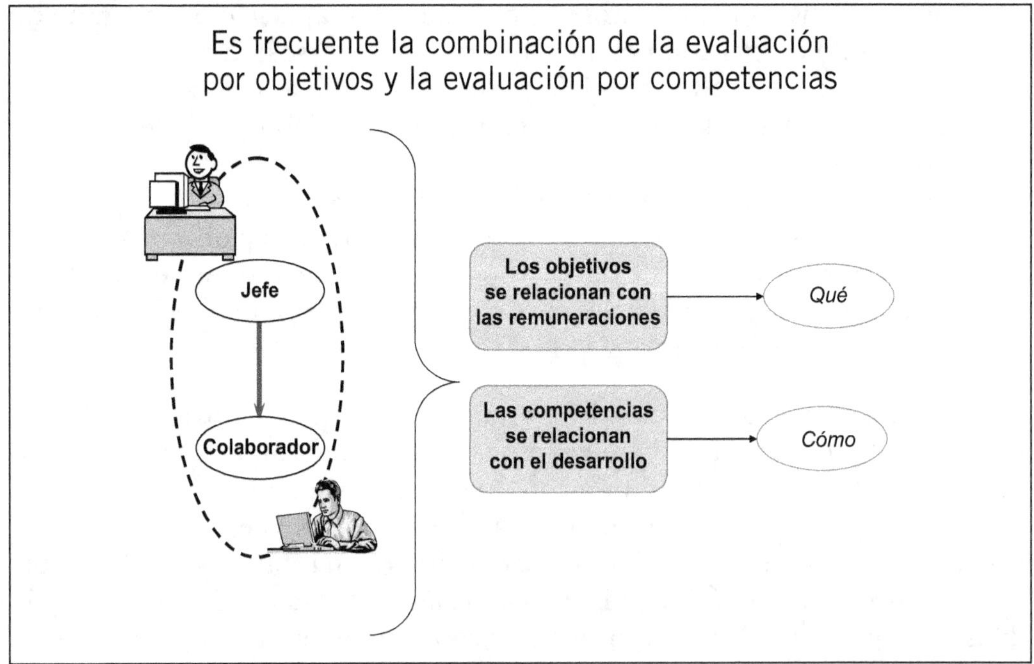

Como ya se expresó, la evaluación del desempeño se relaciona con otros subsistemas de Recursos Humanos. Como puede apreciarse en el gráfico siguiente, los subsistemas son: Análisis y descripción de puestos; Atracción, selección e incorporación; Evaluación del desempeño; Remuneraciones y beneficios; Formación, y Desarrollo y planes de sucesión.

La evaluación de los objetivos se relaciona con *Remuneraciones y beneficios,* y la evaluación de competencias[4] con los distintos aspectos vinculados al desarrollo de personas: 1) desarrollo de competencias (subsistema de *Formación*) y 2) planes de carrera y sucesión, en lo que respecta a las competencias necesarias para ambos tipos de programas organizacionales (subsistema de *Desarrollo y planes de sucesión*).

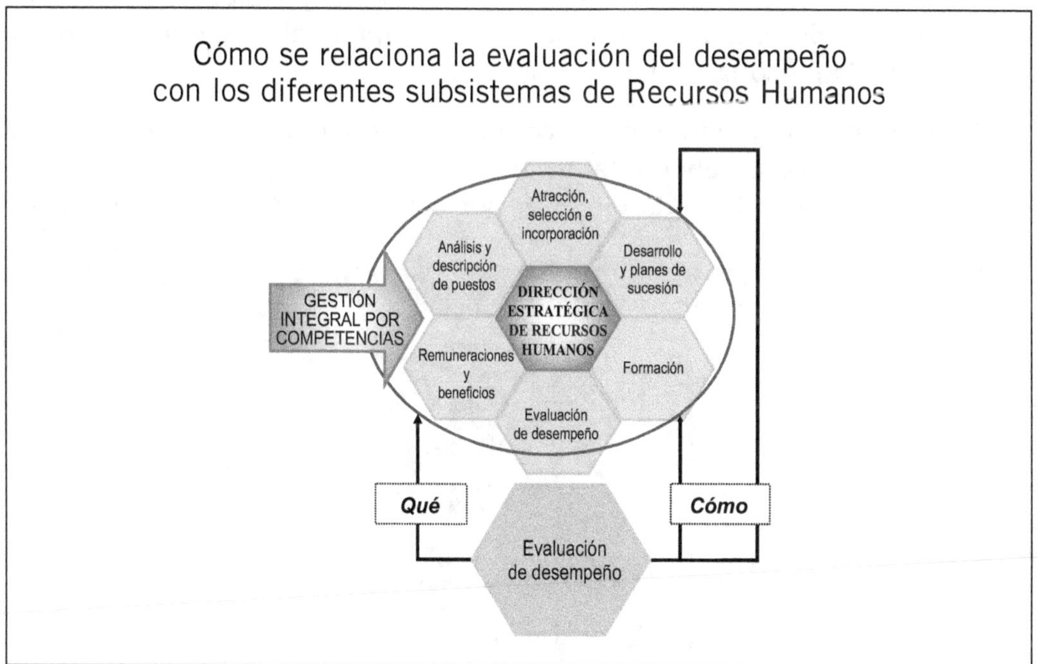

---

4. Algún lector podrá preguntarse en este punto: *¿Se puede relacionar competencias con remuneraciones?* La respuesta a esa pregunta es sí, se puede, aunque no es lo más aconsejable en la mayoría de los casos, dada la complejidad de factores que entran en juego y el escaso éxito obtenido por las organizaciones que lo han implementado. De hacerse, el método de cálculo que relacione las competencias con aspectos remunerativos –por ejemplo, un *bonus* o cualquier otro tipo de remuneración variable–, debe estar estructurado de modo tal que no dé lugar a dudas o suspicacias.

En todos los casos la evaluación del desempeño se relaciona con el puesto que la persona ocupa, y la descripción del mismo debe ser conocida por el colaborador, no en el momento de la evaluación, sino desde el mismo día en que asume la posición.

Como ya hemos dicho, para evaluar el desempeño se debe contar con un descriptivo de puestos actualizado. Para –además– evaluar competencias debe haberse asignado al puesto tanto las competencias como los grados o niveles requeridos de cada una de ellas.

Cuando se evalúan competencias hay que tener en cuenta lo siguiente:

- El desempeño en materia de competencias se evalúa observando comportamientos dentro del período evaluado.
- La evaluación se realiza comparando los comportamientos observados con aquellos que corresponden a las competencias asignadas al puesto que la persona ocupa.

Para evaluar el desempeño por competencias se debe tener definidas las competencias, y éstas deben estar asignadas a los puestos. En caso contrario, no se estará evaluando el desempeño por competencias. Muchas organiza-

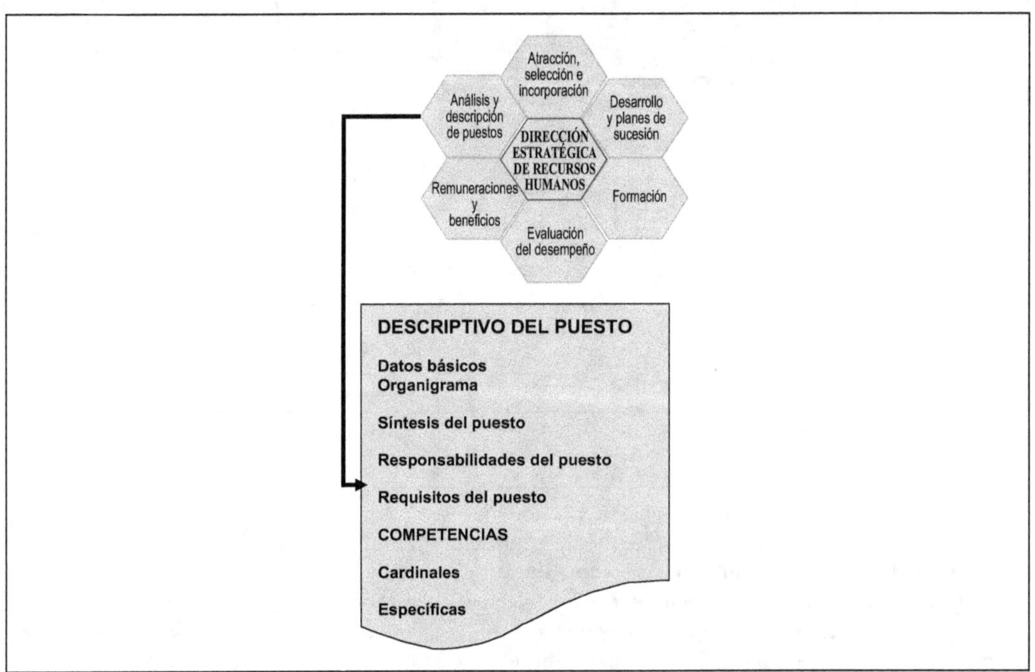

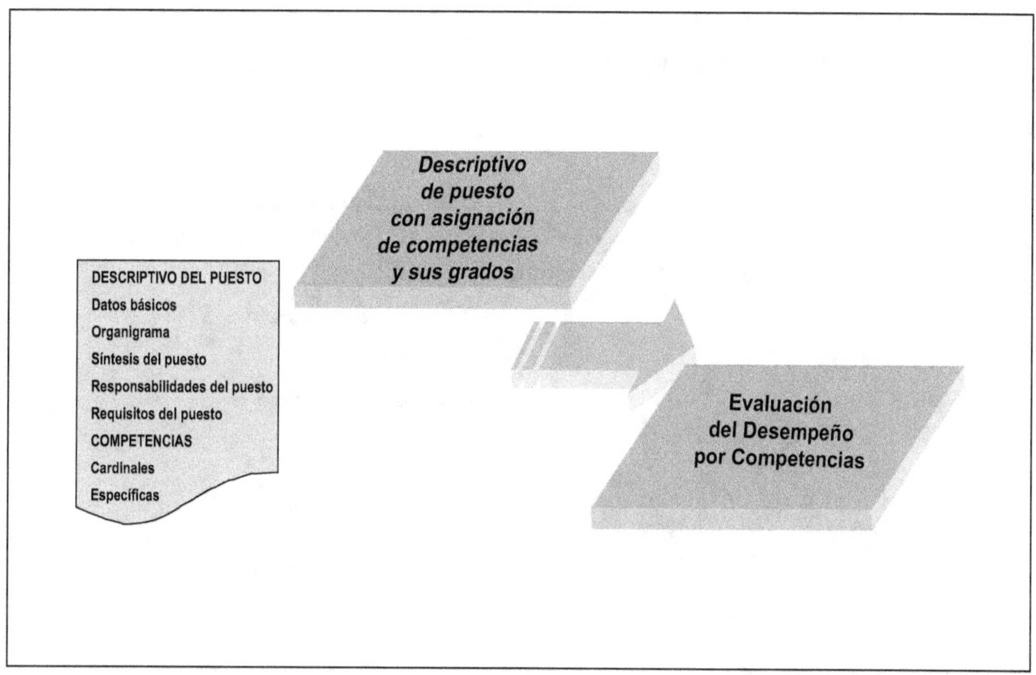

ciones han tomado sus sistemas anteriores de evaluación del desempeño y han tachado las palabras "características de personalidad" para reemplazarlas por el término "competencias", esto con el fin de *estar más actualizados* (al menos en apariencia). Tiene que quedar claro que en ese caso no se evalúa el desempeño por competencias, sino que se trata de un simple cambio de denominación.

En el gráfico superior de la página siguiente se puede observar un esquema completo de evaluación del desempeño.

Se parte, como ya se dijo, de la descripción del puesto, y de acuerdo con nuestra propuesta se evalúa, por un lado, el cumplimiento de objetivos y, por otro, a través de la observación de comportamientos, las competencias. Ambos conceptos integran la evaluación del desempeño.

Se debe dar retroalimentación tanto con relación al cumplimiento de los objetivos como en lo que respecta a las competencias, y es nuestra sugerencia guardar de algún modo un registro de la entrevista, en el ordenador, en un archivo, o de la manera que cada quien considere más conveniente. Siempre es una buena idea llevar un registro acerca de qué pasó en las reuniones de retroalimentación referidas al desempeño de los empleados.

Secuencia de una evaluación del desempeño
Descriptivo del puesto
Cumplimiento de objetivos
Comportamientos observados
Evaluación del desempeño
Reunión de retroalimentación
Registro de la reunión de retroalimentación

El rol del jefe en la evaluación del desempeño
¿Qué comportamientos tomar en cuenta en la evaluación del desempeño?
¿Quiénes deben evaluar el desempeño de un colaborador?
¿Cuál es el rol del área de Recursos Humanos en la evaluación del desempeño?
¿Qué rol debe asumir un jefe en relación con la evaluación del desempeño de un colaborador?

Preguntas habituales y posibles respuestas

¿Qué comportamientos hay que tomar en cuenta en la evaluación del desempeño?

Deben considerarse los comportamientos observados en el período evaluado. Muchas personas "recuerdan" tanto hechos positivos como negativos que sucedieron, por ejemplo, años atrás, y esa percepción influye (a favor o en contra) en la evaluación del período. Se trata de un error.

Del mismo modo, no se debe observar sólo los "últimos" comportamientos (por ejemplo, del mes último), sino los de todo el período en evaluación.

Estas dos tendencias erróneas –tener en cuenta "la historia" o sólo recordar los últimos hechos– son muy recurrentes en la evaluación de colaboradores.

El evaluador no debe basarse en un solo hecho significativo, sino considerar el conjunto de comportamientos demostrados por el colaborador durante el período sujeto a evaluación.

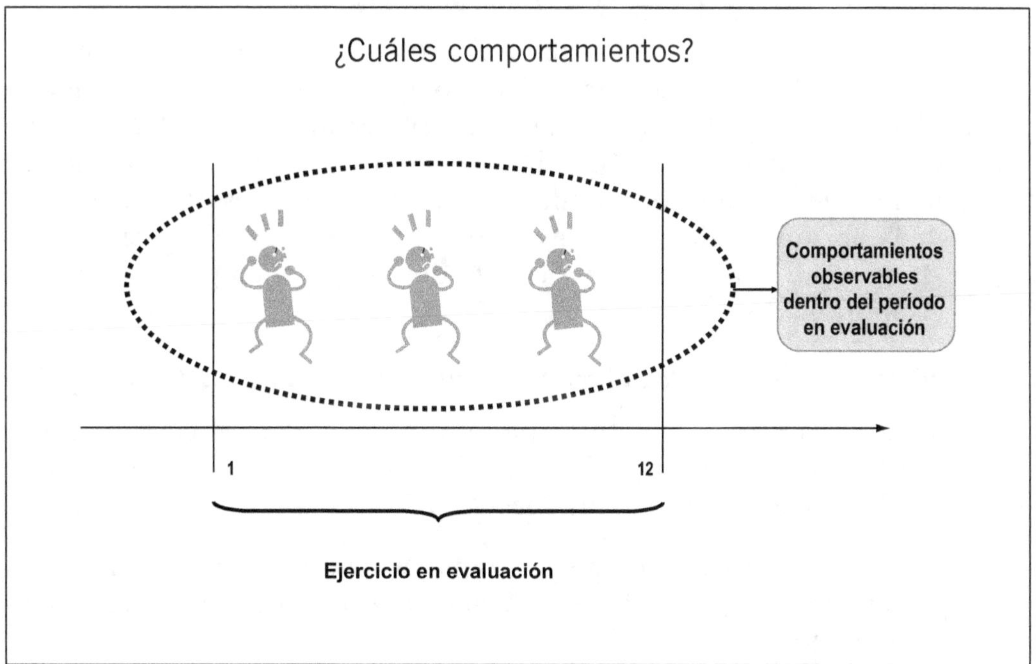

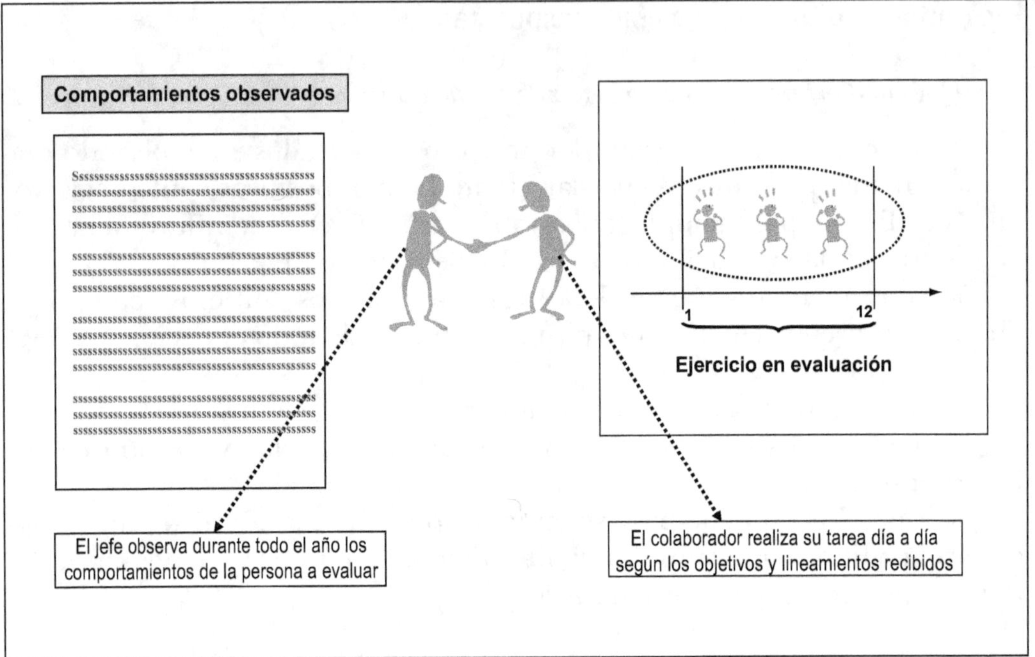

¿Quiénes deben evaluar el desempeño de un colaborador?

Existen distintos tipos de evaluación. En la evaluación del desempeño propiamente dicha (que para una mejor comprensión hemos denominado "vertical"), al colaborador lo evalúa su jefe, él mismo se evalúa (autoevaluación) y, eventualmente, también lo hace el jefe del jefe. En evaluaciones de 360°, además de los anteriores evaluadores, intervienen los pares y supervisados de la persona evaluada. Como ya se mencionó, existe una tercera variante, la denominada evaluación de 180°, donde, por ejemplo, no intervienen los subordinados.

¿Cuál es el rol del área de Recursos Humanos en la evaluación del desempeño?

Muchos especialistas en RRHH tienen una confusión respecto del rol del área en este tema. Veamos: ¿cuál es el rol del especialista en Recursos Humanos en la relación jefe-colaborador?

- El área de Recursos Humanos cumple el rol de asesor. La relación es del jefe con su empleado; RRHH ayuda, asesora, para un mejor desenvolvimiento de ese vínculo.

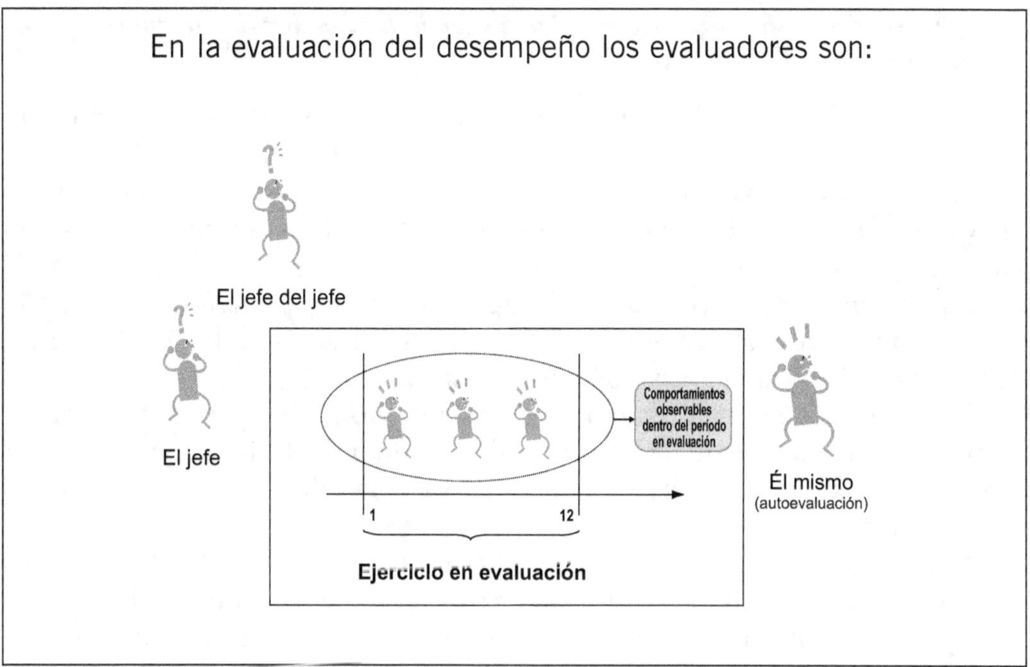

- Diseña las herramientas en la materia a ser utilizadas por todos los jefes de la organización, o bien recurre para ello al apoyo de un consultor. El especialista de RRHH es quien asesora sobre la mejor herramienta a utilizar en la organización, que debe ser diseñada a la medida de ésta.

- Brinda ayuda para la correcta utilización de las diversas herramientas de RRHH. El área debe apoyar a sus clientes internos, capacitarlos sobre el uso de las aplicaciones, etc.

- Vela por la objetividad del sistema. De algún modo controla que las distintas áreas lleven adelante correctamente la puesta en marcha del proceso.

- Administra las herramientas. Fija plazos para el cumplimiento de las distintas etapas, realiza el procesamiento de los datos, etc.

- El verdadero evaluador de un colaborador es el jefe y, eventualmente, el jefe del jefe. RRHH colaborará en todo el proceso de evaluación desde su rol de especialista, pero los legítimos evaluadores y diseñadores de la carrera de los colaboradores son el jefe y el jefe del jefe.

¿Qué rol debe asumir un jefe en relación con la evaluación del desempeño de un colaborador?

El jefe y su colaborador son "los actores principales" de la evaluación del desempeño. El jefe del jefe y el área de Recursos Humanos podrán brindar ayuda y soporte, considerando que se trata de personas con más experiencia y conocimiento a las cuales se pueda recurrir frente a una duda o situación problemática.

Usualmente el jefe (quizá con el apoyo de su propio jefe) designa a la persona que lo reemplaza por períodos breves (vacaciones, licencias, etc.) y, con frecuencia, evalúa a sus posibles sucesores.

El rol del jefe en la evaluación del desempeño es llevar a cabo la evaluación de cada uno de sus colaboradores en función de los objetivos de su puesto –previamente fijados al inicio del período– y de las competencias que éste requiere.

Asimismo, en el caso de contar con colaboradores que sean ellos mismos jefes de otras personas, debe brindarles su ayuda y asesoramiento basado en su experiencia, orientarlos en todo aquello que le sea posible, convirtiéndose así en un entrenador y/o mentor, o bien aconsejarles que soliciten ayuda a los especialistas del área de Recursos Humanos en el caso de no poder responder a sus inquietudes o dudas en torno del manejo de su propia gente. Él mismo debe solicitar esta ayuda en caso de necesitarla.

El jefe no debe ser un especialista técnico en temas de Recursos Humanos, pero debe poder administrar todas las herramientas que el área le brinde para una mejor conducción de su gente; por ello no debe temer solicitar su guía y consejo en los momentos en que lo necesite.

Las evaluaciones de desempeño pueden brindar a los jefes información que les permita identificar a sus sucesores, quienes –en principio– podrán reemplazarlos ante sus ausencias cortas (por ejemplo, cuando toman vacaciones o deben viajar).

Cómo observar comportamientos

Los comportamientos que se observan, que se consideran, son los del período en evaluación.

El jefe observa comportamientos (hechos reales) del período analizado. Para ello es fundamental que posea un *diccionario de comportamientos* con ejemplos para los diferentes grados y, además, otros que evidencien que la competencia no se encuentra desarrollada. Estos materiales serán de mucha ayuda, en especial, para los clientes internos.

Tres pasos para evaluar comportamientos:

1. Basarse en un hecho real del pasado dentro del período evaluado. La evaluación debe hacerse en función de los comportamientos reales del evaluado, no de lo que éste quiso o pensó hacer.

2. Relacionar el comportamiento observado con las competencias (a cuál pertenece). Una vez identificados los comportamientos se debe determinar a qué competencia del modelo pertenece cada uno de ellos.

3. Relacionar el comportamiento con el grado de la competencia. Determinada la competencia a la que pertenece el comportamiento, se debe identificar el grado al que corresponde. Para ello se utiliza el *diccionario de comportamientos*.

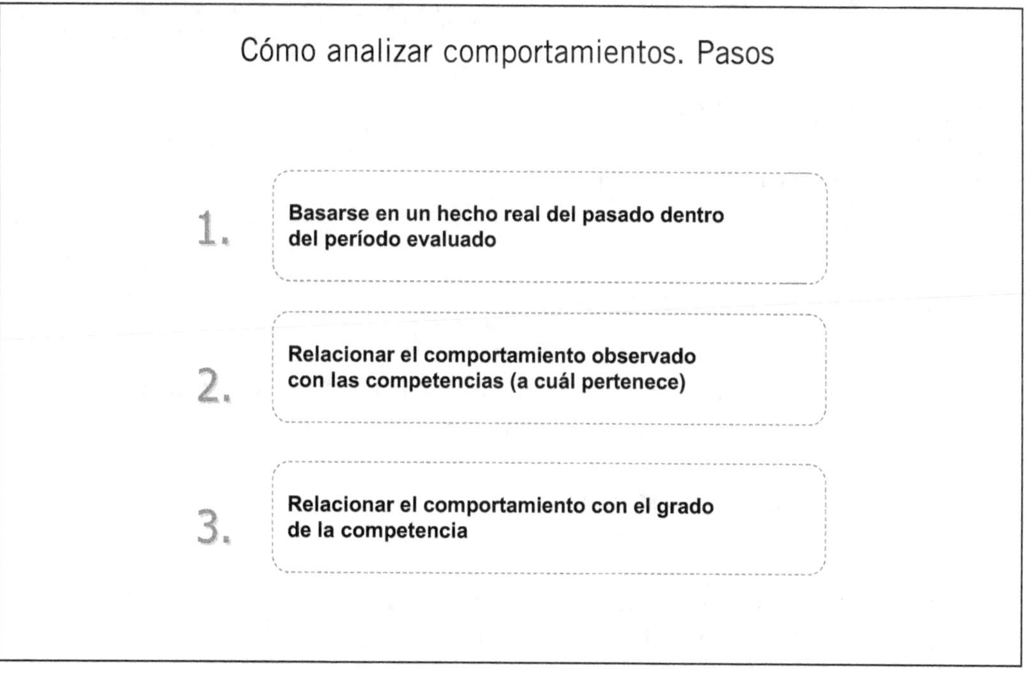

Si bien ya lo hemos dicho, creemos importante remarcar que los conocimientos son muy importantes y deben ser considerados. Hemos hecho referencia especialmente a la medición de competencias a través de comportamientos observables, porque su evaluación es más difícil que la de conocimientos. La presencia o ausencia de un conocimiento es, por lo general, fácilmente verificable.

Consejos útiles para la entrevista de retroalimentación

Como ya se explicó, la retroalimentación debería ser parte de la relación cotidiana del jefe con su colaborador. Los colaboradores necesitan aliento y reconocimiento. Esto implica que se les señale aquello que está bien, aquello que está mal, y las razones en cada caso. Para que exista aprendizaje se debe analizar tanto lo que se hizo correctamente como lo que se realizó de una manera equivocada o no se hizo.

La denominada *reunión de retroalimentación* es aquella que se realiza entre el jefe y el colaborador en ocasión de la evaluación del desempeño, usualmente una vez al año (aunque puede ser con otra frecuencia, como semestral o cuatrimestral).

Antes de la reunión de retroalimentación:

- Buscar un momento y lugar apropiados.
- Ser cordial aunque se deba comunicar un resultado no favorable.
- Preparar la reunión de retroalimentación.

Durante la reunión de retroalimentación

Pasos:

1. Saludar y explicar el motivo de la reunión.
2. Exponer claramente la evaluación.

3. Marcar primero los aspectos positivos.
4. A continuación, indicar los aspectos negativos.
5. Si el colaborador necesita desarrollar sus competencias o adquirir nuevos conocimientos, dar pautas claras al respecto.
6. Presentar las posibilidades de desarrollo.
7. Hablar de salario o remuneración variable, si corresponde.
8. Hacer un cierre.

Consejos:

- Ser cordial, pero sin exagerar.
- Hablar claro. Establecer una conversación tranquila, sin interrupciones telefónicas o personales, mirando a los ojos, etc.
- Marcar los aspectos positivos. Siempre los hay, excepto que una persona haya tenido un comportamiento por el que deba ser despedida (no ético o delictivo).
- Indicar los aspectos negativos. Luego de indicar los positivos, pero sin tono de decir al otro lo que debe hacer sino con el sentido de brindar una oportunidad de mejora, bajo el concepto de que siempre es bueno tener algo para mejorar.
- Presentar las posibilidades de desarrollo. Esto depende de cada caso y puede tener connotaciones muy distintas. Puede ser desde decirle a la persona que tiene una muy buena evaluación, que está en el plan de sucesión de otro colaborador, hasta comunicarle que debe mejorar, y que la organización le ofrece un plan de acción para que pueda hacerlo. *El jefe no tiene por qué saber cómo se desarrolla una competencia,* por eso debe buscar asesoramiento en RRHH.
- Hablar de salario o *bonus,* si es pertinente.
- Darle un cierre. El cierre dependerá de cada caso; si la persona se queda molesta, quizá se pueda fijar la fecha para otra reunión; si el colaborador debe desarrollar competencias y el jefe no sabe cómo orientarlo para que lo haga (no tiene por qué saberlo) se podrá coordinar con RRHH o decirle que va averiguar y luego le informará, etc.

Después de la reunión de retroalimentación:

- Dejar por escrito una síntesis de la reunión.
- Reflexionar si hay algo más que desde su rol de jefe podría hacer para mejorar el desempeño del colaborador, aunque sea excelente.

El rol del jefe y los proyectos e intereses personales de los colaboradores

Entre las nuevas tendencias de Recursos Humanos se encuentra la consideración de los proyectos e intereses personales de los colaboradores. El primer punto que cabe aclarar es que este tipo de temas se inscribe dentro del sentido común. Las organizaciones deben contemplar los proyectos personales e intereses personales de los colaboradores en la medida en que esto sea posible –y lo es en muchos casos.

Pueden existir proyectos relevantes o temas de menor envergadura, de interés personal, que pueden llegar a transformarse en factores a tomar en cuenta por parte de la organización, ya que pueden afectar a un colaborador en particular o a varios de ellos, en determinadas circunstancias.

- Proyectos personales que compitan con la dedicación horaria al trabajo (vida deportiva, tareas comunitarias, vida espiritual o religiosa, dedicación a la política, etc.).
- Balance familia/trabajo. Niños pequeños, familiar enfermo, etc. Es un error pensar que esta problemática sólo atañe a las mujeres. Si bien son éstas las que mayoritariamente ven afectadas sus carreras por la necesidad de compatibilizar los roles familiar y profesional, cada día más los varones modifican o reacomodan sus intereses laborales en relación con la familia.
- Situaciones internas derivadas de la gestión organizacional que puedan afectar a un colaborador. La misma situación puede afectar a unos y no a otros. Dos ejemplos, relativos a la transferencia de colaboradores a un área diferente de aquella en la que se venían desempeñando, que traen aparejado un cambio:
  - Un vendedor que atendía clientes corporativos y ahora es designado para atender clientes individuales. Un cambio que comprende otro tipo de tareas, como visitas domiciliarias.
  - Un operario que trabajaba en una fábrica, con un cierto confort, es transferido a una actividad de mayor nivel (y salario) pero que implica condiciones más duras, como estar a la intemperie varias horas al día.

En ambas situaciones, una persona puede sentirse a gusto con el cambio y otra no. Esta situación deberá ser percibida por el jefe. En unos casos se podrá *hacer algo* para compatibilizar los diversos intereses en juego, y en otras no. Lo importante es saber analizar la situación.

- Cambios de orientación laboral por razones diversas. Sólo a modo de ejemplo: un analista contable que estudia Mercadeo y desea cambiar al área específica para comenzar a trabajar en esa especialidad.

Cuando se menciona el tema de los proyectos personales, usualmente lo primero que surge es pensar en las encuestas[5] relacionadas. Es correcto que así sea, dado que dichas encuestas tienen mayor difusión cada día. No obstante, mucho antes de pensar en administrar una encuesta –para la cual se requiere desde una cierta cultura organizacional hasta pensar "hasta dónde se podrá modificar la mencionada cultura para implementar algunos de los resultados que el proceso arroje "– se debería trabajar con un enfoque de más sencilla y efectiva implementación: enseñar a los jefes a "estar atentos" a las necesidades de los colaboradores, cualquiera sea su naturaleza, para lo cual se deberá tener en cuenta las siguientes observaciones:

- Los intereses personales cambian con el transcurso del tiempo, por lo cual se debe estar siempre atento a estas circunstancias. No es correcto pensar que "el colaborador está muy interesado en la tarea" porque alguna vez lo estuvo, quizás algo ha cambiado y su interés por la tarea ya no es tal. El jefe debe tener un "radar" para identificar este tipo de situaciones.
- Se debe identificar de qué naturaleza es el proyecto de la persona: si es profesional o laboral, o se relaciona con otras esferas de su vida, como la familia, el tiempo libre, etc.
- Analizar si el análisis y eventual solución de la situación planteada está dentro del marco de atribuciones del jefe o, en su defecto, a quién debe consultar. Las organizaciones medianas y grandes suelen tener una serie de políticas en torno a estos temas, por lo cual –si se trabaja en este tipo de entidades– puede ser muy útil su relectura; además, siempre será de utilidad, frente a una duda, consultar con el área de Recursos Humanos.

---

5. A los interesados en conocer más acerca de *Encuestas sobre proyectos personales* y/o *Encuestas de satisfacción laboral* (también denominadas *Encuestas de clima*), la autora ha escrito sobre estos temas en varias obras: *Comportamiento organizacional* (2017), *Conciliar vida profesional y personal* (2016) y *Las 50 herramientas de RRHH que todo profesional debe conocer* (2017), entre otras. Todos los libros mencionados, publicados por Ediciones Granica.

No se espera de un jefe que resuelva las diferentes situaciones que, eventualmente, se pueden plantear en relación con los proyectos personales de sus colaboradores, pero sí será de gran utilidad –tanto para el colaborador como para la organización– que cada jefe, en la cotidianeidad de su relación con los colaboradores, esté atento y detecte cualquier cambio al respecto.

Este tema continúa o se relaciona con el último punto del Capítulo 4: "Cómo guiar a los colaboradores en sus carreras".

A continuación usted encontrará dos páginas para diseñar su *plan de acción personal* respecto de las temáticas de este capítulo.

El plan de acción consta de las siguientes partes:

- **Formación:** actividades de capacitación (talleres, seminarios, codesarrollo) que su organización o alguna institución a la cual usted pueda tener acceso brinde sobre la temática.

- **Lecturas:** en la parte final del Capítulo 8 encontrará sugerencias al respecto. Siempre le recomendamos la lectura de libros. En Internet sólo se sugiere consultar *papers* de universidades o firmas conocidas y de prestigio. De lo contrario, en algunos casos se puede obtener información no aconsejable.

- **Actividades extracurriculares:** en este punto se hace referencia a actividades no relacionadas con el ámbito laboral que pueden ayudarlo en el desarrollo de sus capacidades. Por ejemplo: desempeñarse como director del equipo de fútbol (*soccer*) o cualquier otro deporte del colegio de sus niños.

- **Referente:** estudio de una persona con un alto grado de desarrollo de la capacidad que se desea mejorar. Al analizar sus comportamientos, se pueden mejorar los propios.

- **Aplicar sugerencias:** en el Capítulo 8 se brinda una serie de sugerencias o *tips* para mejorar en las distintas temáticas abordadas en esta obra. Para la confección de su plan de acción le sugerimos leer detenidamente y tomar en cuenta los consejos de ese capítulo.

En la segunda de las dos páginas siguientes usted encontrará una "agenda". La idea que deseamos transmitirle es que el plan de acción debe ser concreto, con ideas para poner en práctica de forma inmediata (o al menos en el corto plazo).

Usted puede confeccionar una agenda para cada uno de los capítulos de la presente obra.

Plan de acción. Una amplia gama de posibilidades

Plan de acción:
FORMACIÓN

→ Actividades de formación propuestas por la organización donde trabajo u otras a las cuales pueda acceder.

Nombre del curso/Actividad	Lugar y fecha
....	....
....	....
....	....

Plan de acción:
LECTURAS

→ Libros o artículos relacionados:
Biografías de aquellos que fueron "buenos jefes" y/o buenos entrenadores de personas.

Nombre del libro/Actividad	Lugar y fecha
....	....
....	....
....	....

Plan de acción:
ACTIVIDADES
extracurriculares

→ Actividades no relacionadas con mi trabajo que me ayuden a mejorar

Tipo de actividad a realizar	Lugar y fecha
....	....
....	....
....	....

Plan de acción:
REFERENTE

→ + (positivo): comportamientos para imitar
- (negativo): comportamientos que debería imitar

Nombres de referentes	Lugar y fecha
....	....
....	....
....	....

Plan de acción:
APLICAR
SUGERENCIAS

→ Elegir un número reducido de consejos (capítulo 8) y llevarlos a la práctica. Luego intentar con otros.

Sugerencia /Consejo a seguir	Lugar y fecha
....	....
....	....
....	....

Plan de acción. Debe ser concreto

¿Qué haré?
Acciones

¿Cuándo lo haré?
Plazos

¿Qué me propongo
alcanzar?
(En relación con la temática elegida)

Tomar una agenda (la que me resulte más práctica y esté acostumbrado a usar) y registrar acciones a realizar en un plazo mínimo de 3 meses.

../../..

../..

Capítulo 4

Cómo guiar a un colaborador en su carrera

Temas del capítulo

- ¿Qué es una *carrera*?
- Distintos tipos de carrera
- Los distintos programas organizacionales en relación con el desarrollo de personas
- El jefe y la carrera de sus colaboradores
- Cómo guiar a los colaboradores en sus carreras

La carrera organizacional no es un tema nuevo y, como en tantos otros, coexisten en torno de él ideas adecuadas y otras que no lo son. Comenzaremos por dar una mirada actualizada sobre esta temática para luego analizar el rol de los jefes en relación con la carrera de sus colaboradores.

¿Qué es una *carrera*?

Las personas, en general, tienen distintas percepciones sobre este tema, tanto en relación con sus propias carreras como con la de los otros. Intentaremos, en esta parte de la obra, plantear los interrogantes habituales sobre esta temática. En algunos casos, puede darse desconocimiento del tema y, en otros, una mirada de algún modo intencionada al tratar de dar un fundamento técnico a percepciones individuales que muchas veces son producto de deseos incumplidos.

Preguntas habituales y posibles respuestas

¿Existe la carrera ideal?

Seguramente, no. Como no existen las parejas ideales, ni los hijos ideales, ni los padres ideales. Pero en cambio existe el puesto de trabajo y la carrera que, siendo reales y *posibles,* son satisfactorios; lo mismo nos sucede en otros órdenes de la vida.

A diario vemos personas que, cuando pierden su trabajo, al poco tiempo pierden también su pareja; una crisis desemboca en otra. Cada caso tiene su propia causalidad, pero se relacionan.

La carrera ideal no existe; lo que existe (en el mejor de los casos) es *un puesto y una carrera reales satisfactorios*. ¿Qué significa "satisfactorio"? Seguramente, para cada uno es algo diferente.

El concepto de *puesto y carrera reales y satisfactorios* incluye, además del vocablo "satisfactorios", el de "reales". Cada uno de nosotros deberá incluir en ese análisis la realidad que rodea a su trabajo. Esta percepción de las cosas, que se torna difícil cuando se desea plantearla en palabras, puede ser más o menos sencilla según quién lo analice. Para muchos, percibir los hechos tal cual son, sin condicionar la mirada con lo que querríamos que fuese e incluso, con aquello que tememos que suceda, dando a estos elementos absolutamente subjetivos el carácter de datos o información, puede ser una tarea desde difícil hasta imposible. Para otros, en cambio, aun con alguna ligera distorsión, la mirada sobre la situación se aproxima a la objetividad de los hechos.

La carrera debería plantear a las personas retos que puedan ser alcanzados. Los desafíos que no plantean la posibilidad de lograr el éxito no sólo son decepcionantes, sino también desaconsejables.

¿Qué significa hacer carrera?

Existe la creencia de que sólo "se hace carrera" cuando se asciende de puesto, y esto no siempre es así.

¿Ascender al puesto superior es "hacer una buena carrera"?

Ascender al puesto superior constituye la imagen más frecuente que se posee sobre este tema; sin embargo, no necesariamente un ascenso es bueno para la persona involucrada, sino que dependerá de sus intereses personales.

Sobre este tema en particular, así como en otros, no se debe responder en base a la visión particular de uno mismo, sino que se debe considerar qué piensa realmente la persona involucrada. En un momento como el presente, en el que se habla del éxito como símbolo de ascenso económico, muchas personas que puedan tener una perspectiva diferente pueden no expresarlo con sinceridad. En las antípodas, una persona puede "desear el salario que implica un ascenso" pero no asumir las responsabilidades del cargo.

Como se desprende de lo antedicho, se debe analizar caso por caso.

¿Cuáles son los distintos tipos de carrera para un colaborador? ¿Y para mí?

Las carreras –dentro de las organizaciones– pueden ser de diferente tipo. Antes de explicar las variantes más comunes, veamos cuál es la definición de "carrera laboral".

Carrera laboral. Camino que una persona recorre a lo largo de su vida laboral, dentro del ámbito de una o varias organizaciones. Ver Etapas de la carrera. Relacionar con Carrera gerencial, Carrera como especialista, entre otras variantes.

Distintos tipos de carrera

Las carreras de las personas dentro de una organización pueden recorrer tantos caminos como personas sean analizadas. No hay un único paradigma al respecto. Sin embargo, en una primera lectura, parecería que las carreras son sólo de tipo ascendente, es decir que implican "conseguir" una promoción a un puesto superior, mientras que las restantes opciones, si bien pueden ser satisfactorias desde el punto de vista personal, no son consideradas "carreras". Como hemos visto en párrafos anteriores, la realidad indica que esto no siempre es así.

En base a la concepción actual se pueden identificar los siguientes tipos de carrera:

- Gerencial (ascendente): personas que ascienden a posiciones de mayor nivel dentro de la propia organización o a través de un cambio de trabajo.
- Especialización (enriquecimiento o expansión): profundización en la posición. (Más adelante nos referiremos a este tipo de carrera con más detalle.)
- Cambio de área, sector o especialidad (desplazamiento lateral): se continúa la carrera en un puesto diferente del mismo nivel jerárquico.
- Descendente o realineamiento: cuando una persona es transferida a un puesto de menor nivel. Ejemplos más frecuentes: a) una persona "baja" para luego ascender; esto es muy usual cuando una persona es asignada a un área diferente a aquella en la que se venía desempeñando, dentro de un plan de desarrollo, para luego quizás regresar al área de origen, en un puesto superior; b) se le propone a una persona un puesto de menor nivel más acorde a sus reales posibilidades

y/o preferencias; esta opción no es necesariamente perjudicial para el involucrado: tenemos conocimiento de muchos casos en que las personas se han sentido aliviadas cuando han podido volver a su puesto anterior luego de un ascenso que los perjudicaba en sus relaciones personales o familiares, o bien para el cual no se sentían capacitados.

Otro error frecuente es pensar que las carreras sólo se relacionan con ciertos niveles de la organización.

Carrera gerencial

Ascendente. Es la acepción más clásica del concepto de carrera: el ser promovido a una posición superior.

No se dará una explicación amplia de lo que significa la *carrera gerencial* dado que es un concepto ampliamente conocido por todos. Las personas ascienden dentro de la estructura ocupando posiciones de mayor responsabilidad y nivel jerárquico. Usualmente dentro de una misma área (Administración,

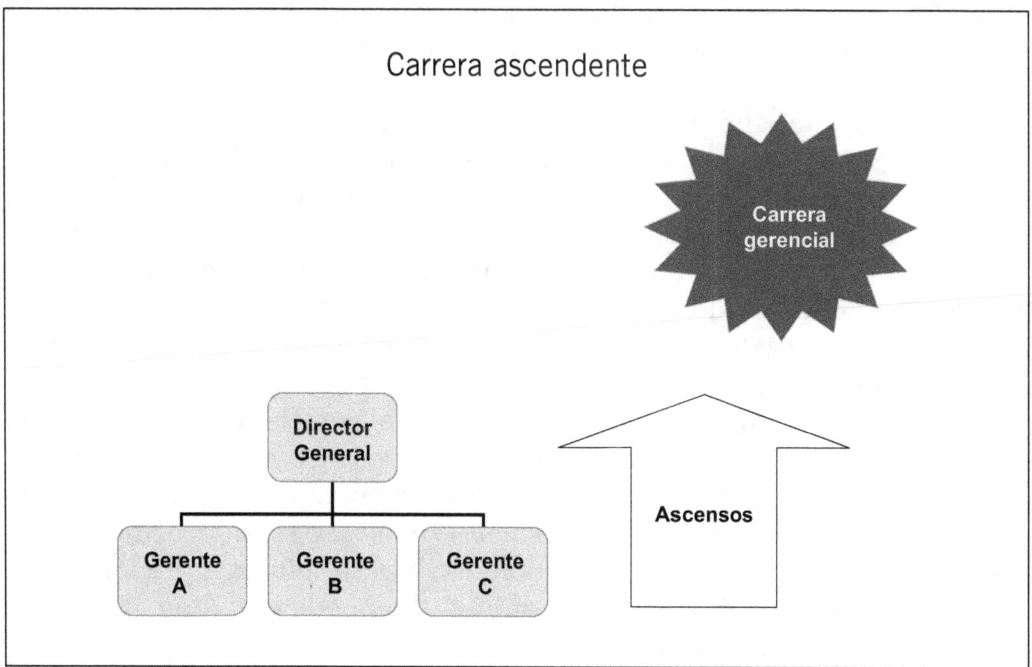

Ventas, Logística, Manufactura), aunque las carreras gerenciales también pueden darse entre áreas diferentes.

Carrera como especialista

La carrera como especialista puede tener, también, muchas variantes. Los casos más usuales son los de posiciones que tienen un cierto crecimiento ascendente hasta un cierto punto en el que este ascenso se frena y sólo se puede crecer a través de lo que se denomina *enriquecimiento en la función*.

La persona que realiza este tipo de carrera puede recibir evaluaciones de desempeño sumamente favorables, integrar programas de remuneración variable –por ejemplo, *bonus, stock options*, etc. No significa que la organización no la considera valiosa, todo lo contrario: en muchas organizaciones se sostiene que los que están involucrados en las carreras de especialista son el reservorio del conocimiento organizacional.

En ocasiones, tanto los autores que tratan temas de management y Recursos Humanos como los jefes en el ámbito de las organizaciones, hacen un uso indiscriminado de estos conceptos. El alcance de las funciones de un individuo tiene dos dimensiones: la amplitud o extensión (mayor cantidad de tareas), y la profundidad o enriquecimiento (tareas con mayor valor agregado).

El enriquecimiento o expansión se refiere a la profundización en la posición. Según este concepto, menos tradicional, se entiende que una persona "hace carrera" –su carrera es exitosa o está bien encaminada– cuando sin ser promovido, dentro de su mismo puesto, logra enriquecer su función con nuevas técnicas, aplicando una nueva metodología, extendiendo el alcance de sus tareas, mejorando la calidad, etc.

La amplitud o extensión representa un mayor número de tareas diferentes que una persona realiza o por las cuales es responsable.

Con el propósito de clarificar este tema al lector, observaremos que usualmente los términos *enriquecimiento* o *expansión* tienen una connotación positiva; es decir, la persona progresa en su carrera laboral; en tanto que extensión o ampliación usualmente no tiene este mismo sentido, e implica mayor número de tareas para el colaborador. Si esta última situación no se acompaña con algún otro elemento motivador, puede ser visto como no favorable por el colaborador.

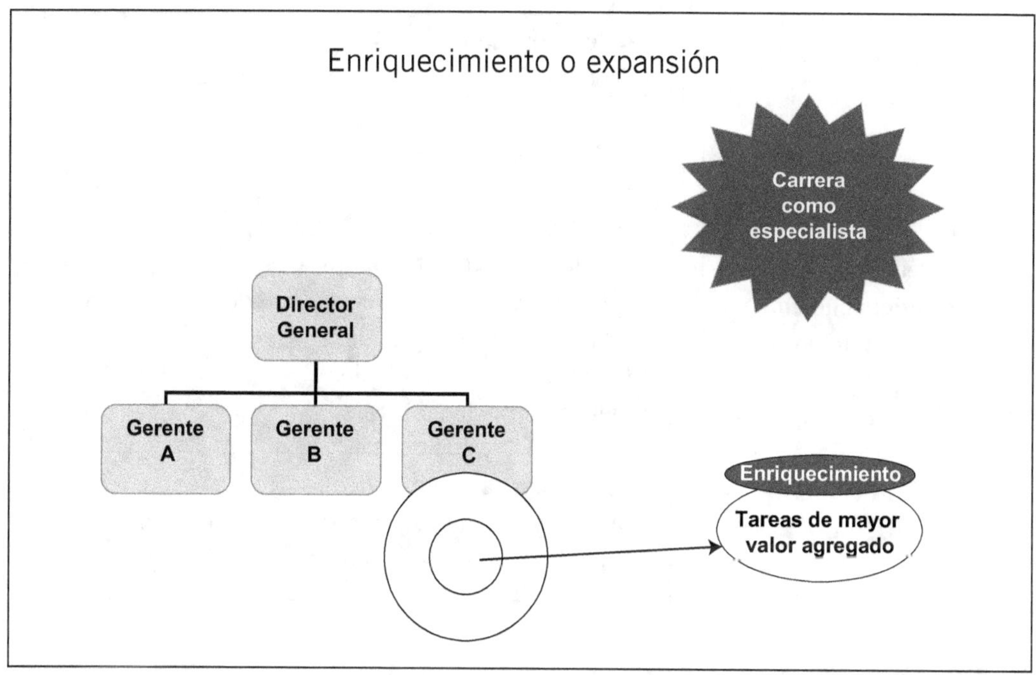

Otra forma de incrementar la extensión de las funciones de una persona es a través de la rotación de puestos. El número de tareas puede no incrementarse, pero la persona aumenta su potencial, "puede" y "sabe" hacer más tareas –las del puesto anterior y las del nuevo que se le ha asignado. En este caso, la connotación cambia, ya que la rotación de puestos generalmente se percibe como positiva.

Por el contrario, el enriquecimiento de funciones implica el incremento de la profundidad (no del número de tareas), agregando valor. ¿Cómo se incrementa la profundidad? A través de mayor control, responsabilidad y discrecionalidad sobre el modo de desempeñar el trabajo. Asignando tareas que agreguen valor a lo que la persona realizaba hasta ese momento.

En la mayoría de los casos el enriquecimiento incrementa la satisfacción en el empleo, mientras que la extensión se concentra en la adición de nuevas tareas al puesto, con el propósito de darle mayor variedad a la función, y no siempre aumenta la satisfacción del colaborador. Es posible combinar ambos enfoques dando a una persona más tareas y al mismo tiempo brindándole elementos motivadores, como un nivel de decisión más alto.

Beneficios del enriquecimiento en el trabajo

Para el individuo
- Crecimiento
- Autorrealización
- Satisfacción laboral

Para la organización
- Empleados realmente motivados
- Mejor desempeño de los colaboradores
- Disminución del ausentismo
- Disminución de la rotación
- Menos conflictos laborales

Para la sociedad
- Mejor aprovechamiento de los recursos humanos
- Organizaciones más eficaces

El enriquecimiento en el trabajo tiene muchos beneficios (ver gráfico).

Las tareas y el trabajo se organizan de un modo tal que los empleados se sienten realmente motivados (motivación intrínseca). Al aumentar la motivación, se verifica una mejora en el desempeño. En este caso la relación es *ganar-ganar*, ya que el individuo se siente más motivado, tiene una mejor relación con la tarea que realiza, y la organización obtiene mejores resultados. Los índices que reflejan los aspectos negativos del trabajo, como ausentismo, rotación y conflictos laborales, tienden a disminuir.

De todos modos, es preciso tener en cuenta que no todas las organizaciones ni todos los empleados reaccionan del mismo modo ante situaciones similares. Una encuesta de satisfacción laboral o clima puede brindar indicadores acerca de cuáles pueden ser, para una organización en particular, los elementos más adecuados para el enriquecimiento de funciones.

Algunos colaboradores pueden oponerse o no estar de acuerdo con el enriquecimiento de las tareas.

Otros factores que pueden dificultar (o impedir) el proceso son:

- El posible desequilibrio del sistema de producción, como resultado del enriquecimiento de funciones.

- La posibilidad de que dicho enriquecimiento aumente la insatisfacción (ya existente) en materia de compensaciones.
- La oposición –probable– de los sindicatos.

El enriquecimiento en las funciones se relaciona con muchos otros temas que son tratados en esta obra; por ejemplo, *empowerment* e involucramiento del individuo.

Cambio de área o especialidad

El desplazamiento lateral es la asignación de un colaborador a una nueva posición que no implica mayor nivel jerárquico ni remunerativo. El desplazamiento lateral puede deberse a que la persona está transitando un programa de desarrollo –por ejemplo, en el programa de jóvenes profesionales y en desarrollo gerencial–, u obedecer a la necesidad de la empresa de cubrir determinadas posiciones, o por requerimiento del mismo empleado, entre otras razones posibles.

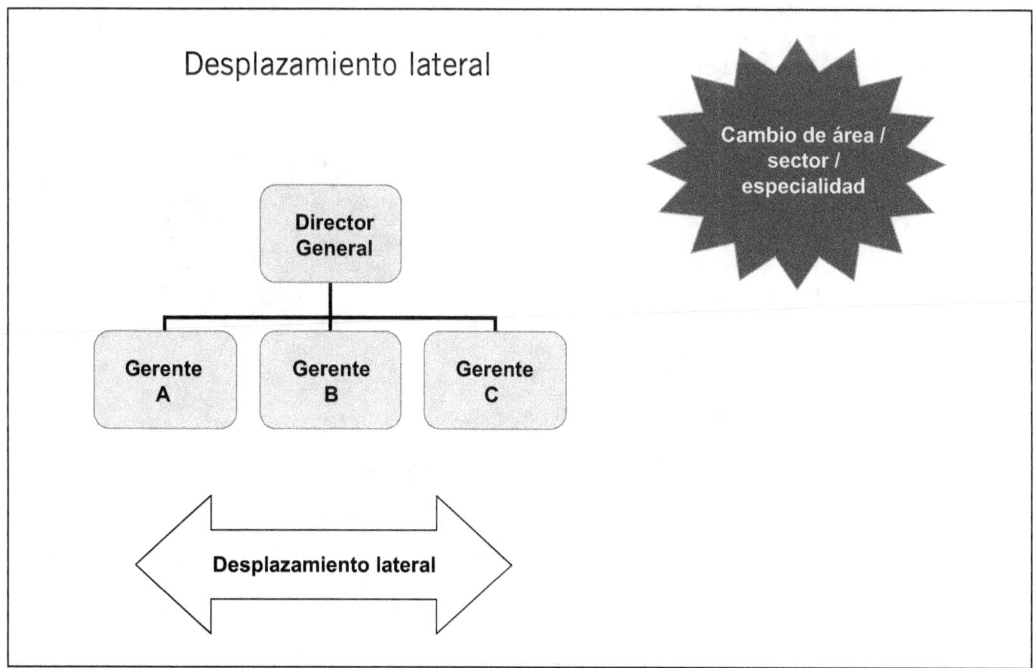

Cuando es necesario adaptar la carrera a otros intereses

Los siguientes casos se consideran carreras descendentes o "realineamiento":

1) Una persona "baja" a una posición de menor jerarquía para luego ascender, por alguna razón determinada.
2) A un colaborador se le propone un puesto de menor nivel que resulta más acorde con sus reales posibilidades. En este caso puede ser porque se designó a la persona para una posición que no se corresponde con sus competencias y conocimientos, o porque la posición no concuerda con los proyectos personales o profesionales del individuo.

Cuando una persona debe "bajar" a una posición de nivel inferior, el porqué de esta situación siempre debe ser explicado. Quizás la persona esté de acuerdo, y conocemos muchos casos en que es el propio involucrado quien propone el cambio. Sin embargo, dado que muchas personas no toman bien un realineamiento de este tipo, en cada caso se deberá explicar las razones por las cuales se ha procedido así, cuáles son las posibilidades de carrera futuras, y demás detalles relacionados.

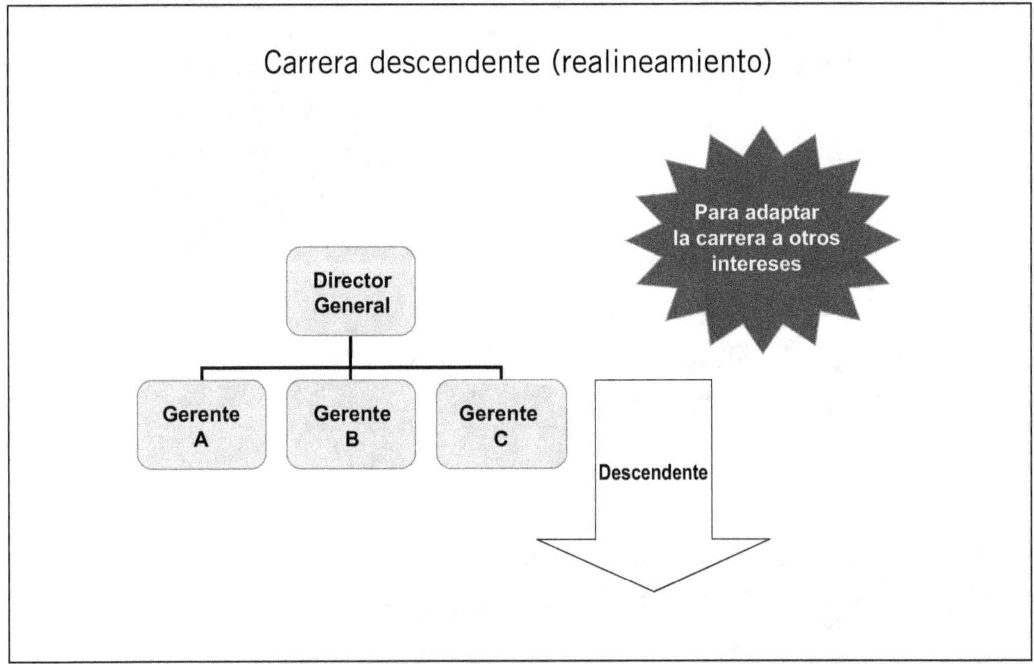

Los distintos programas organizacionales en relación con el desarrollo de personas

Las organizaciones suelen implementar, de manera explícita o no, una serie de programas de desarrollo. Los nombres que se les asignan son diversos. En esta obra se utilizarán los más usuales en la literatura de management. Por lo tanto, si en su organización se emplean otros nombres para denominarlos, le sugerimos averiguar en qué consisten exactamente, para poder relacionarlos con los utilizados en este texto. Sólo a modo de ejemplo: los "planes de carrera" pueden denominarse "planes de desarrollo para colectivos específicos"; los "planes de sucesión" y "diagramas de reemplazo" pueden estar incluidos en un solo programa bajo un mismo nombre (por ejemplo, cualquiera de los mencionados).

Como se puede ver en el gráfico siguiente, las buenas prácticas plantean una serie de variantes en torno de estos programas.[1]

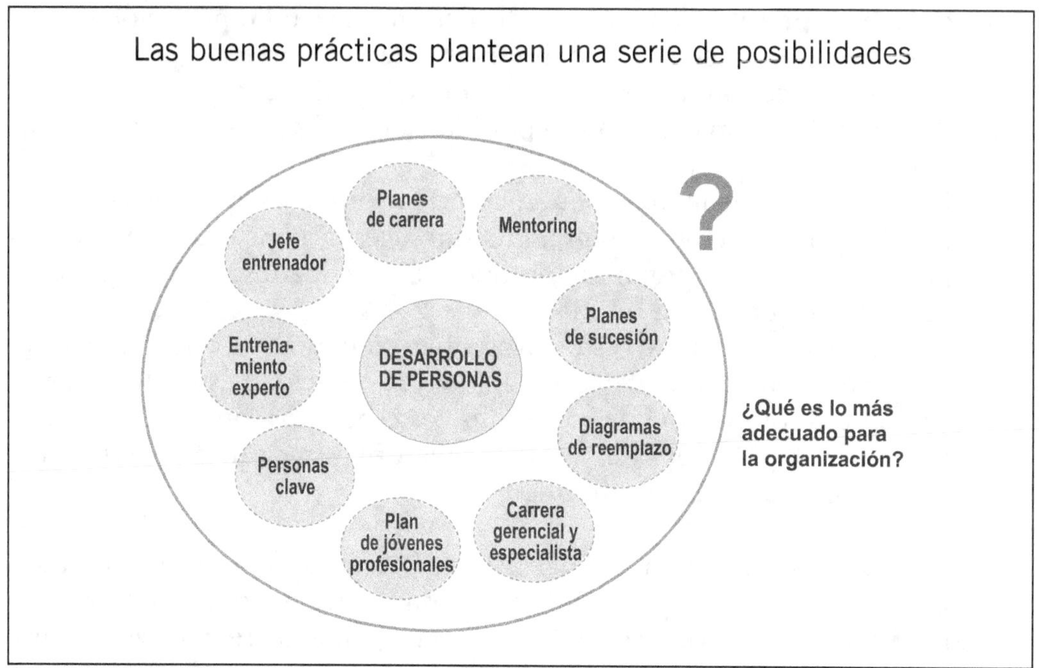

---

1. Alles, Martha. *Construyendo Talento*, Ediciones Granica, Buenos Aires, 2016.

Algunas de las buenas prácticas ya fueron mencionadas en párrafos anteriores (carrera como especialista, carrera gerencial...). En cambio, los programas de *mentoring* serán tratados en el capítulo 7.

Programas para el desarrollo de personas dentro de la organización:

- Personas clave: son similares a los planes de carrera, pero centrados en un grupo de personas que, por algún factor, la organización considera claves. Los aspectos que permiten considerar que una persona es clave suelen ser el potencial de crecimiento y las competencias gerenciales.
- Plan de jóvenes profesionales: similar al anterior, con la aplicación de los mismos criterios, en cuanto a valorar el potencial de crecimiento y las competencias gerenciales de los individuos, pero centrado en personas de menos de 30 años.
- Planes de carrera: se utilizan en organizaciones que cuentan con colectivos numerosos de una misma especialidad (por ejemplo, vendedores en una empresa comercial, o auditores en un estudio profesional). Para el colectivo en cuestión se diseña un plan de carrera específico.
- Planes de sucesión: tienen como propósito cuidar el capital intelectual de la organización designando posibles sucesores para cada uno de los puestos clave.
- Diagramas de reemplazo: tienen como propósito asegurar la continuidad del management designando un sucesor para cada uno de los puestos clave de la organización que estén ocupados por una persona cercana a la jubilación o retiro.
- Entrenamiento experto: estos programas tienen un objetivo concreto, usualmente vinculado al desarrollo de una capacidad específica (conocimiento o competencia). Los resultados esperados son de corto plazo. El "entrenador" puede ser de la misma organización, o un consultor (se verá este tema en el capítulo 7).

Todos los programas para el desarrollo de personas son muy importantes; cada organización decidirá por dónde comenzar si aún no los ha implementado. En mi opinión, algunos de ellos, como los diagramas de reemplazo, son imprescindibles. La importancia de los diversos programas dependerá, en última instancia, del estilo organizacional y la estrategia de negocios de cada entidad.

Otro aspecto importante a señalar es que si bien los programas de desarrollo de personas son propuestos y administrados por el área de Recursos Humanos de la organización, sus protagonistas principales son el jefe y su/s colaborador/es. Este comentario ya lo hemos efectuado con relación a otras prácticas organizacionales referidas a los recursos humanos, en capítulos anteriores. Por lo tanto, conocer sobre programas de desarrollo y otros elementos referidos a la carrera de los colaboradores es relevante para ser un buen jefe.

Preguntas habituales y posibles respuestas

¿Qué son los planes de carrera?

Los planes de carrera tienen relación con los puestos que constituyen la organización. Si una entidad tiene una fuerza de ventas numerosa, quizá sea una buena idea diseñar planes de carrera para esos puestos de trabajo. Por lo tanto, diseñar (o no) planes de carrera no tiene relación con las personas que ocupan esos puestos, aunque éstas serán los actores y beneficiarios de los mismos. Una vez que se decidió implementar planes de carrera para ese colectivo en particular, serán sus integrantes los que lleven adelante los pasos allí indicados.

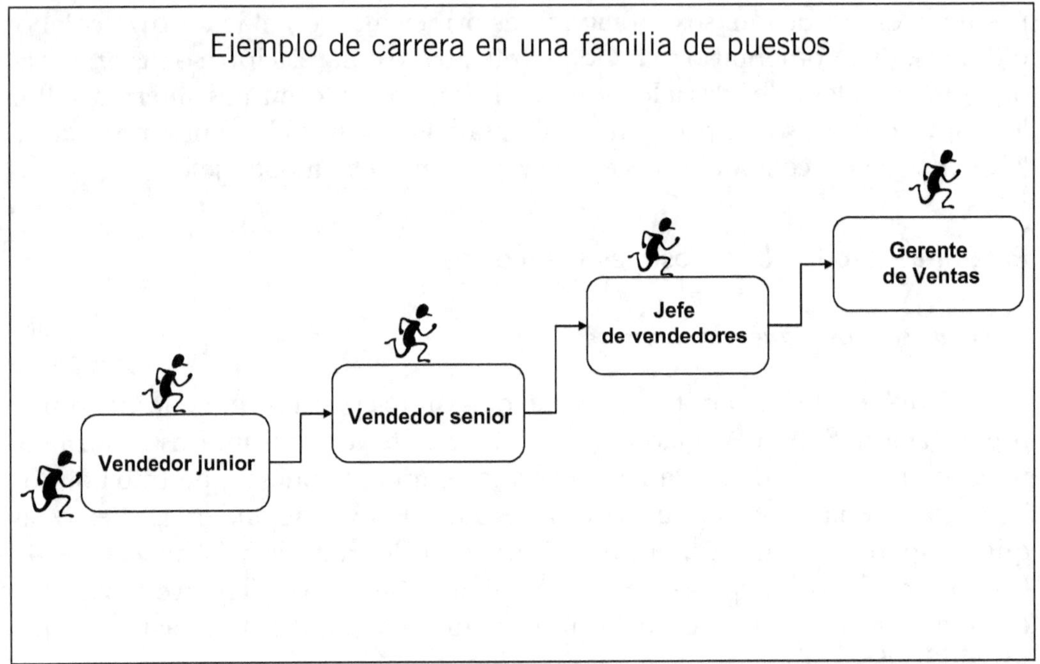

En los planes de carrera se definen de manera "teórica" las características que las personas deben poseer para pasar de un nivel a otro de la carrera, en materia de:

- Conocimientos.
- Competencias.
- Experiencia y desempeño.

¿Para qué tipo de puestos se diseñan planes de carrera?

- Como se ha expresado, se recomienda implementarlos para colectivos numerosos que, a su vez, conformen una familia de puestos. ¿Qué número implica "grupo numeroso"? Dependerá de cada situación. Una forma de responder a esta pregunta sería considerando que el área debe estar integrada por un número de personas tal que siempre sea necesario contar con más integrantes capacitados para asumir nuevos puestos de trabajo.

¿Qué son los planes de sucesión?

Algunas consideraciones al respecto:

- Todos los puestos clave de la organización deberían tener designado un sucesor.
- Trabajar con planes de sucesión es una manera de cuidar e incrementar el capital intelectual.
- Los planes de sucesión se focalizan en el desarrollo de las personas.
- Los planes de sucesión no se basan en un cronograma (fechas certeras); es decir, se puede designar un posible sucesor para una persona joven.
- Que una persona esté contemplada como posible ocupante del puesto en un plan de sucesión no supone una promesa de que ocupará el puesto.

Por el contrario, los *diagramas de reemplazo,* siendo similares a los planes de sucesión, se diferencian de éstos por tener fechas certeras para cada reemplazo. Usualmente, cuando una persona es designada como sucesor de

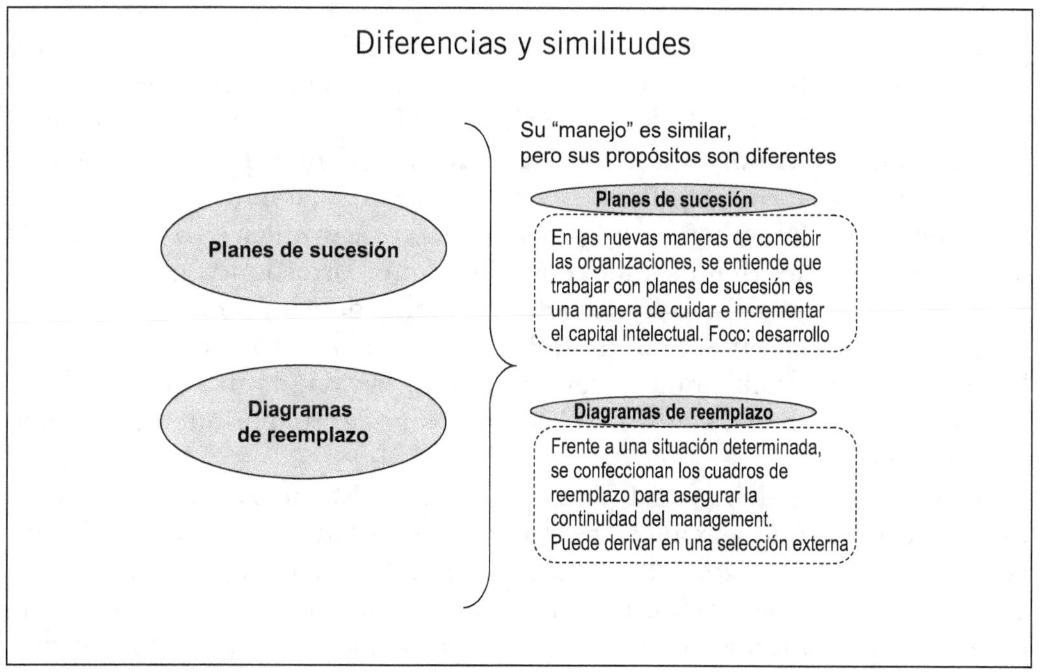

otra en un diagrama de reemplazo, implica que la designación se llevará a cabo, con un compromiso en tal sentido por parte de la organización, aunque podría existir alguna razón de fuerza mayor o incompetencia del individuo que impida la concreción de lo planeado.

¿Cómo guiar/apoyar en su carrera a un colaborador?

Informándose sobre los distintos programas organizacionales y –al mismo tiempo– considerando los objetivos y proyectos personales de cada colaborador. Se verá este tema en forma más detallada más adelante.

¿Cuál es el rol del jefe en lo que respecta a los planes de sucesión o los diagramas de reemplazo? Un jefe puede (y debe, en nuestra opinión) transformarse en una guía para la persona que fue designada como su sucesor. En el segundo caso, cuando existe fecha cierta de reemplazo, el compromiso del jefe deberá ser mayor, ya que existe una situación concreta a resolver, en un plazo preciso.

El jefe y la carrera de sus colaboradores

Los buenos jefes –de todos los tiempos– han sido guía y soporte en la carrera de sus colaboradores, a tal punto que esta función constituye el método más antiguo para el desarrollo de personas. Ya en la Edad Media y más adelante en el tiempo, en la Edad Moderna, los grandes pintores y escultores tenían trabajando con ellos a sus discípulos que, en muchos casos, llegaron a tener un desempeño superior al de su maestro. Pero no hay que ser un Leonardo o un Miguel Ángel en el área que corresponda para desarrollar a los colaboradores: todos los jefes pueden y deben asumir este rol.

En el presente, en el ámbito de las organizaciones ya no se piensa que las personas desarrollan una carrera "para toda la vida" dentro de la entidad, como quizá se concebía hace muchos años, sino por el período que permanecen en ella.

Como ya se ha dicho, las buenas prácticas de Recursos Humanos hacen que las acciones que se realicen sean beneficiosas tanto para la organización como para el empleado. Este concepto general también se verifica en relación con las carreras organizacionales. Guiar a un colaborador en su carrera es bueno para todos: para la empresa, para el jefe y para el colaborador.

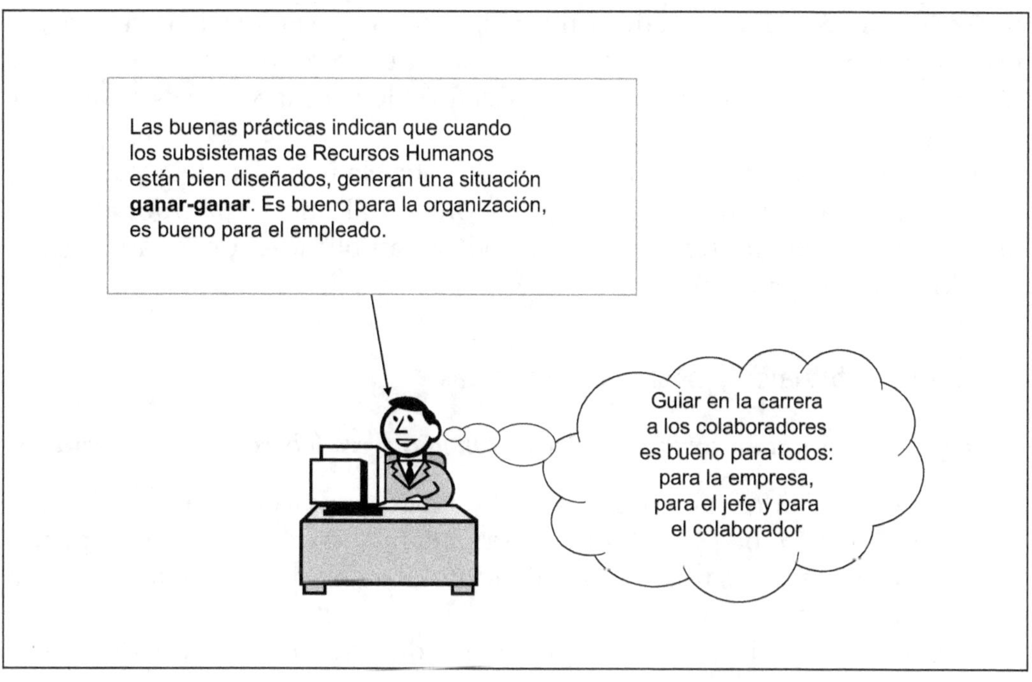

Las buenas prácticas indican que cuando los subsistemas de Recursos Humanos están bien diseñados, generan una situación ganar-ganar. Es bueno para la organización, es bueno para el empleado.
Guiar en la carrera a los colaboradores es bueno para todos: para la empresa, para el jefe y para el colaborador

El jefe y la carrera de sus colaboradores
¿Qué rol debe asumir un jefe en relación con la carrera laboral de un colaborador?
¿Cuál es el rol del área de Recursos Humanos en relación con las carreras de las personas?
Desde el rol del jefe ¿qué se debe hacer en relación con la carrera de un colaborador?
¿Cómo ayudar / guiar a un colaborador en el desarrollo de competencias?

Sobre este tema, como sucede con otros, muchos lo ven desde una perspectiva –*a priori*– equivocada. No es cierto que si un colaborador crece eso no será bueno para su jefe directo. Más adelante desarrollaremos esta idea con más profundidad.

Como expresamos en la Introducción, sobre la temática de la carrera de las personas hay mucha información errónea y, al mismo tiempo, es un tema no tratado suficientemente –o en toda su amplitud– por los autores dedicados al management.

Preguntas habituales y posibles respuestas

¿Qué rol debe asumir un jefe en relación con la carrera laboral de un colaborador?

- El jefe, en su rol de apoyo para el desarrollo de la carrera de sus colaboradores, debe ser un guía integral. Para ello deberá conocer, primero, cuáles son las reales posibilidades del colaborador, y cuáles son sus aspiraciones y expectativas.
- Una vez identificados los conceptos a desarrollar, podrá pedir ayuda, si lo considera necesario.

Este último punto es muy importante: *el jefe no tiene por qué saber de todos los temas.* Puede no tener la información y/o el conocimiento adecuados respecto de las mejores alternativas para ayudar a sus colaboradores en el desarrollo de sus carreras, por lo cual –en estos casos– solicitar apoyo al área de Recursos Humanos es la mejor sugerencia.

Al mismo tiempo, el jefe es quien mejor conoce a su colaborador, ya que tiene una interacción cotidiana con él; por lo tanto, es la persona más adecuada para ayudarlo.

¿Cuál es el rol del área de Recursos Humanos en relación con las carreras de las personas?

Los jefes son, en muchas ocasiones, la cara visible de la organización. A través de él cada colaborador recibe una serie de informaciones que le atañe (por ejemplo, los lineamientos generales sobre su carrera). El jefe tiene al respecto un rol *protagónico* (expresión que usamos en el Capítulo 3 para referirnos a la evaluación del desempeño). Sin embargo, podrán existir una serie de temas que el jefe no puede manejar, porque no tiene toda la información o bien sus conocimientos no son los más adecuados, y no está mal que así sea. En ese caso, como ya hemos dicho, deberá recurrir al área de Recursos Humanos para pedir consejo y ayuda. E incluso su propio jefe podrá ser fuente de apoyo.

El área de Recursos Humanos debe asumir un rol de asesor, de ayuda a todos los jefes de la organización en estas temáticas. No se espera que asuma la dirección de "todas" las carreras de las personas que integran la organización, sino que fije pautas, caminos a seguir, brinde información al respecto, etc.

Los especialistas de Recursos Humanos, desde esta perspectiva (de especialistas en un tema), diseñan herramientas o contratan a un consultor para que lo haga, y, luego, velan por la objetividad de las aplicaciones. Esto evitará que los colaboradores de un área sientan que ellos son menos (o más, según el caso) considerados a la hora de las promociones o planes de sucesión, o al momento de elegir a quienes participarán de actividades de capacitación, u otras situaciones similares.

Desde el rol del jefe, ¿qué se debe hacer en relación con la carrera de un colaborador?

Sugerencias para el jefe en relación con la carrera de un colaborador:

- Consultar con Recursos Humanos o con su propio jefe cuando tenga dudas. También cuando necesita consejo o ayuda frente a alguna situación problemática referida a la carrera de uno o varios de sus colaboradores.
- Si el colaborador será promovido en breve a otra posición, o tiene posibilidades de asumir nuevas responsabilidades, o se encuentra en alguna otra situación similar, en el momento de evaluar su desempeño (capítulo 3) el jefe deberá tener esto en cuenta para que la evaluación lo contemple. Por ejemplo, deberá evaluarse su desempeño en relación con el puesto actual y, eventualmente, con posiciones futuras o nuevas responsabilidades.
- Ser un entrenador y/o un mentor de sus colaboradores. (Se verá este tema en el capítulo 7.)

Los jefes, en especial aquellos con muchos años de conducción y/o que pertenecen a la alta gerencia o dirección, pueden sentir que "ellos deberían saberlo todo" en lo que respecta al desarrollo de las carreras de sus colaboradores, y son reacios a preguntar.

Si nos permite el lector, querríamos señalar que ninguna persona puede tener un conocimiento completo respecto de una gran variedad de temas, por lo cual muchas veces es necesario preguntar a otro, en especial si éste es un especialista. Cuando un jefe logra incorporar esta idea a su comportamiento diario, mejora su gestión sobre cualquier tema, y, desde ya, puede llevar a cabo su rol de una mejor manera.

El otro aspecto importante a tener en cuenta es que siempre es el jefe el responsable de evaluar a sus colaboradores y que esta evaluación debe estar en relación con el puesto que la persona ocupa (o que eventualmente ocupará).

Entre las responsabilidades de un jefe, a las ya mencionadas se puede adicionar la de preparar a un posible sucesor y la de ser un entrenador o guía de sus colaboradores. A este rol lo denominamos "jefe entrenador" (ver capítulo 7).

¿Cómo ayudar/guiar a un colaborador en el desarrollo de competencias?

Como ya se dijo, un jefe no tiene por qué saber sobre este tema (al igual que sobre muchos otros), por lo cual la primera sugerencia será:

* Consultar con Recursos Humanos.

Para luego continuar de la siguiente manera:

* Preguntar si existen planes de desarrollo de competencias, actividades de formación, etc., que puedan ayudar al colaborador a mejorar sus competencias (y/o conocimientos, según corresponda).
* Si la empresa trabaja con *guías de desarrollo* (impresas o en línea), impulsar al colaborador a usarlas. Recuerde que –usualmente– las guías van acompañadas con un instructivo sobre cómo utilizarlas; será importante que lo lea antes de hablar con su colaborador, ya que de esa manera podrá orientarlo mejor.
* Para saber más sobre *guías de desarrollo* podrá ver ejemplos en el capítulo 8 del libro *Desarrollo del talento humano. Basado en competencias*[2].

---

2. Obra de la autora publicada por Ediciones Granica.

En las organizaciones existen diferentes programas relacionados con el desarrollo de personas; uno de ellos se denomina *mentoring*[3]. Mediante este tipo de programas, una persona dentro de la organización (usualmente se trata de un directivo de alto rango) asume el rol de mentor. En estos casos el colaborador tiene –al mismo tiempo– la guía de su jefe y la del mentor. Es importante señalar que ambos –el jefe que asume su rol de guía (entrenador) y el mentor– deberían actuar de manera coordinada en sus respectivos roles (de guía y apoyo) sobre el colaborador. Es en estas circunstancias que el rol del área de Recursos Humanos asume una importancia capital, ya que el diseño de herramientas para que la organización se maneje de manera sistémica será fundamental.

3. *Mentoring:* programas organizacionales de guía y acompañamiento en la carrera. Tienen una duración de 3 a 5 años, y el mentor es siempre un gerente o director de la organización, en general de nivel jerárquico superior al del jefe directo del colaborador bajo programa. Se verá en el capítulo 7.

Cómo guiar a los colaboradores en sus carreras

La carrera laboral y la percepción que cada persona tiene al respecto es un tema que se relaciona con lo visto en el último punto del Capítulo 3, "El rol del jefe y los proyectos personales de los colaboradores". Allí decíamos que un jefe debe detectar los proyectos personales de sus colaboradores y los cambios que puedan producirse. En esta sección se verá cómo guiar a los colaboradores, dentro del ámbito de la organización, para lograr una mejor adecuación de cada uno de ellos a su puesto de trabajo y, consecuentemente, a lo que la persona desea hacer (proyectos personales).

Otro aspecto fundamental a tener en cuenta en el momento de guiar en la carrera a un colaborador (y también si usted desea pensar en su propia carrera), es que para desempeñarse exitosamente en cualquier puesto de trabajo hacen falta conocimientos y competencias, y que los métodos de desarrollo de ambos son diferentes. Por último, cabe considerar que –usualmente– las personas que son consideradas como posibles candidatos a ocupar puestos de mayor nivel son aquellas que tienen un buen desempeño en su posición actual.

A partir de estos conceptos, más el listado de temas del punto siguiente, se podrá guiar de una manera eficaz a los colaboradores en relación con sus carreras.

- Conocer que existen diferentes tipos de carrera[4].
- Relacionar las carreras laborales con los objetivos personales.
- Saber que no siempre las personas quieren "subir" en una escala jerárquica.
- Informarse de si existen planes de carrera en la organización.
- Si no existen planes de carrera, identificar los requerimientos para que el colaborador pueda alcanzar un nivel superior.
- Ayudar al colaborador a confeccionar planes de capacitación y desarrollo, según corresponda.
- Si el jefe desconoce cómo se desarrollan ciertas competencias, debe tomar la iniciativa y consultar con el área de Recursos Humanos (o con un especialista).

---

4. A los interesados en conocer más sobre los distintos tipos de carrera en el ámbito de las organizaciones, se les sugiere leer el Capítulo 4 del libro de Martha Alles *Comportamiento organizacional*, Ediciones Granica, Buenos Aires, 2017, y *Construyendo talento*, Ediciones Granica, Buenos Aires, 2016.

- Ayudar a los colaboradores a identificar, comprender e interpretar las relaciones de poder en la propia empresa o en otras organizaciones, clientes, proveedores, etc. (Este rol suelen ejercerlo los mentores en los programas de *mentoring*.)

Un jefe debe conocer que no sólo existen planes de carrera ascendentes, sino que hay numerosas opciones para que un colaborador se desarrolle profesionalmente dentro de la organización. Él debe ser capaz de identificar cuáles son los verdaderos intereses que, con relación a este aspecto, tienen sus colaboradores, para así poder guiarlos adecuadamente. No es su función elaborar el plan de carrera de sus colaboradores, pero sí es su deber conocer las posibilidades existentes y consultar al respecto con los especialistas.

Un jefe debe conocer los requerimientos de los puestos a los cuales sus colaboradores pueden aspirar. De este modo, podrá colaborar con ellos y asesorarlos acerca de las acciones que deberían emprender para lograrlo. Teniendo siempre en cuenta que, por lo general, no es un especialista en este tema. Siempre será una buena idea acudir al área de Recursos Humanos en búsqueda de la orientación necesaria para poder desempeñar un adecuado rol de guía en la carrera de sus propios colaboradores.

Un jefe debe ayudar a sus colaboradores a identificar, dentro de la estructura formal e informal de la organización, a aquellas personas que, por su trayectoria, experiencia o formación profesional, podrían colaborar con ellos en su carrera profesional.

Por último, el lector podrá preguntarse *¿qué hacer si la organización para la cual trabajo no tiene implementados planes de carrera ni otras buenas prácticas mencionadas en este capítulo?*

Frente a este tipo de consultas la primera respuesta es siempre: "no haga cosa alguna que exceda su nivel de atribuciones dentro de la organización". Efectuada esta salvedad inicial, consideramos que una persona en estas circunstancias puede hacer muchas cosas. Desde proponer a su jefe la implementación de alguna de estas herramientas para toda la

organización, hasta, dentro de su equipo de trabajo, ayudar a sus colaboradores a crecer.

Una posición que en una primera instancia puede parecer cómoda sería: "si la empresa no ha implementado estas herramientas, no es mi rol hacerlo". Si lo desea puede tomar esta postura. Sin embargo, no parece una buena idea. Si usted desea ser considerado para otras posiciones, que lo consideren para un ascenso, para reemplazar a otra persona o cualquier otra situación similar, siempre será mejor tener en su equipo de trabajo a colaboradores bien formados, que puedan ser un eventual reemplazo. La formación de un "segundo" y/o posible sucesor, aunque no sea una política organizacional, siempre será una buena idea, para usted y para la organización para la cual trabaja.

A continuación usted encontrará dos páginas para diseñar su *plan de acción personal* respecto de las temáticas de este capítulo.

El plan de acción consta de las siguientes partes:

- **Formación:** actividades de capacitación (talleres, seminarios, codesarrollo) que su organización o alguna institución a la cual usted pueda tener acceso brinde sobre la temática.
- **Lecturas:** en la parte final del Capítulo 8 encontrará sugerencias al respecto. Siempre le recomendamos la lectura de libros. En Internet sólo se sugiere consultar *papers* de universidades o firmas conocidas y de prestigio. De lo contrario, en algunos casos se puede obtener información no aconsejable.
- **Actividades extracurriculares:** en este punto se hace referencia a actividades no relacionadas con el ámbito laboral que pueden ayudarlo en el desarrollo de sus capacidades. Por ejemplo: desempeñarse como director del equipo de fútbol (*soccer*) o cualquier otro deporte del colegio de sus niños.
- **Referente:** estudio de una persona con un alto grado de desarrollo de la capacidad que se desea mejorar. Al analizar sus comportamientos, se pueden mejorar los propios.
- **Aplicar sugerencias:** en el Capítulo 8 se brinda una serie de sugerencias o *tips* para mejorar en las distintas temáticas abordadas en esta obra. Para la confección de su plan de acción le sugerimos leer detenidamente y tomar en cuenta los consejos de ese capítulo.

En la segunda de las dos páginas siguientes usted encontrará una "agenda". La idea que deseamos transmitirle es que el plan de acción debe ser concreto, con ideas para poner en práctica de forma inmediata (o al menos en el corto plazo).
Usted puede confeccionar una agenda para cada uno de los capítulos de la presente obra.

Plan de acción. Una amplia gama de posibilidades

Plan de acción:
FORMACIÓN → Actividades de formación propuestas por la organización donde trabajo u otras a las cuales pueda acceder.

Nombre del curso/Actividad	Lugar y fecha
....	....
....	....
....	....

Plan de acción:
LECTURAS → Libros o artículos relacionados:
Biografías de aquellos que fueron "buenos jefes" y/o buenos entrenadores de personas.

Nombre del libro/Actividad	Lugar y fecha
....	....
....	....
....	....

Plan de acción:
ACTIVIDADES
extracurriculares → Actividades no relacionadas con mi trabajo que me ayuden a mejorar

Tipo de actividad a realizar	Lugar y fecha
....	....
....	....
....	....

Plan de acción:
REFERENTE → + (positivo): comportamientos para imitar
- (negativo): comportamientos que debería imitar

Nombres de referentes	Lugar y fecha
....	....
....	....
....	....

Plan de acción:
APLICAR
SUGERENCIAS → Elegir un número reducido de consejos (capítulo 8) y llevarlos a la práctica. Luego intentar con otros.

Sugerencia /Consejo a seguir	Lugar y fecha
....	....
....	....
....	....

Plan de acción. Debe ser concreto

¿Qué haré?
Acciones

¿Cuándo lo haré?
Plazos

¿Qué me propongo alcanzar?
(En relación con la temática elegida)

Tomar una agenda (la que me resulte más práctica y esté acostumbrado a usar) y registrar acciones a realizar en un plazo mínimo de 3 meses.

Capítulo 5

La relación diaria con el colaborador

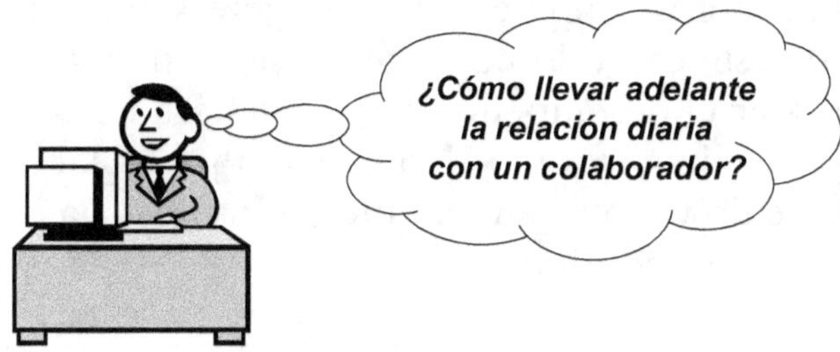

Temas del capítulo

- **Construir una relación eficaz y confortable con los colaboradores**
- **La comunicación**
- **El jefe y los valores organizacionales**
- **El control de los rumores**
- **Buenas prácticas entre jefes y colaboradores**

Construir una relación eficaz y confortable con los colaboradores

Toda relación personal se construye todos los días; la vida se construye todos los días. Por lo tanto, la relación con los colaboradores sigue un curso análogo. Muchos piensan que con hacer las cosas una vez alcanza, y no es así.

En cuanto a la relación jefe-colaborador, quisiera señalar dos palabras del subtítulo que encabeza este apartado: *eficaz* y *confortable*. Existe una tendencia, bastante generalizada, a hablar del buen clima laboral[1]. Comparto el concepto, pero esto solo no alcanza. Si una organización no logra las dos cosas, que las personas tengan un desempeño eficaz (y superior) y, al mismo tiempo, haya un buen clima laboral, no se logrará un buen desempeño como jefe.

Así expresado parece sencillo, pero cualquiera que sea jefe sabe muy bien que no lo es. La temática de este capítulo podrá ayudarlo, a través de una buena comunicación, a mejorar el desempeño de sus colaboradores y, al mismo tiempo, alcanzar un buen clima laboral. Una relación jefe-colaborador eficaz y confortable requiere de varios componentes, entre los cuales la buena comunicación tiene un rol preponderante.

1. A los interesados en conocer más sobre *Encuestas de satisfacción laboral,* también denominadas, encuestas de clima laboral, se les sugiere consultar otras obras de la autora sobre estos temas: *Comportamiento organizacional* (2017), *Conciliar vida profesional y personal* (2016) y *Las 50 herramientas de RRHH que todo profesional debe conocer* (2017), entre otras. Todos los libros mencionados, publicados por Ediciones Granica, Buenos Aires.

Por último, es importante destacar algo que ya se ha dicho en los capítulos anteriores: lograr una relación eficaz y confortable es buena para todos los actores de esta relación: es al mismo tiempo positivo para el colaborador, para el jefe y para la organización. No puede darse una relación positiva si no se logra establecer una relación armónica entre el jefe y sus colaboradores. No estamos refiriéndonos a amistad, ni mucho menos a amiguismo ni a ningún otro tipo de relación no profesional: el propósito será lograr una relación jefe-colaborador que se lleve a cabo de manera eficaz y confortable, para beneficio mutuo, bajo un esquema *ganar-ganar*.

La comunicación

Comunicación es un término que implica, como mínimo, dos acciones fundamentales: hablar y escuchar. Muchas personas creen que comunicarse es hablar bien. Hablar correctamente y con fuidez es importante, pero insuficiente para lograr una buena comunicación. Para comunicarse adecuadamente con otro hay que escucharlo, saber lo que piensa, lo que necesita, lo que espera de nosotros.

La comunicación entre dos personas implica un canal de diálogo en dos direcciones. En la relación jefe-colaborador intervienen otros componentes que, en ocasiones, pueden dificultarla; por ejemplo, la confidencialidad de ciertos datos que no siempre el jefe puede transmitir a sus colaboradores.

Una vez más es importante señalar que en ningún caso se debe interpretar, a partir de la lectura de estas páginas, que le sugerimos no seguir las políticas y normas organizacionales. Nuestros comentarios, por el contrario, deberán ayudarlo a cumplir con ellas.

Como en otros capítulos, le presentaremos las preguntas habituales o más frecuentes que los jefes se formulan en relación con el tema tratado, en este caso, la comunicación. Al hablar de comunicación en este capítulo, no nos estamos refiriendo a aquellos temas organizacionales que, por su envergadura, requieren la consulta a un profesional experto –por ejemplo, cuando se vende una empresa, o situaciones similares. Por el contrario, nos abocaremos a analizar cómo se maneja la comunicación de los temas más usuales en la vida organizacional y en lo que atañe a la relación jefe-colaborador.

Preguntas habituales y posibles respuestas

¿Cómo le digo que "no" a un colaborador frente a un pedido en particular?

Esta es una de las preguntas más frecuentes por parte de los jefes. Es difícil decir no. A veces no se sabe cómo hacerlo, y esto tiene una explicación. En muchas organizaciones se vive una verdadera "tiranía" por parte de los empleados, a tal punto que los jefes no saben cómo decir "no" frente al pedido de un colaborador –por ejemplo, vacaciones en una fecha en que no es posible ausentarse, por razones de trabajo. Hace unos años, no muchos, en especial cuando se estaba trabajando con personas de las denominadas "fuera de convenio" o no sindicalizadas, a los colaboradores ni se les ocurría plantear que deseaban tomar sus vacaciones en una fecha de alta exigencia laboral. Siempre se daba alguna excepción, por supuesto –por ejemplo, una persona que contraía matrimonio. Aun así, muchas personas incluso planeaban su boda para una época del año en la que su ausencia no perjudicara en demasía su trabajo.

En el contexto actual no sólo esto no ocurre, sino que se vive la situación inversa. Dado que los que somos mayores hemos bregado para mejorar las

Temas "difíciles" en relación con los colaboradores

condiciones laborales vigentes hace unos años, en un juego pendular, en la actualidad muchos jóvenes, en especial los que han estudiado carreras relacionadas con Recursos Humanos, se han posicionado en la vereda de enfrente. Como es fácil imaginar, lo más adecuado es el equilibrio entre los derechos del trabajador y los derechos del empleador, dentro del sentido común.

¿Cómo le informo un colaborador (o a varios) una novedad que a priori *pienso que no será de su agrado?*

A ninguna persona le gusta recibir malas noticias, es cierto. Al mismo tiempo, las organizaciones están integradas por personas adultas, por lo cual no se espera de los jefes que sobreprotejan a sus colaboradores. Por lo tanto, si bien hay que buscar las mejores palabras para decir aquello que no es agradable, las novedades tienen que ser comunicadas.

Otro elemento muy importante a tener en cuenta: la noticia puede ser desagradable tanto para los colaboradores como, al mismo tiempo, para el jefe que debe comunicarla. En estas circunstancias será muy importante el rol que asuma el jefe: deberá hacer equilibrio entre no tomar parte (manifestarse en contra) y no mostrar –al menos abiertamente– los sentimientos que él mismo posee. Muchos jefes, en este tipo de situaciones, se ponen del lado del colaborador o colaboradores y, en un afán de "hacerse amigos" de éstos, se expresan *en contra* de las decisiones organizacionales. Este comportamiento es inapropiado.

¿Cómo solicitar esfuerzos "extras" (trabajar un día feriado, quedarse más horas de lo habitual, etc.)?

Esta pregunta se relaciona con las anteriores. Me decía un jefe joven: *¿Cómo le digo a un colaborador que necesito que venga a trabajar fuera de horario o un día del fin de semana?* La respuesta deviene del sentido común. Si fuese necesario trabajar "siempre" fuera de horario, eso sería un indicador de que en esa oficina hacen falta más colaboradores. Si el caso fuese excepcional –terminar un trabajo que debe ser entregado a un cliente, o un informe al Directorio, o recibir visitas del exterior–, en ese caso el jefe debería solicitarle *de manera natural* a su colaborador aquello que fuese menester.

El otro aspecto a tomar en cuenta es qué hace el jefe: si su postura es que el esfuerzo extra lo hagan sus colaboradores en soledad o, por el contrario, él participa de algún modo. De su comportamiento se podrán inferir sus competencias de líder: si se pone al frente de la situación será un líder que conduce a su equipo con el ejemplo.

¿Qué hacer frente a un colaborador que no está a gusto (con la tarea, con la organización, etc.)?

En el caso de que un colaborador no se encuentre a gusto en su trabajo –y lo exprese de manera explícita o no–, se deberá esclarecer la razón de esa situación y determinar si se encuentra, o no, dentro de los temas de responsabilidad del jefe. Como una forma de responder la pregunta, veamos ejemplos:

- *El colaborador no está a gusto con la tarea que realiza.* Este tema puede o no estar dentro de la órbita de las decisiones de un jefe. Posibles soluciones:

  - Si hubiese otra tarea más adecuada dentro del sector y fuese posible, el jefe podría hacer un cambio de tareas.
  - En el caso que no fuese posible cambiar la tarea, corresponde analizar si es factible –para mejorar la situación– asignarle al colaborador otra tarea, adicional, que sea más acorde con sus intereses. En este caso, si bien se agrega una tarea, el colaborador se sentirá apreciado, ya que aunque no puede dejar de lado aquello que no le agrada, se contemplan sus motivaciones.

- *El colaborador no está a gusto con las condiciones laborales ofrecidas por la organización.* Resolver este tema –en la mayoría de los casos– no está entre las atribuciones del jefe. Lo que no significa que no debe hacer algo al respecto.

  - El jefe podrá explicar las políticas organizacionales y cómo éstas se relacionan con la estrategia organizacional. Si el colaborador continúa con su disconformidad, habrá que pensar que quizá no es el colaborador que se necesita.
  - Bajo ninguna circunstancia el jefe debe hacer causa común con su colaborador, aunque él piense de manera similar.
  - Según la naturaleza del tema, el jefe podrá trasladar la inquietud a su propio jefe o al área de Recursos Humanos.

Recordar: muchas veces los colaboradores plantean disconformidad con un aspecto de su trabajo o la relación con la empresa, pero en realidad tienen algún otro motivo (oculto) que no desean explicitar. Recuerdo el caso de una persona que se quejaba –con argumentos supuestamente valederos– que su oficina tenía poca luz natural. Se realizó un cambio en la iluminación, pero el problema subsistió. En realidad, lo que quería era ocupar la oficina que se le había asignado a su jefe.

Reconocer las verdaderas causas de los reclamos de los colaboradores sirve: 1) para analizar si se pueden resolver; 2) para no hacer esfuerzos en intentar resolver algo cuando en realidad el colaborador desea otra cosa y, usualmente,

esa razón oculta no puede atenderse, dado que se trata de un reclamo no pertinente.

Por último, para tener una buena comunicación con los colaboradores será primordial tener una buena comunicación con sus propios jefes. En este punto, el lector podrá decir que la buena comunicación con sus superiores no depende de él. Esto es parcialmente cierto; sin embargo, me permito recordar que la comunicación es siempre en dos direcciones. Por lo tanto, en todas las circunstancias se puede hacer "algo" para mejorar la comunicación.

Algunas consideraciones sobre la comunicación

Si bien ciertas cosas parecen no tener discusión, creemos importante recordar que la comunicación es:

- ✔ *Primordial y necesaria:* sin ella no se puede establecer una relación de trabajo productiva, eficiente y confortable.
- ✔ *Relacional:* dado que por medio de ella se establecen vínculos con los demás.
- ✔ *Múltiple:* la comunicación puede ser oral, gestual o escrita. Cada una de estas formas de comunicación se complementa con las demás.

Por todo esto, la comunicación es una herramienta de conducción que debe ser utilizada adecuadamente para facilitar la consecución de los objetivos y para llevar adelante todos los roles de un jefe.

Un jefe que logre establecer un adecuado nivel de comunicación con sus colaboradores tendrá mayores posibilidades de lograr su adhesión y compromiso con las tareas, tanto individuales como grupales.

- ✔ La comunicación es un aspecto clave en la relación con los colaboradores; no sólo implica saber expresarse adecuadamente, decir lo necesario, sino, además, saber escuchar.
- ✔ Recordar que la comunicación no es sólo lo que se dice: los colaboradores observan –además– los comportamientos de sus jefes, por lo cual éstos deben asegurar que haya coherencia entre lo que dicen y lo que hacen.
- ✔ Del mismo modo, no basta con escuchar las palabras de sus colaboradores, también hay que observar sus comportamientos.

¿Cómo manejar la comunicación?

- ✔ Asegurarse de que haya una buena comunicación con sus superiores (jefes o dueño, según corresponda). Conocer claramente qué se espe-

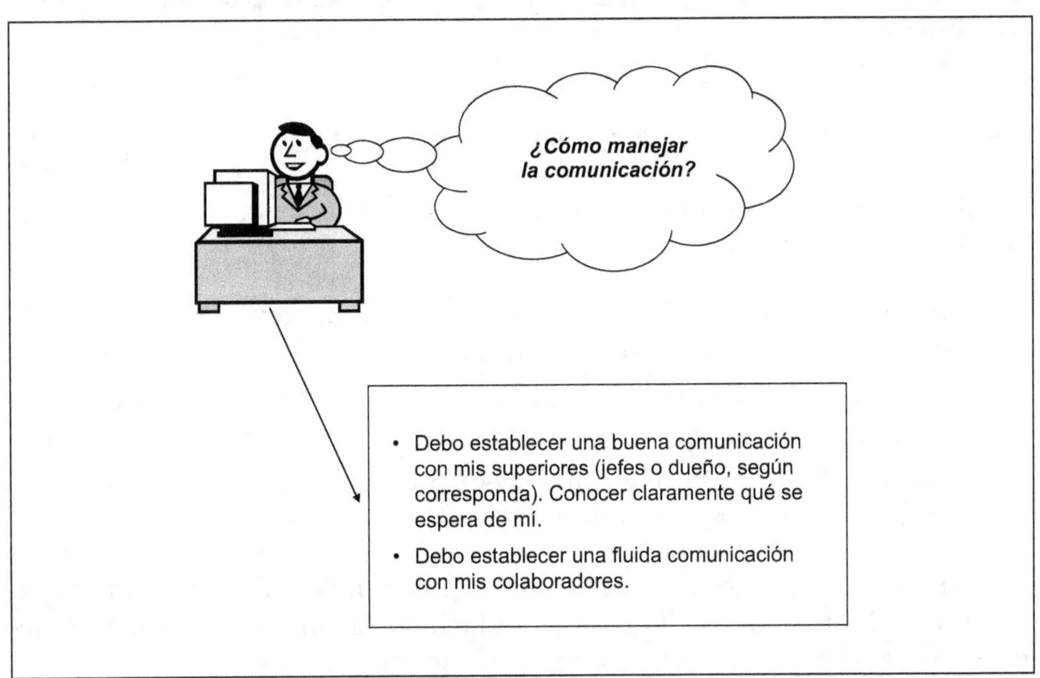

ra del puesto ocupado (por el jefe), no sólo en materia de objetivos (metas estratégicas), sino ir un poco más allá, por ejemplo: qué se espera en materia de conducción de colaboradores en cuanto a los valores organizacionales (ser un ejemplo o modelo), sólo por citar dos aspectos sumamente relevantes en relación con los jefes.

- Conocer qué se espera de los diferentes puestos ocupados por sus colaboradores. No será posible comunicarse adecuadamente con ellos sin tener claro este punto.
- Asegurarse una fluida comunicación con sus colaboradores. Como se dijo en párrafos anteriores, cuidar la relación con sus colaboradores en un sano equilibrio.
- La buena comunicación es una herramienta de conducción. No es posible pensar que se puede conducir un grupo humano, en cualquier circunstancia, sin comunicación.

Si usted debe conducir colaboradores a distancia, por ejemplo, localizados en otras ciudades, deberá aprender a utilizar los distintos medios de comunicación para neutralizar la falta de relación "cara a cara". En una ocasión me refería a la comunicación cotidiana del jefe con sus colaboradores y un jefe me dijo: "veo a mis colaboradores una vez por semana", como señalándome un problema. En la actualidad esto es sumamente frecuente, por lo cual deben arbitrarse medios para lograr la comunicación aun sin estar en un mismo ambiente físico.

Aspectos inherentes a la comunicación

En síntesis, la comunicación debe ser:

- Clara. Asegurarnos de que el mensaje llegó tal cual fue transmitido.
- Amable. El lenguaje es muy rico; hacer uso de él de una manera cortés, aunque se utilice un modo informal.
- Decir lo necesario. Ni de más, ni de menos.
- La comunicación es mucho más que la palabra. Recordar que los colaboradores observan el comportamiento de los jefes.
- Ser íntegros, presentar congruencia entre lo que se dice y lo que se hace.

A este listado agregaría que todos los ítems anteriores deben comprenderse *empleando el sentido común*.

Sobre los ítems anteriores, deseo subrayar dos aspectos en particular: 1) la comunicación debe ser amable. Aunque deba reprenderse a un colaborador, usted puede dirigirse a él de "buena manera". Y la recomendación más importante: 2) siempre decir sólo lo necesario. El problema más frecuente que tienen los jefes (y las personas en general) es que, en el afán de ganarse la confianza del otro, dicen más de lo necesario. En algunos casos, puede ser información no relevante, en otros, se puede transmitir información confidencial. En el primer caso el error puede no ser grave, pero en el segundo sí lo es. Por lo tanto, habituarse a decir e informar sólo lo necesario es ganar en sabiduría.

Preguntas habituales y posibles respuestas

¿Qué rol debe asumir el jefe en la comunicación de temas organizacionales?

El jefe es el comunicador por excelencia de los temas organizacionales (misión, visión, valores). Allí radica la importancia que los que conducen la

organización deben darle a estos temas, asegurándose –al mismo tiempo– de que todos los jefes han comprendido adecuadamente estos conceptos.

Sugerencia para un jefe: reúna toda la información disponible y analícela en detalle. Asegúrese de que sus colaboradores la conozcan, compártala con ellos.

¿He comprendido adecuadamente los diversos temas que debo manejar (la información, las políticas, etc.), o debería asegurarme al respecto?

Si el lector es jefe y tiene dudas sobre la misión, visión y valores organizacionales, siempre será una buena idea que consulte con sus superiores al respecto. La razón: debe estar preparado para contestar las preguntas de sus propios colaboradores sobre estos temas.

Evitar el doble discurso. No se puede "decir una cosa y hacer otra".

Muchas personas, también los jefes, actúan de una manera que se contradice con lo que expresan verbalmente. A veces se trata sólo de pequeños detalles. Usted debe tener en cuenta que su accionar es observado por sus colaboradores; por lo tanto, cualquier incongruencia entre lo que dice y lo que hace será detectada por ellos.

Recuerde la anécdota popular sobre *la madre que le dice a su hijo que no debe mentir, pero cuando la llaman por teléfono y, por algún motivo, no desea atender, le dice al niño que diga una mentira, por ejemplo: "Dile que estoy cocinando", cuando no es cierto.* Este comportamiento, aparentemente inocente, plantea una incoherencia en la conducta de la madre, que dice una cosa y hace otra.

¿Qué hacer con los rumores?

Un jefe que genera confianza, cuyos colaboradores piensan que les dice todo lo necesario, que es confiable y creíble, será la mejor herramienta para asegurarse de que no proliferen rumores. Si el rumor aparece y el jefe genera confianza, sus colaboradores seguramente recurrirán a él para confirmarlo o no. Nos referiremos a este tema más adelante, en este mismo capítulo.

¿Qué hacer con los teléfonos inteligentes (**smartphones**)*?*

No es posible tapar el Sol con las manos. Los colaboradores tienen sus teléfonos inteligentes en sus manos, como la mayoría de las personas. El jefe deberá considerar si el uso de ellos impide la realización normal de las tareas. En este caso, será un problema para resolver.

Por último, y en relación a todo lo expuesto en materia de comunicación, los principios básicos deben ser considerados independientemente del medio que se utilice. Las redes sociales y la mensajería instantánea son un medio más de comunicación.

El jefe y los valores organizacionales

El jefe tiene un rol preponderante como nexo entre la conducción de la organización y el grupo de colaboradores a su cargo. Esta situación se hace mucho más nítida cuando un jefe está alejado de la Casa Central de la entidad (por ejemplo, en una sucursal o fábrica ubicada lejos de las oficinas donde está la Presidencia de la empresa o las oficinas corporativas, según corresponda en cada caso).

En estas situaciones particularmente, muchas personas tienen sólo una vaga idea de quiénes son los conductores de la organización, y es por eso que "la cara" de la empresa es su jefe directo. En estos casos y en muchos otros, los jefes representan a la organización de manera muy marcada. La manera como estos jefes transmiten los valores, la cultura, las políticas de la organización será determinante en la relación actual y futura entre los colaboradores y la entidad que integran.

El jefe será, además, un modelo a seguir para sus colaboradores. Esta frase, expresada aisladamente, fuera de contexto, puede ser hasta paralizante para muchos que esperan acceder a la posición de jefes. Un jefe no es un héroe, ni se espera que lo sea. Al mismo tiempo, está siempre en la mirada de los otros. Ambas cosas son ciertas, y deben expresarse con claridad. Por lo tanto, el jefe es y será un modelo a seguir, de manera consciente o no, de manera deseada o no.

Como se dijo en párrafos anteriores, el jefe comunica la misión, visión, planes estratégicos, valores organizacionales y toda otra información institucional. Usualmente las organizaciones comunican de manera general este tipo de conceptos y el detalle queda en manos de los jefes, aunque no haya sido planeado de ese modo.

Por ejemplo, cuando se revisan o definen los valores organizacionales, usualmente se realiza una actividad de lanzamiento explicándolos; quizá habla el presidente de la compañía, se hacen folletos, se establece comunicación vía correo electrónico, en la intranet, etc. Una vez que finaliza la *campaña de comunicación*, el tema, ¿cómo sigue? Allí comienza la tarea del jefe, que será vital en este caso.

No alcanza con la "campaña de lanzamiento y comunicación de los valores". Ésta debe hacerse, pero el tema debe seguirse trabajando, impulsando, dándole vida; llevarlo a la cultura, hacerlo propio en cada integrante de la organización. Aquí nace el rol del jefe como comunicador y facilitador de los valores organizacionales. Ahora bien, este rol de "comunicador y facilitador" debe ir acompañado de un comportamiento acorde del jefe, mediante el cual éste evidencie los valores organizacionales. De este modo, por ejemplo, cuando el jefe aplica en su comportamiento los valores organizacionales, se transforma en un modelo para sus colaboradores respecto de ese punto.

Muchas organizaciones, a la hora de designar a un nuevo jefe, analizan su desempeño, si ha alcanzado los objetivos fijados y cómo lo ha hecho; se toma en cuenta la opinión de sus jefes y, en ocasiones, la de sus compañeros de trabajo. Todo eso está bien, pero –además– debería tomarse en cuenta si ese futuro jefe representa los valores organizacionales, ante la certeza de que, en cualquier caso, será tomado como un modelo a seguir por sus colaboradores, ya sea que represente los valores o no (modelo negativo).

El jefe como comunicador y agente facilitador de la misión, visión y valores organizacionales

Los jefes son los vehículos que poseen las organizaciones para transmitir al resto de sus integrantes toda aquella información institucional que se considere que debe ser de público conocimiento.

Cuando se fija la misión y visión o se cambia la estrategia es posible que sea la máxima conducción la encargada de comunicarlas a toda la organización. Luego, en el día a día, frente a dudas o ante el ingreso de un nuevo colaborador, será el jefe el responsable de comunicar la visión, misión, objetivos estratégicos y valores organizacionales, así como también las políticas, decisiones y cambios de cualquier índole, de modo tal de lograr la adhesión y compromiso de sus colaboradores tanto con la organización como con el área o sector a su cargo.

Para que esta comunicación sea efectiva, el jefe debe fomentar comportamientos adecuados y ser un modelo a seguir por parte de sus colaboradores.

El rol del jefe con la comunicación

A modo de síntesis, en el gráfico siguiente se muestran los distintos temas organizacionales para los cuales el jefe puede ser un comunicador y

El rol del jefe en la comunicación organizacional

El jefe –a través de sus comportamientos– demuestra
ante sus colaboradores, superiores y pares que
comunicarse adecuadamente es esencial
para el logro de las metas de la organización.

- ✓ Acciones más palabras.
- ✓ Compromiso con la comunicación de dos vías.
- ✓ Comunicación cara a cara.
- ✓ Informar cambios y decisiones.
- ✓ Crear espacios para comunicar malas noticias.
- ✓ Intercambio continuo de información.

agente facilitador, sin importar su nivel jerárquico. Por ejemplo, un director puede haber tenido participación en la definición de estos temas o ser consultado al respecto; pero en el caso de jefes de menor nivel, que quizá no hayan integrado los grupos decisorios en materia de visión, políticas, etc., de todos modos tienen un rol sumamente relevante en la comunicación de estos puntos.

Un buen comunicador debe evitar con sus acciones y actitudes el surgimiento de rumores. Un jefe que actúa con transparencia, honestidad y claridad logra crear ambientes laborales en los cuales los rumores de pasillo se reducen al mínimo y en los que se confía en aquello que se dice y se hace.

Acciones más palabras. Como ya se expresó, las acciones nunca deben estar disociadas de aquello que se dice. La falta de coherencia entre el hacer y el decir provoca una progresiva pérdida de confianza de los colaboradores.

Compromiso con la comunicación de dos vías. Un jefe debe promover la comunicación en ambos sentidos: descendente (jefe-colaborador) y ascendente (colaborador-jefe), de modo de no sólo brindar información sino también recibirla. Un jefe que entiende el valor del intercambio en las comunicaciones logra un mejor desempeño en su rol, por contar con datos e información de la cotidianeidad a los que de otro modo no tendría acceso.

Comunicación cara a cara. Se debe hacer énfasis en la necesidad de este tipo de comunicación. Si bien los medios actuales, como la mensajería instantánea, el correo electrónico, la videoconferencia o la comunicación telefónica, pueden en algunos casos optimizar la administración del tiempo, no deben suplantar la comunicación directa, "cara a cara", que es necesaria e incluso insustituible en algunas situaciones. Este comentario, como otros, debe ser considerado en base al sentido común y las posibilidades concretas de la relación jefe-colaborador.

Informar cambios y decisiones. Mantener a los integrantes de la organización informados de los cambios y decisiones dentro de la organización, dado que es la única manera de lograr su real compromiso.

Crear espacios para comunicar malas noticias. Es necesario dar confianza y valor para que un empleado que, por ejemplo, ha cometido un error o no ha podido cumplir con la tarea asignada, pueda comunicarlo sin temor a reacciones no apropiadas de su superior.

Intercambio continuo de información. Un jefe debe trabajar arduamente para lograr que la información fluya constantemente.

Lineamientos generales

En el gráfico al pie se ofrecen algunos lineamientos generales para una buena comunicación.

- ✔ Evaluar las circunstancias y contextos más adecuados para cada comunicación.
- ✔ Ir al centro del tema o asunto en discusión; evitar los rodeos o desviaciones innecesarios, sin que ello implique ser rudo o descortés.
- ✔ Tratar de evitar que los sentimientos propios que se tienen hacia el interlocutor afecten la comunicación negativamente.
- ✔ Verificar que el interlocutor haya comprendido en toda su extensión el mensaje que se quiso transmitir.

Como se dijo con anterioridad, un jefe que suscita confianza y credibilidad en sus colaboradores no será un generador de rumores, pero éstos pueden producirse de todos modos. Se verá a continuación qué hacer cuando se presentan.

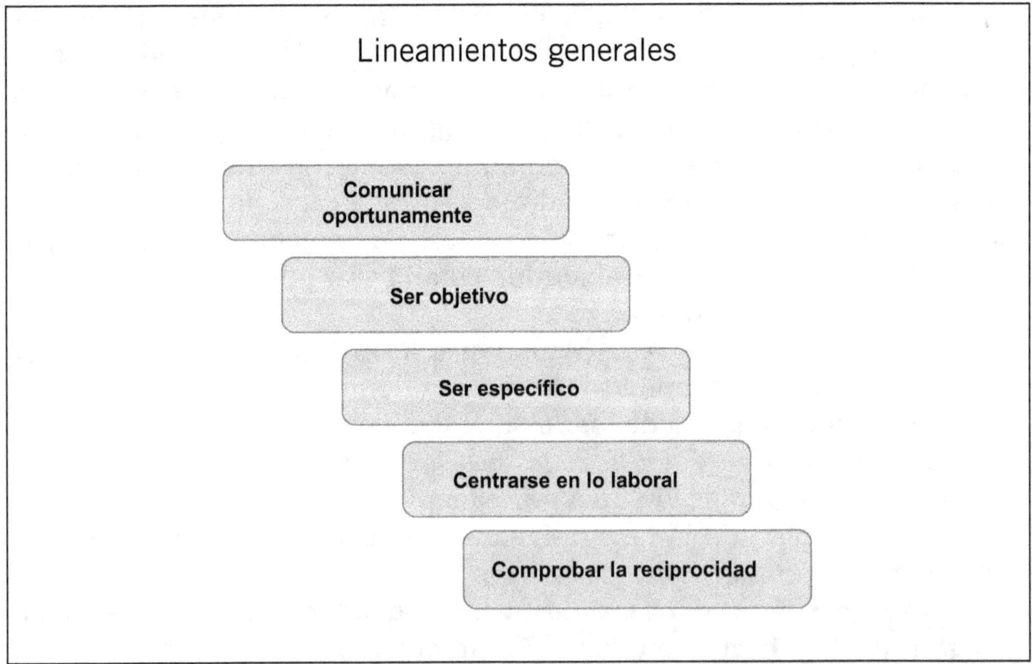

El control de los rumores

Hasta aquí nos hemos referido, fundamentalmente, a las comunicaciones formales. Las hay, también, de tipo informal (ver el gráfico siguiente). Los rumores son, en general, comunicaciones informales que pueden, o no, hacer referencia a hechos reales. Los rumores, de cualquier tipo, son "atractivos", por lo cual es casi imposible evitarlos. Desde comentarios sobre la vida privada de otras personas hasta la divulgación de supuestos traslados de personas a otros puestos o funciones. Las organizaciones están compuestas por personas, y en las personas estos comportamientos son frecuentes.

En ningún caso es bueno que se comente sobre la vida privada de los individuos a espaldas de ellos. Si el jefe no puede evitarlo, al menos debe dar el ejemplo, no actuando él mismo de esa manera. En cuanto a los temas organizacionales, el jefe puede salir *al frente* y neutralizar rumores, en la medida en que conozca su existencia. Como ya se mencionó, es muy importante fomentar la comunicación en las dos direcciones. De este modo, el jefe podrá informarse si existe algún rumor y, de este modo, poder enfrentarlo si corresponde.

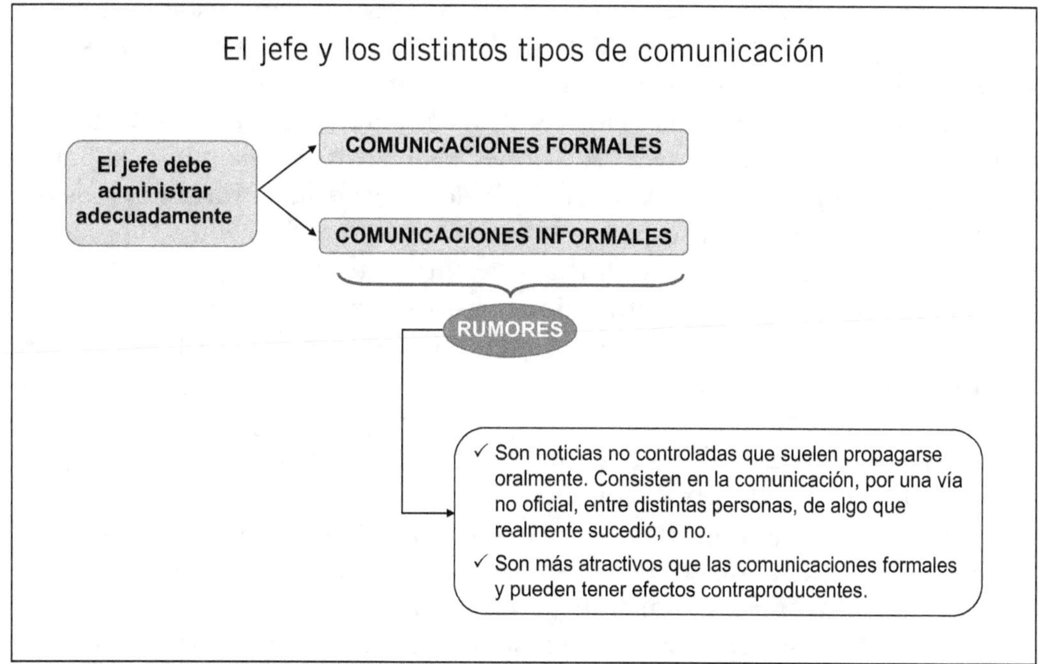

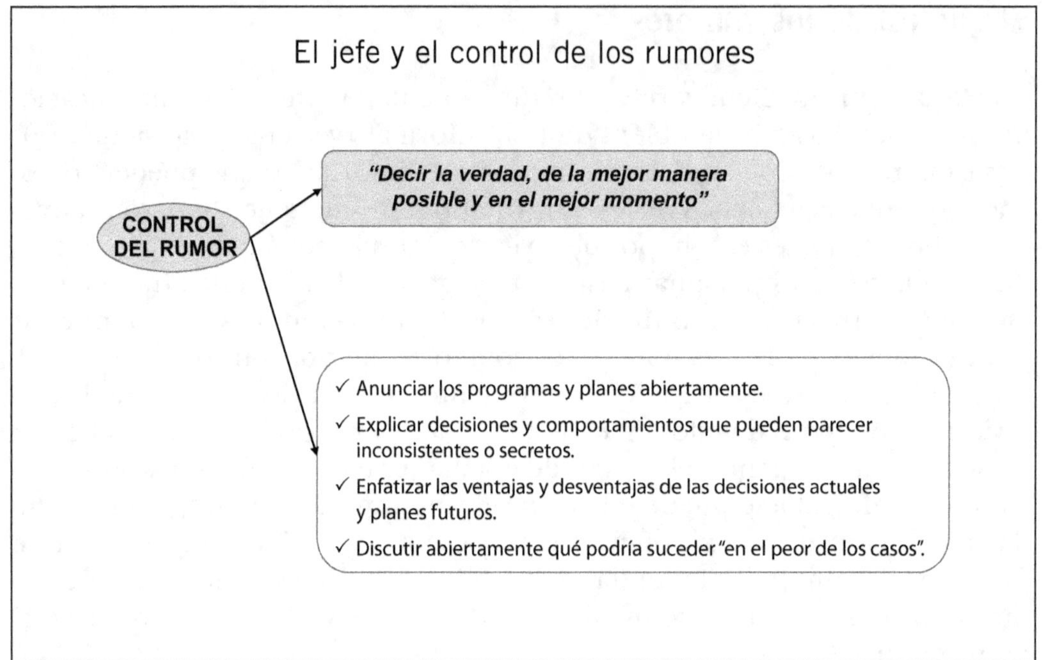

El jefe debe ser capaz de administrar tanto las comunicaciones formales –aquellas que se realizan de acuerdo con las políticas, normas y canales establecidos por la organización–, como las de tipo informal –siendo éstas las que tienen lugar fuera de las normas o canales formales y que se suscitan cotidianamente por la naturaleza misma de las relaciones establecidas en el ámbito laboral.

Un jefe debe conocer a la perfección los mecanismos formales existentes en su propia organización, de modo tal de poder elegir, entre ellos, aquel que mejor se adapte a las comunicaciones que quiera realizar.

En el ámbito de las comunicaciones informales, como ya se dijo, se encuentran los rumores. Este tipo de noticias no controladas, ciertas o no, suelen propagarse oralmente y su control se dificulta, dado que, por su tenor, resultan más atractivas que otras informaciones que se consideran inherentes a la rutina organizacional. Según cuál sea la índole del rumor, éste puede tener efectos contraproducentes.

Los rumores sólo pueden controlarse realizando comunicaciones claras y transparentes que no dejen lugar a dudas o suspicacias; aunque se debe tener en cuenta que su control total es imposible, aunque sí es factible controlar sus consecuencias y ramificaciones si se respetan las pautas ya mencionadas.

Buenas prácticas entre jefes y colaboradores

En materia de comunicación existen algunas buenas prácticas que pueden ser adoptadas de manera más o menos sencilla. La principal son las reuniones de trabajo. Como todas las cosas, la organización de estas reuniones debe ser regida por el sentido común. Quizá no sea una buena idea "pasarse la mayor parte del tiempo en reuniones", pero es seguro que no hacer reuniones constituye una mala decisión. A partir de esta afirmación, cada jefe determinará cuál es la frecuencia y el número más adecuado de las reuniones a realizar. Veremos a continuación las preguntas más habituales que se formulan los jefes en lo que respecta a la organización de reuniones con sus colaboradores. No existe una fórmula al respecto, aquí sólo ofreceremos algunos lineamientos que pueden resultar de utilidad.

Preguntas habituales y posibles respuestas

¿Qué tipo de reuniones debería tener con mis colaboradores, y con qué frecuencia debería organizarlas? (El jefe con sus colaboradores)

Las reuniones del jefe con todos sus colaboradores deberán realizarse con una frecuencia predeterminada –por ejemplo, una vez al mes–, además de, por supuesto, cada vez que sea necesario comunicar algo específico. La determinación de la frecuencia dependerá del tipo de trabajo que cada organización realice. Por ejemplo, una empresa de consultoría quizá deba realizar reuniones con bastante frecuencia, pero en otra que vende productos, una reunión al mes puede ser suficiente, para hacer un seguimiento de las ventas y los negocios.

¿Qué tipo de reuniones debería promover con el (o los) equipo(s) de colaboradores, y con qué frecuencia? (El jefe con su/s equipo/s)

Si el jefe tiene un solo equipo de trabajo, la situación sería análoga a la del punto anterior: el tipo de reuniones y su frecuencia dependerán de la actividad que se realice.

En el caso en que un jefe tenga varios equipos de trabajo a su cargo, quizá deba realizar reuniones frecuentes con los equipos por separado, para el seguimiento de los trabajos asignados, y reuniones generales, para integrar a los distintos grupos y ver temas comunes, convocadas de manera más espaciada en el tiempo. Por ejemplo, la frecuencia podría ser semanal en el primer caso (con cada equipo por separado), y mensual en el segundo (todos los equipos en conjunto).

¿Qué tipo de reuniones debería promover a nivel individual con cada colaborador? (El jefe con cada uno de sus colaboradores –individual–)

Las reuniones individuales, del jefe con cada uno de los colaboradores, serán de dos tipos. El primero se relaciona con el seguimiento de tareas; y la modalidad dependerá de cada caso en particular, de la índole de las funciones, etc. El segundo tipo de reuniones individuales es el de seguimiento del desempeño. En este último caso el jefe y el empleado se deberán reunir en las fechas pautadas según los cronogramas para la evaluación del desempeño, la fijación de objetivos y la retroalimentación. Usualmente, este tipo de reuniones se realiza una vez al año, con una instancia intermedia a los seis meses.

Nuestra sugerencia es que el jefe se reúna con cada uno de sus colaboradores, con cierta periodicidad, para conversar sobre como están haciendo las cosas, además de hacerlo en las fechas señaladas por los métodos de evaluación del desempeño que la organización haya adoptado.

La agenda de reuniones debe ser equilibrada: ni muy pocas, ni demasiadas.

Este último comentario, como ya se dijo, deviene del sentido común, y su aplicación práctica dependerá del estilo de negocios y de la estructura organizacional.

Propósitos de los distintos tipos de reuniones

Periódicas con el equipo

- Brindar información acerca del desempeño grupal.
- Informar del avance de las tareas en función de los objetivos previamente fijados.
- Comunicar cambios en los planes.
- Escuchar ideas y propuestas de los colaboradores.

Periódicas individuales

- Fijar objetivos.
- Brindar información acerca del desempeño individual.

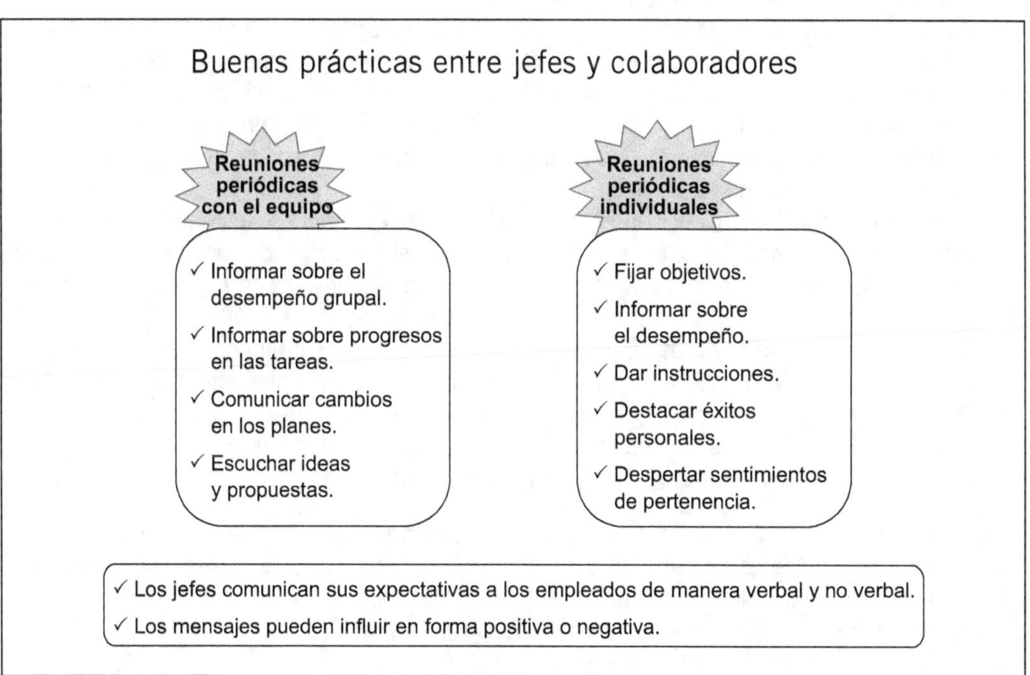

- Proporcionar instrucciones sobre tareas a realizar.
- Destacar éxitos personales.
- Despertar sentimientos de pertenencia.

En síntesis

La relación jefe-colaborador se construye todos los días. Implica lograr los objetivos planteados y, al mismo tiempo, hacerlo en un clima confortable. Para ello la comunicación es un aspecto determinante.

La comunicación se realiza no sólo a través de lo que se expresa verbalmente; también los gestos, las posturas, así como, sobre todo, la actuación cotidiana, transmiten mensajes. Todo jefe debe ser consciente de esto, dado que cuando existen contradicciones entre lo que se dice y lo que se hace se transmite una imagen negativa que inevitablemente perjudica la relación con los colaboradores.

A continuación usted encontrará dos páginas para diseñar su *plan de acción personal* respecto de las temáticas de este capítulo.

El plan de acción consta de las siguientes partes:

- **Formación:** actividades de capacitación (talleres, seminarios, codesarrollo) que su organización o alguna institución a la cual usted pueda tener acceso brinde sobre la temática.
- **Lecturas:** en la parte final del Capítulo 8 encontrará sugerencias al respecto. Siempre le recomendamos la lectura de libros. En Internet sólo se sugiere consultar *papers* de universidades o firmas conocidas y de prestigio. De lo contrario, en algunos casos se puede obtener información no aconsejable.
- **Actividades extracurriculares:** en este punto se hace referencia a actividades no relacionadas con el ámbito laboral que pueden ayudarlo en el desarrollo de sus capacidades. Por ejemplo: desempeñarse como director del equipo de fútbol (*soccer*) o cualquier otro deporte del colegio de sus niños.
- **Referente:** estudio de una persona con un alto grado de desarrollo de la capacidad que se desea mejorar. Al analizar sus comportamientos, se pueden mejorar los propios.
- **Aplicar sugerencias:** en el Capítulo 8 se brinda una serie de sugerencias o *tips* para mejorar en las distintas temáticas abordadas en esta obra. Para la confección de su plan de acción le sugerimos leer detenidamente y tomar en cuenta los consejos de ese capítulo.

En la segunda de las dos páginas siguientes usted encontrará una "agenda". La idea que deseamos transmitirle es que el plan de acción debe ser concreto, con ideas para poner en práctica de forma inmediata (o al menos en el corto plazo).
Usted puede confeccionar una agenda para cada uno de los capítulos de la presente obra.

Plan de acción. Una amplia gama de posibilidades

| Plan de acción:
FORMACIÓN | → | Actividades de formación propuestas por la organización donde trabajo u otras a las cuales pueda acceder. |

Nombre del curso/Actividad	Lugar y fecha
....	....
....	....
....	

| Plan de acción:
LECTURAS | → | Libros o artículos relacionados:
Biografías de aquellos que fueron "buenos jefes" y/o buenos entrenadores de personas. |

Nombre del libro/Actividad	Lugar y fecha
....	....
....	....
....	....

| Plan de acción:
ACTIVIDADES
extracurriculares | → | Actividades no relacionadas con mi trabajo que me ayuden a mejorar |

Tipo de actividad a realizar	Lugar y fecha
....	....
....	....
....	....

| Plan de acción:
REFERENTE | → | + (positivo): comportamientos para imitar
- (negativo): comportamientos que debería imitar |

Nombres de referentes	Lugar y fecha
....	....
....	....
....	....

| Plan de acción:
APLICAR
SUGERENCIAS | → | Elegir un número reducido de consejos (capítulo 8) y llevarlos a la práctica. Luego intentar con otros. |

Sugerencia /Consejo a seguir	Lugar y fecha
....	....
....	....
....	....

Plan de acción. Debe ser concreto

¿Qué haré?
Acciones

¿Cuándo lo haré?
Plazos

¿Qué me propongo
alcanzar?
(En relación con la temática elegida)

Tomar una agenda (la que me resulte más práctica y esté acostumbrado a usar) y registrar acciones a realizar en un plazo mínimo de 3 meses.

../../..

../../..

Capítulo 6

Conducir a otros

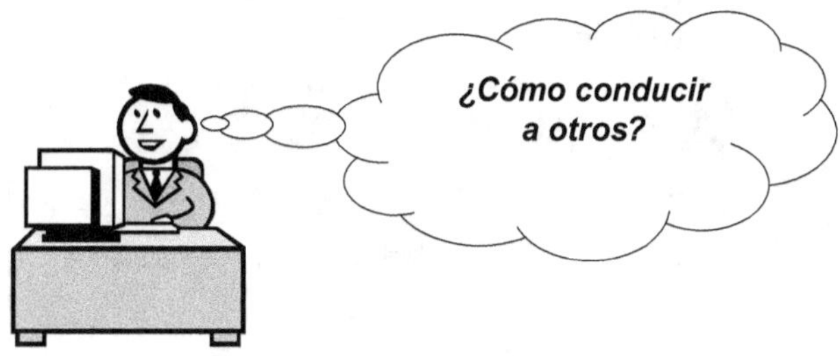

Temas del capítulo

- **Conducir a otros implica utilizar varias competencias y desplegar ciertos conocimientos**
- **La competencia *Conducción de personas***
- **Empowerment, ¿qué es?**
- **El jefe delega. El colaborador crece**
- **Relación entre empowerment y un modelo de competencias**
- **El proceso del empowerment**
- **Empowerment eficaz**
- **Liderar con el ejemplo**

Conducir a otros implica utilizar varias competencias y desplegar ciertos conocimientos

Entre los diversos roles de los jefes, se verán en este capítulo aquellos específicos y claramente asociados al mencionado rol: distribuir tareas y responsabilidades, las cuales fluyen en cascada por toda la organización. La idea se aprecia en la figura siguiente.

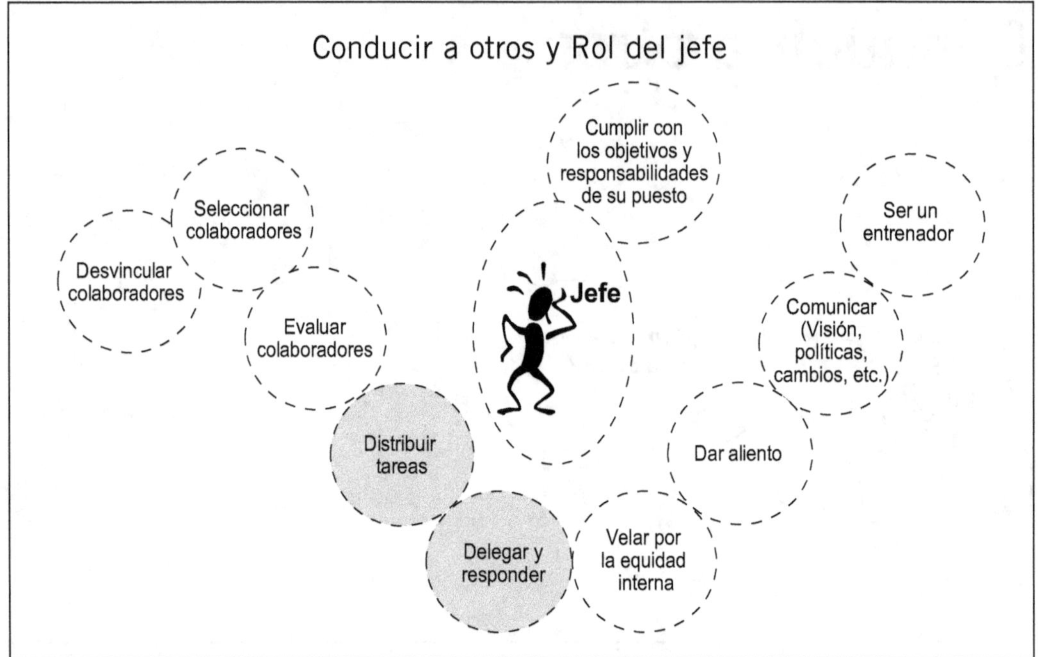

De una mirada rápida al gráfico precedente, y focalizando los dos roles sombreados, pareciera que al menos uno de ellos es algo intrínseco al rol, es decir, distribuir tareas. Alguien alguna vez me dijo "para eso eres jefe, para distribuir tareas" (en aquella anécdota, quien lo dijo quizá tenía poca predisposición a hacer él tareas por sí mismo, pero ésa es otra cuestión).

Si bien distribuir tareas parece sencillo –no siempre lo es–, dicha asignación de tareas se haría de manera más efectiva y eficaz siguiendo las buenas prácticas. Contar, por ejemplo, con descriptivos de puestos ayudará a alcanzar dicho propósito.

Comenzando por el principio. Los descriptivos de puestos

En la obra *5 pasos para transformar una oficina de personal en un área de Recursos Humanos*[1], en el capítulo 1, se hace una referencia a los jefes y los descriptivos de puestos.

---

1. *5 pasos para transformar una oficina de personal en un área de Recursos Humanos*. Nuevo libro. Ediciones Granica, Buenos Aires, 2018.

Con frecuencia los descriptivos de puestos forman parte del material disponible en el área de Recursos Humanos, con poca difusión en las otras áreas de la propia organización. Quizá, porque existe la creencia bastante generalizada de que son "formularios sólo para el uso de los especialistas" de la mencionada área. Por otra parte, lamentablemente también con frecuencia, los descriptivos de puestos no están debidamente actualizados. Incluso su presentación no es homogénea dentro de una misma empresa. Desde ya, todo lo antedicho constituye prácticas deficientes.

Los jefes de todos los niveles y los colaboradores que integran los diferentes equipos de trabajo deben utilizar el documento descriptivo de puestos para el mejor desempeño de sus funciones.

Todo jefe tiene ciertos roles a su cargo, desde cumplir con los objetivos y responsabilidades de su puesto hasta distribuir tareas, delegar y responder, para que sus colaboradores –a su vez– cumplan con sus propios objetivos y responsabilidades. El resultado de lo anterior será que, área por área y sector por sector, cumplirán sus objetivos, y así logrará alcanzarlos la organización en su conjunto.

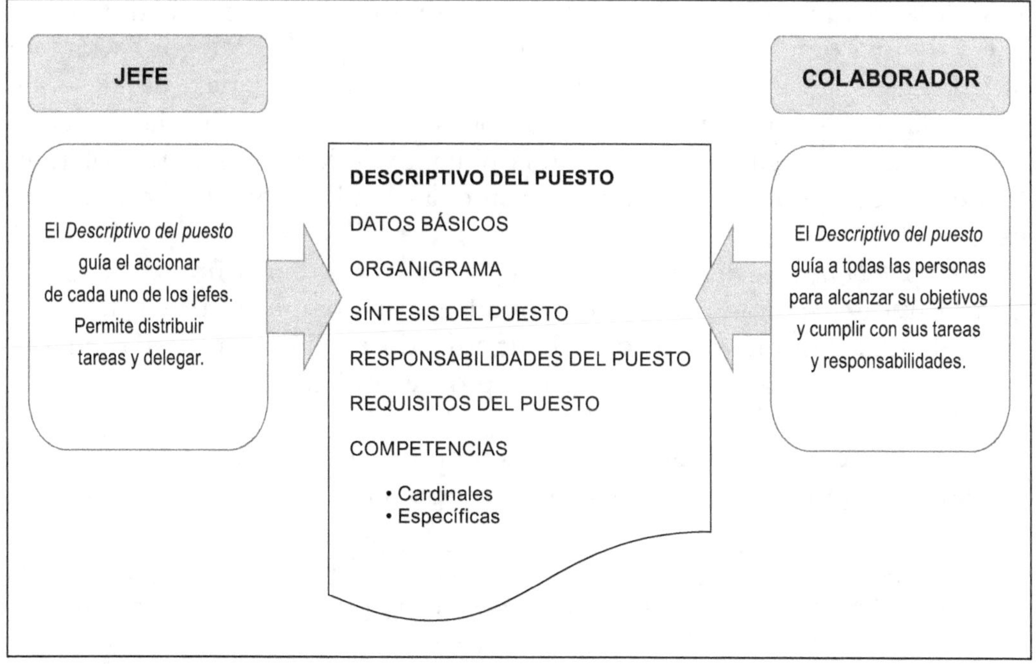

Desde la mirada del jefe, el descriptivo de puestos, será el camino a seguir para conducir a su propio equipo, al permitirle distribuir tareas eficazmente, delegar y entrenar a cada uno de sus integrantes.

Desde la mirada del colaborador –que también podrá ser jefe–, el descriptivo es una guía para su propio accionar.

Integrar el descriptivo del puesto a la vida cotidiana, tanto de jefes como de colaboradores, no sólo forma parte de las buenas prácticas, sino que es, además, una buena idea desde el mero sentido común.

El descriptivo del puesto también provee información sobre las competencias asignadas a cada puesto. En relación con este aspecto, conocer el grado requerido de las competencias y disponer de los ejemplos de comportamientos que ofrece el diccionario de comportamientos permitirá a jefes y colaboradores realizar mejor sus tareas y desarrollar sus capacidades.

Responder por. Ser responsable por

En el capítulo 1 hemos desarrollado los conceptos *Responder por. Ser responsable por*, aplicables a jefes de todos los niveles, desde el número 1.

Todos los jefes de alguna manera deberán rendir cuentas de sus acciones, de acuerdo con sus niveles de responsabilidad. No será factible desligarse de una determinada responsabilidad diciendo "le delegué la tarea a XX". En este caso, XX será responsable de la tarea delegada y el jefe –que delegó la tarea– deberá responder por todas las acciones realizadas. En resumen, cuando delega, el jefe retiene la obligación de revisar y controlar, en la medida que considere necesario, a su colaborador. Por eso sigue teniendo que responder.

Accountability[2] es un término en inglés que, en una primera instancia, podría traducirse como "responsabilidad"; sin embargo, es usual utilizarlo en su lengua original, dado que su significado es más amplio. La palabra accountability se asemeja más al concepto de "obligación de rendición de cuentas".

Como decíamos, el descriptivo del puesto incluye las competencias requeridas. Para ser jefe, tener gente a cargo, en los distintos niveles orga-

---

2. *Accountability*, término en inglés de uso frecuente que, eventualmente, podría traducirse como "responsabilidad". Sin embargo, es usual utilizarlo en su lengua original, dado que para los expertos su significado es más amplio.

nizacionales, desde el número 1, implica evidenciar una serie de comportamientos inherentes al rol de jefe propiamente dicho.

En las obras que hemos denominado *La tilogía*[3], hemos elegido un grupo de diez competencias a las cuales las hemos denominado *Competencias específicas gerenciales: Conducción de personas, Dirección de equipos de trabajo, Empowerment, Entrenador, Entrepreneurial, Liderar con el ejemplo, Liderazgo, Liderazgo Ejecutivo, Liderazgo para el cambio, Visión estratégica.*

Además de todas ellas, en este capítulo haremos referencia a otras relacionadas con el rol del jefe, valores como *Respeto, Ética y Justicia* (estas tres últimas consideradas como Competencias cardinales en las obras mencionadas) junto a otras, como *Calidad y mejora continua, Conocimientos técnicos, Credibilidad técnica, Responsabilidad* –consideradas como específicas por área, también en las obras mencionadas– y por último *Accountability*, concepto que utilizamos con frecuencia en los modelos diseñados para nuestros clientes.

Competencias necesarias para ser jefe

Como se verá en párrafos siguientes, conducir a otros se relaciona con una competencia "elegida para *La trilogía*" que denominamos *Conducción de personas*; también, y al mismo tiempo, implica desplegar una gama amplia de conocimientos, muchos de ellos descritos en esta obra. También poner en juego otras competencias, como decíamos más arriba, algunas de ellas relacionadas con valores.

A continuación, se mencionarán algunas competencias, si bien todas podrían formar parte de las capacidades necesarias para ser jefe, según la organización y el contexto donde deba desarrollar su gestión.

Volviendo al término en inglés propuesto en el párrafo anterior, expondremos una definición posible para la competencia *Accountability*:

Capacidad para actuar en todo momento con un claro sentido de compromiso y responsabilidad y ser consciente de la obligación permanente de rendir cuentas de sus actos y de los de sus colaboradores. Implica demostrar preocupación por realizar las tareas y procesos con precisión y calidad, entendiendo en todo momento el impacto y

---

3. Alles, Martha. *Diccionario de competencias. La trilogía. Tomo 1. Diccionario de comportamientos. La trilogía. Tomo 2. Diccionario de Preguntas. La trilogía. Tomo 3.* Ediciones Granica, Buenos Aires, 2015.

las consecuencias de las decisiones y acciones propias. Habilidad para comprender que estos comportamientos conducen a la obtención de los resultados esperados, tanto para la propia organización como desde la perspectiva del cliente.

En el conjunto de obras que hemos denominado *La trilogía*, se ha incluido el concepto de responsabilidad con la siguiente definición.

Definición de la competencia *Responsabilidad*:

Capacidad para encontrar satisfacción personal en el trabajo que se realiza y en la obtención de buenos resultados. Capacidad para demostrar preocupación por llevar a cabo las tareas con precisión y calidad, con el propósito de contribuir a través de su accionar a la consecución de la estrategia organizacional. Capacidad para respetar las normas establecidas y las buenas costumbres tanto en el ámbito de la organización como fuera de ella.

Como se expone a lo largo de los 8 capítulos de esta obra, el término jefe se utiliza para designar tanto al número 1 como a otros niveles organizacionales. En su medida y de acuerdo a su nivel de responsabilidad, todos podrán y deberán, en algún momento, rendir cuentas por su gestión. Desde esta perspectiva, introducimos aquí este concepto.

Del mismo modo, otros valores entraran en juego. De éstos, deseo compartir con el lector *Justicia*. Si bien como término podrá parecer poco frecuente en relación con los temas de management, lo hemos incluido en diversos modelos de competencias, en especial en organizaciones de grandes dimensiones, donde los jefes de todos los niveles deben manejar grupos numerosos.

Definición de la competencia *Justicia*:[4]

Capacidad para dar a cada uno lo que le corresponde o pertenece, en los negocios, en la relación con clientes y proveedores, en el manejo del personal o en una negociación, y, al mismo tiempo, velar por el cumplimiento de los valores de la organización y trabajar mancomunadamente en pos de la visión y la estrategia de ésta. Implica obrar con equidad en cualquier circunstancia, tanto personal como laboral.

Una competencia se abre en grados o niveles. La apertura en grados de la mayoría de las competencias citadas en este capítulo las encontrará en la obra *Diccionario de competencias. La trilogía. Tomo 1*.

---

4. Le sugerimos al lector interesado ver los comportamientos asociados a la competencia *Justicia* en la obra *Diccionario de comportamientos. La trilogía. Tomo 2*, páginas 160 y 161. Ediciones Granica, Buenos Aires, 2015.

Asimismo, para cada competencia que conforma un modelo de competencias, deben elaborarse ejemplos de comportamientos observables siguiendo la misma apertura en grados o niveles utilizada en el diseño del diccionario de competencias. Ejemplos de comportamientos en relación con los conceptos elegidos para la preparación de la obra mencionada en el párrafo anterior, los encontrará en la obra *Diccionario de comportamientos. La trilogía. Tomo 2.*

Por último, para todas las competencias del modelo, y con vistas a facilitar la evaluación de una persona respecto de cada competencia en particular, se sugiere la preparación de preguntas. Ejemplos de preguntas en relación con las dos obras mencionadas precedentemente los podrá encontrar en la obra *Diccionario de preguntas. La trilogía. Tomo 3.*

Los jefes y las nuevas generaciones[5]

Decíamos en la presentación de esta nueva edición revisada que, en la actualidad, las nuevas generaciones podrán, según sus capacidades, ser tanto jefes como colaboradores, en todas las combinaciones posibles.

Mucho se habla acerca de que los *millennials* cambian con mayor frecuencia de trabajo y que sus motivaciones, en general, difieren de las más convencionales. Más allá de la cierto o no de las afirmaciones anteriores y de cuánto éstas puedan verificarse en el grupo de colaboradores que cada jefe tenga a su cargo, deseo compartir una sugerencia que ayudará a atenuar cualquiera de los aspectos no positivos mencionados.

Los jefes –no importa la generación a la cual ellos pertenezcan– que tienen a su cargo colaboradores *millennials*[6] y/o generación 2020[7] buscarán la mejor manera de interactuar con ellos, considerando sus características, que podrán o no ser muy diferentes de las propias. Veamos la figura de la página siguiente.

La idea que se expresa en la figura propone un proceso continuo en el cual una persona recibe entrenamiento que, luego, le permitirá realizar nuevas tareas y/o asumir nuevas responsabilidades. Como el proceso es

---

5. *Social Media y Recursos Humanos. Un nuevo estilo de liderazgo.* Capítulo 2. Ediciones Granica, Buenos Aires, 2012.

6. *Millennials (Generación de):* Nacidos entre 1977 y 1997. Fuente. *Diccionario de términos de Recursos Humanos.* Ediciones Granica, 2011.

7. *Generación 2020* (también denominados *centennials*): Nacidos después de 1997. Fuente. *Diccionario de términos de Recursos Humanos.* Ediciones Granica, 2011

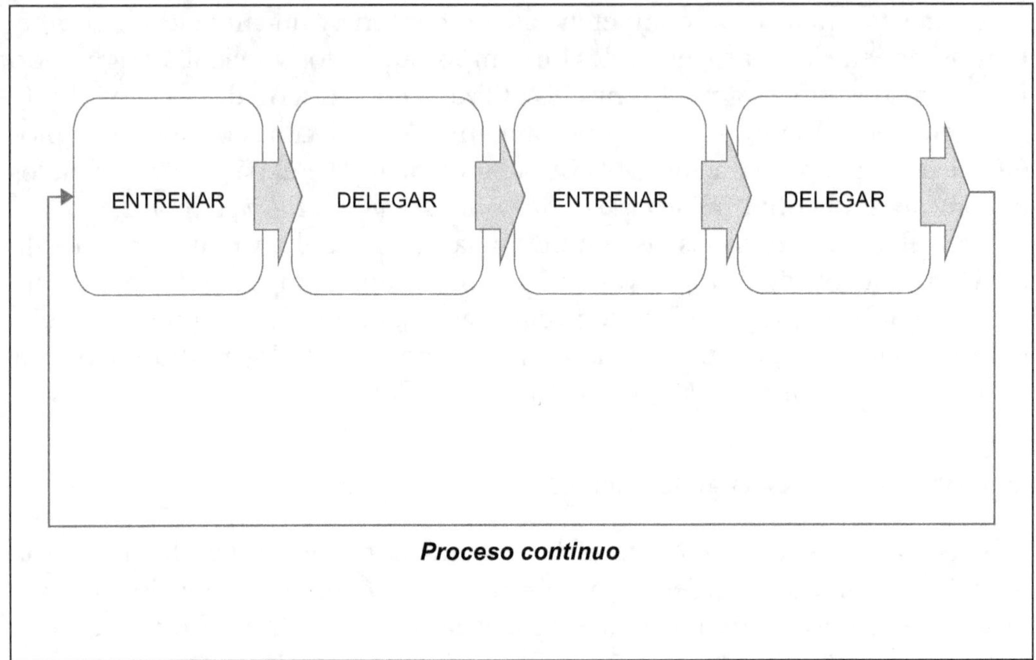

continuo, el entrenamiento también, y esto le permitirá –a la persona en cuestión– estar preparada para continuar su crecimiento realizando nuevas tareas y/o responsabilidades.

Las buenas prácticas indican que éste es uno de los caminos más adecuados para la retención de colaboradores, de todas las generaciones, también de las nuevas (*millennials* y generación 2020).

En cualquier caso, si los colaboradores pertenecen a las nuevas generaciones o no, entrenar para luego delegar, y así en un proceso continuo, será siempre una buena idea para llevar a la práctica.

Cómo mejorar la capacidad para delegar se verá a continuación, en este mismo capítulo y en el capítulo 7, *El jefe como entrenador de sus colaboradores.*

La competencia *Conducción de personas*

Como ya se ha dicho en capítulos anteriores, las buenas prácticas de Recursos Humanos hacen que las acciones que se realicen sean beneficiosas tanto para la organización como para el colaborador. Este concepto ge-

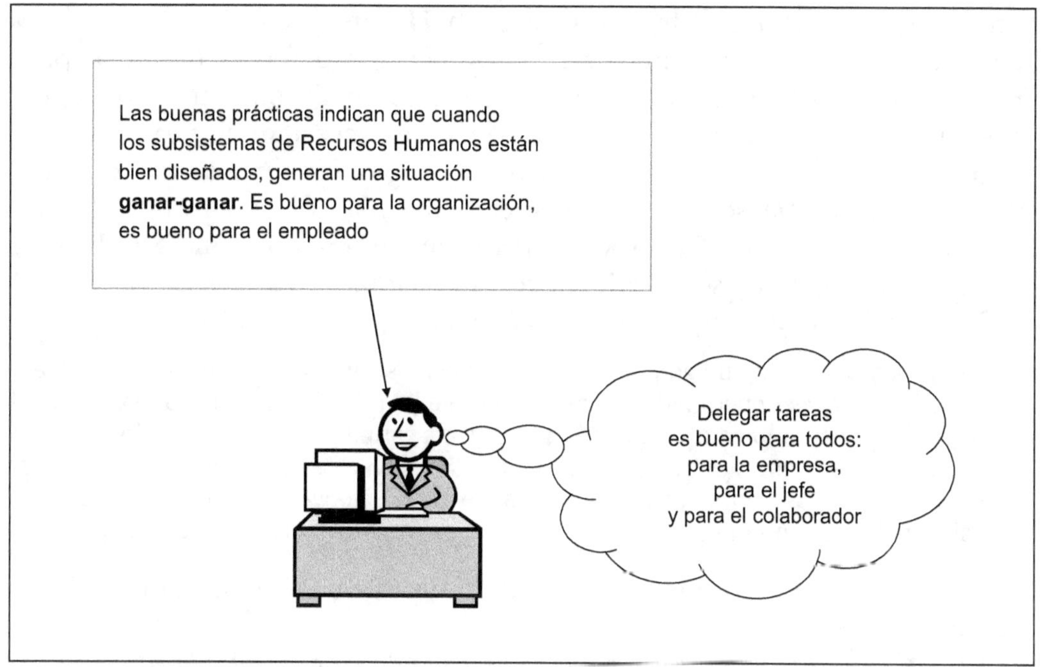

neral también se verifica en relación con la conducción de personas: delegar tareas es bueno para todos: para la empresa, para el jefe y para el colaborador.

Expondremos, como una forma de iniciar el capítulo, una definición posible de la competencia *Conducción de personas* o *Conducción de gente* o *Gestión de personas,* para que el lector comprenda mejor el concepto y observe, al mismo tiempo, cómo puede ser concebido en una organización, dado que el ejemplo que se incluye en estas páginas corresponde a un caso real de un cliente de nuestra consultora.

Otro comentario interesante es que este tipo de competencia, con grados diferentes de exigencia, se plantea para todos los niveles de jefatura, desde los más altos directivos hasta jefes con pocas personas a cargo. El nivel o grado requerido usualmente varía entre las diversas posiciones.

Esta es la nueva forma como se define, en las organizaciones, lo requerido para los jefes en materia de comportamientos, y se consigna de este modo en los respectivos *descriptivos de puestos.*

La definición de la competencia *Conducción de personas,* como se verá en los párrafos siguientes, ha reemplazado a un concepto que, aunque es muy interesante, por el uso y abuso que se ha hecho de él ha perdido su verdadero significado. Nos referimos a *Liderazgo*. La competencia *Liderazgo*, para todos los niveles de supervisión, ha sido reemplazada por otros conceptos más representativos de lo que las organizaciones necesitan. El término "liderazgo" con otros aditamentos, como por ejemplo *Liderazgo para el cambio* o *Liderar con el ejemplo*, se utiliza específicamente para niveles gerenciales, en especial, alta gerencia. Para todos los niveles de conducción se utiliza un concepto como el que se describe a continuación.

Definición de la competencia *Conducción de personas*:

Capacidad para dirigir un grupo de colaboradores, distribuir tareas y delegar autoridad, además de proveer oportunidades de aprendizaje y crecimiento. Implica la capacidad para desarrollar el talento y potencial de su gente, brindar retroalimentación oportuna sobre su desempeño y adaptar los estilos de dirección a las características individuales y de grupo, al identificar y reconocer aquello que motiva, estimula e inspira a sus colaboradores, con la finalidad de permitirles realizar sus mejores contribuciones.

Se sugiere al lector que analice esta definición tomando como guía las palabras en bastardillas:

Capacidad para *dirigir un grupo de colaboradores, distribuir tareas y delegar autoridad* de modo tal de *proveer oportunidades de aprendizaje y crecimiento*. Capacidad para *desarrollar el talento y potencial de la gente* con la finalidad de permitirles aportar sus mejores contribuciones asumiendo responsabilidades por su propio trabajo. Implica *brindar retroalimentación oportuna sobre su desempeño* a fin de lograr su desarrollo. Habilidad para *adaptar los estilos de dirección a las características individuales y de grupo, al identificar y reconocer aquello que motiva, estimula e inspira a sus colaboradores,* con la finalidad de que estos puedan realizar mejores aportes.

Un buen ejercicio que contribuye al análisis de esta definición es el siguiente: *ordenar, analizar y reflexionar sobre las palabras que la integran.*

Ejemplo de un posible resultado de este ejercicio:

La definición de la competencia comienza con la frase: *Capacidad para dirigir un grupo de colaboradores, distribuir tareas y delegar autoridad.*

En ella se encuentran comprendidas las siguientes ideas expuestas en el gráfico de la página siguiente: "Dirigir", "Grupo", "Colaboradores", "Distribuir", "Tareas", "Delegar".

Sin embargo, el lector (si desea realizar este ejercicio) podría hacer otra combinación de ideas en relación con la ejercitación propuesta, tomando una idea que no está expuesta en esa frase y relacionarla con las otras.

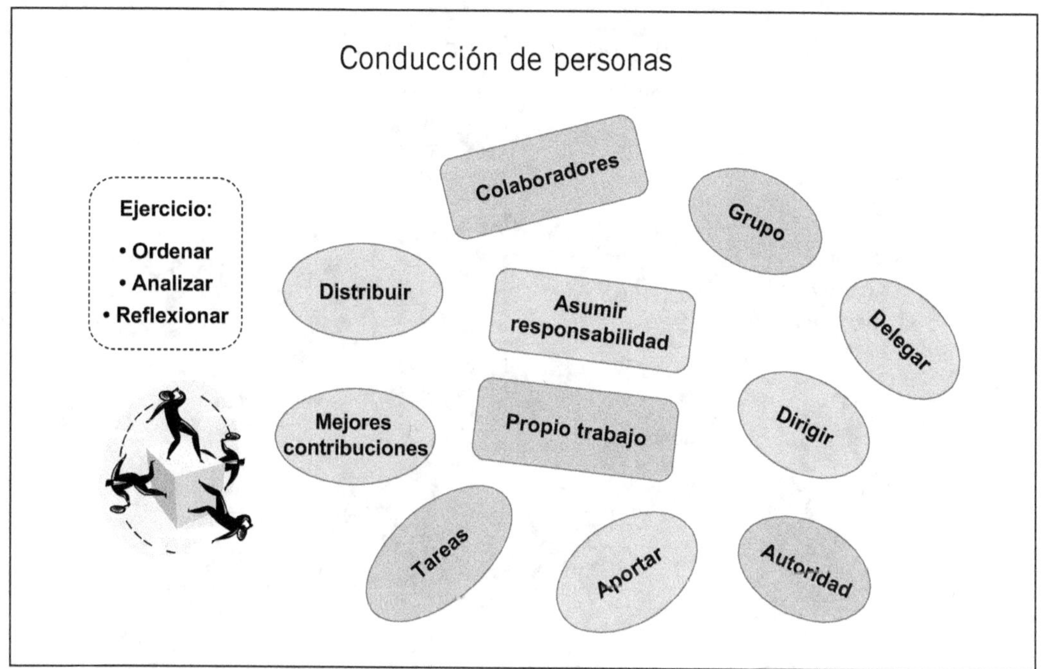

Ejemplo: "Propio trabajo" (no está en la frase mencionada, pero sí entre las opciones) se puede combinar con "Distribuir" y "Tareas": para "delegar" debo tener la capacidad de organizar mis propias "tareas", por ejemplo, saber "distribuirlas" en el tiempo disponible.

Este juego de palabras tiene cómo propósito provocar en el lector una mirada diferente sobre frases que, en ocasiones, se toman como axiomas. Este análisis permitirá visualizar este tema aportando miradas diferentes.

Sugerimos al lector que lea detenidamente los cuadros siguientes, donde se exponen comportamientos en distintos grados o niveles de la competencia necesaria para ser un buen conductor de personas. Como bien podrá verse en el capítulo 8, donde se plantean ideas para mejorar su *rol de jefe,* la definición de la competencia *Conducción de personas,* así como los comportamientos relacionados, si bien se plantean como las características y conductas necesarias para desenvolverse en un rol organizacional, pueden aplicarse a cualquier otro ámbito donde una persona deba conducir a otros: desde dirigir o conducir un coro (como en el ejemplo del capítulo 8), un equipo de fútbol o un partido político; se aplica a la conducción de personas en cualquier ámbito de actividad.

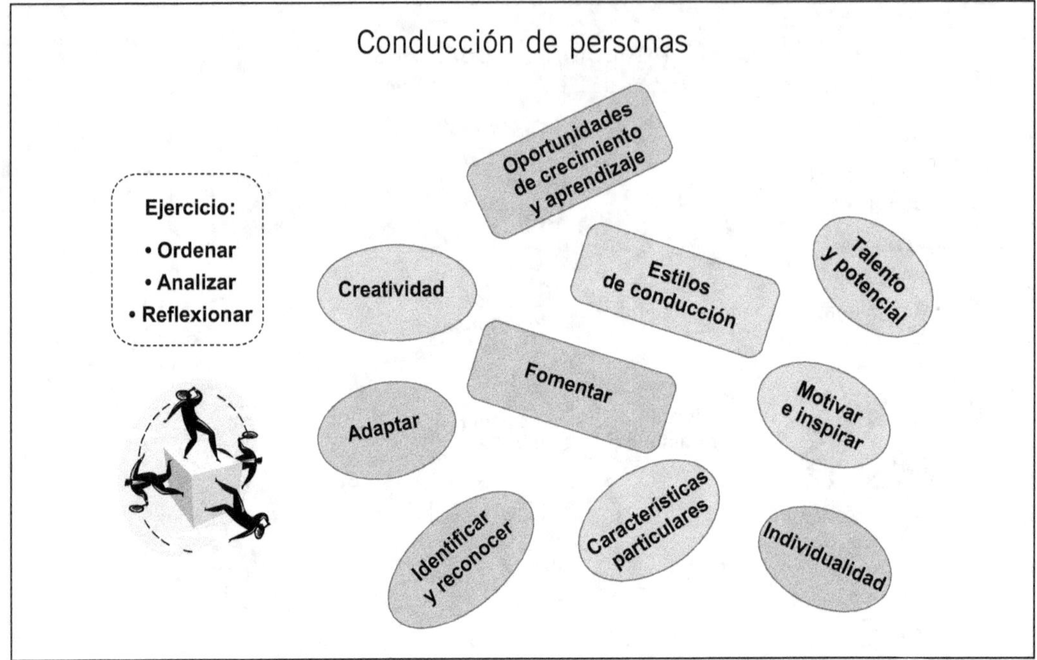

Como esta obra está destinada a aquellos que son jefes o desean serlo, y que pueden trabajar en cualquier área de una organización, no asumimos que el lector tiene un conocimiento previo en Recursos Humanos, por esta razón nos permitiremos sugerir un esquema de análisis y lectura particular.

En una primera instancia, le sugerimos analizar los comportamientos relacionados con el nivel máximo de la competencia (Grado A) y aquellos que denotan ausencia de la competencia y que denominamos "grado no desarrollado".

De este modo, el lector puede contrastar un nivel sumamente alto y difícil de alcanzar, como el denominado "Grado A" (usualmente asociado con los niveles de conducción máximos de la organización o área), con la ausencia de esta capacidad o competencia, como se puede observar en el nivel denominado "Grado no desarrollado". Entre uno y otro existen niveles intermedios a los cuales las personas pueden ir accediendo como si –imaginariamente– subiesen una escalera.

Para una mejor comprensión, es importante señalar que se pueden poseer comportamientos de esta competencia sin haber sido antes jefe. Una persona

---

Conducción de personas

**Comportamientos
Grado A**

- Dirige grupos de colaboradores de alto desempeño, orientándolos en temas de dirección; distribuye tareas y delega autoridad.
- Provee oportunidades de aprendizaje y fomenta el crecimiento profesional dentro de la organización.
- Desarrolla el talento y potencial de los colaboradores al brindar retroalimentación oportuna y profunda sobre su desempeño.
- Adapta su estilo de conducción a las características individuales y grupales de las personas a su cargo; identifica y reconoce aquello que los motiva, estimula e inspira.
- Es un referente en materia de conducción de personas. Guía a aquellos colaboradores que también son jefes en lo que respecta a la dirección de sus propios equipos de trabajo.

**Comportamientos
Grado no desarrollado**

- Tiene dificultades para dirigir grupos de trabajo; no logra una adecuada distribución de tareas y le cuesta delegar autoridad.
- No se toma el tiempo necesario para explicar a sus colaboradores cómo deben realizar las tareas, por lo que las oportunidades de aprendizaje y de crecimiento en su área son nulas.
- Brinda retroalimentación a sus colaboradores, pero no lo hace de manera eficaz y oportuna.
- Mantiene un estilo de conducción rígido, aun cuando este no se adapta al grupo de colaboradores a su cargo.
- No es tomado como referente, ni se valora su consejo.

---

muy joven puede, eventualmente, evidenciar comportamientos tipo A y un jefe con muchos años de desempeño en el rol, comportarse del modo descrito en la parte derecha del gráfico precedente. No hay que partir de preconceptos, hay que observar a cada persona para poder determinar el grado con el cual se asocian sus conductas.

La lectura de los dos extremos opuestos permite comprender mejor la distancia o brecha existente entre un nivel de máximo desarrollo y la ausencia de la competencia. A continuación se expone el Grado B, cuyos comportamientos evidencian que la competencia se encuentra en un nivel que sigue siendo muy alto, pero por debajo del Grado A (ver gráfico superior en la página siguiente).

Por último, en el gráfico inferior de la página siguiente se exponen los dos grados restantes, intermedios, ubicados entre el grado B y el nivel de la competencia no desarrollada: los grados o niveles C y D.

Una vez que el lector comprendió la forma en la cual hemos expuesto la competencia *Conducción de personas* con sus correspondientes grados o niveles (es decir, primero su definición, y luego cómo ésta se abre en grados o niveles expresados como comportamientos observables), en segundo

Conducción de personas

Comportamientos
Grado B

- Dirige a sus colaboradores, orientándolos en temas de dirección; distribuye tareas y delega autoridad.
- Brinda oportunidades de aprendizaje y crecimiento en su área.
- Motiva el desarrollo del talento y potencial de su gente al brindarle una profunda retroalimentación.
- Adapta el estilo de conducción a las características individuales y grupales.
- Guía en materia de conducción de personas a aquellos de sus colaboradores que poseen, a su vez, personas a su cargo.

Conducción de personas

Comportamientos
Grado C

- Dirige a sus colaboradores, distribuye tareas y delega autoridad.
- Se toma su tiempo para explicar a sus colaboradores las tareas a realizar, motivándolos a que aprendan la forma correcta de llevarlas a cabo.
- Incentiva a su gente al brindarle retroalimentación oportuna.
- Es flexible en su estilo de conducción, adaptándolo a las características particulares de las personas o el grupo a su cargo.
- Guía a sus colaboradores en la realización de sus tareas, brindándoles ayuda y apoyo.

Comportamientos
Grado D

- Supervisa un grupo de colaboradores, distribuye tareas y delega autoridad.
- Si se lo solicitan, está dispuesto a explicar a sus compañeros cómo realizar las tareas.
- Brinda retroalimentación oportuna.
- Se muestra abierto a adaptar su estilo de conducción a las principales características de los colaboradores a su cargo.
- Logra que sus colaboradores tengan en cuenta sus sugerencias al momento de realizar las tareas.

término, si lo desea, puede analizar sus propios comportamientos para determinar qué grado de desarrollo posee de esta competencia, tan necesaria para ser un buen conductor de personas.

La forma como se ha definido la competencia *Conducción de personas* se puede asimilar al concepto de *empowerment*[8]. Por lo tanto, se verá a continuación qué significa este término y su alcance.

Empowerment, ¿qué es?

La palabra inglesa *empowerment* se asocia al concepto de delegación, pero esta sola asociación no es suficiente para explicar su significado, ya que empowerment implica "algo más", que veremos a continuación.

En el gráfico siguiente se explica de manera simple e ilustrativa el concepto fundamental de lo que significa –en su verdadera dimensión–

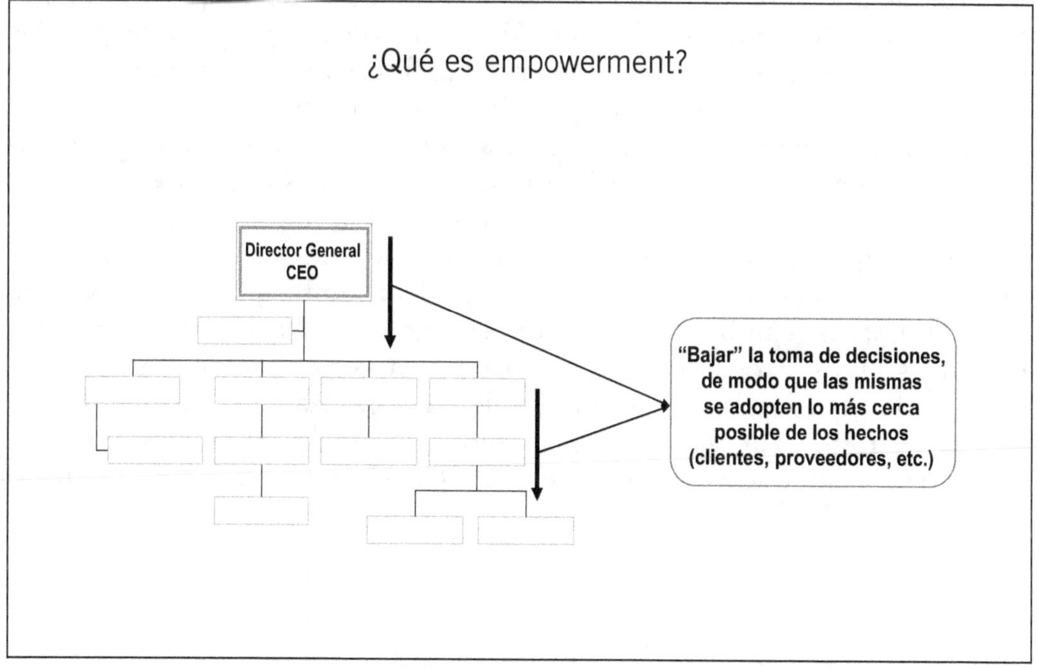

8. *Empowerment:* Capacidad para otorgar poder al equipo de trabajo y compartir tanto los éxitos como las consecuencias negativas de los resultados, con todos los colaboradores. Capacidad para emprender acciones eficaces orientadas a mejorar y potenciar el talento de las personas, tanto en

brindar empowerment o *trabajar bajo empowerment* en el ámbito de una organización. Este término, como otros, es utilizado incorrectamente en numerosas ocasiones, por ello se desea explicar su verdadero significado y alcance.

Empowerment, en palabras simples, consiste en "bajar" la toma de decisiones de modo tal que éstas tengan lugar lo más cerca posible *de los hechos* (clientes, proveedores, etc.). Es decir, que aquellas personas que se encuentren en contacto directo y cotidiano con los acontecimientos gocen de la autoridad necesaria para poder decidir cuál es el mejor curso de acción para cada caso; es decir, que no sólo sean responsables por la ejecución de las tareas encomendadas sino que también gocen de un ámbito de actuación acorde a las mismas, un ámbito laboral que les permita actuar con la autonomía requerida por las circunstancias.

Para que esta delegación de autoridad y capacidad de decisión sea posible, debe existir una cultura organizacional madura que promueva y acepte trabajar bajo la filosofía del empowerment, es decir, que acepte que cada colaborador tome por sí mismo decisiones con respecto a sus propias tareas. Ello sólo es posible si en la organización existen procedimientos y una estructura que avalen este principio de autonomía. Este último comentario es muy importante: el empowerment es una metodología organizacional donde la dirección identifica cuáles áreas o grupos de tareas trabajarán bajo esta nueva filosofía y, para ello, fijará nuevos procedimientos que comprenden los niveles de autoridad definidos para cada caso. Para que estos procedimientos se cumplan eficazmente se debe dar, al mismo tiempo, un cambio en el comportamiento de los colaboradores y directivos. A esta temática nos referiremos a continuación. Cuando no existe la implantación de esta metodología organizacional, los jefes pueden delegar tareas de manera similar a lo que se describe en estas páginas, pero no será empowerment desde el punto de vista de esta metodología de trabajo.

---

conocimientos como en competencias. Capacidad para obtener los mejores resultados, lograr la integración del grupo y aprovechar la diversidad de los miembros del equipo para lograr un valor añadido superior al negocio. Implica fijar objetivos de desempeño claros y medibles y asignar las responsabilidades correspondientes.

El jefe delega. El colaborador crece

La frase "El jefe delega. El colaborador crece" parece sumamente simple. Pero en la práctica, no lo es.

Por lo tanto, desde este capítulo y sumando los consejos del Capítulo 8, trataremos de ayudar a aquel que desee delegar y no sepa muy bien cómo concretarlo. Si el lector no desea hacerlo, nuestros consejos y sugerencias no alcanzarán para lograr un resultado efectivo.

Se trata de un doble juego: uno delega, otro asume la tarea delegada y de ese modo crece en el puesto que ocupa. No significa pasar a otra posición sino crecer en la que ya se posee. Como es casi obvio, no se podrá delegar si al mismo tiempo no se cuenta con colaboradores con apacidad para tomar decisiones y responsabilizarse por su propio trabajo. Será necesario que la organización colabore con ellos en el desarrollo de las nuevas capacidades o competencias que resulten necesarias.

En resumen, el empowerment requiere de una cultura organizacional que estructure sus procesos y demás elementos de modo tal de permitir y apoyar la toma de decisiones en todos los niveles, y que, al mismo tiempo, se trabaje en el desarrollo de dicha competencia en todos los colaboradores.

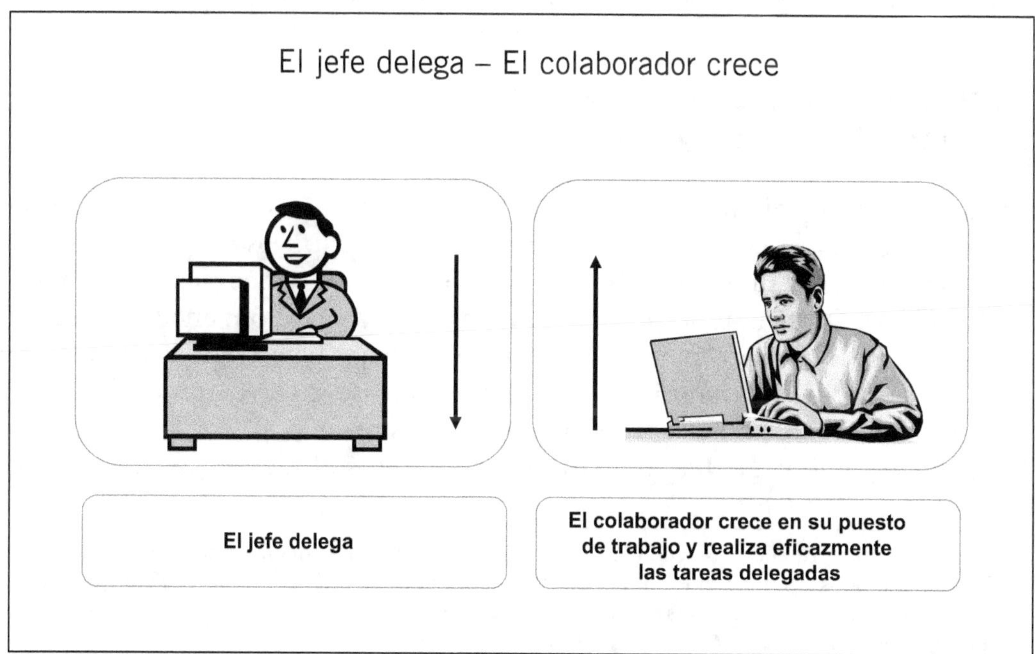

Algunas consideraciones sobre conducción de personas y empowerment

Un aspecto importante a señalar es que para brindar empowerment resulta necesaria una correcta y eficaz delegación de tareas, de acuerdo con las capacidades de cada uno de los colaboradores. Es una situación del tipo *ganar-ganar*, dado que ambas partes involucradas se ven beneficiadas. El jefe logrará gozar de mayor tiempo para realizar las tareas más importantes de su rol, y al mismo tiempo podrá motivar a sus colaboradores al demostrarles la confianza que deposita en ellos. El colaborador, por su parte, pondrá en juego sus capacidades y a través de la experiencia alcanzará conocimientos y aprendizajes prácticos que lo enriquecerán como profesional al lograr ejecutar sus tareas con un grado mayor de eficiencia y autonomía.

Cuando una organización desee trabajar bajo empowerment, esto deberá darse "en cascada", desde la máxima conducción. No será posible hacerlo si los que conducen la organización no ven al empowerment ligado a su visión y estrategia. Pero si esto sucede, el concepto en sí mismo se integrará al manejo de la empresa, formará parte de los ejes fundacionales de la misma: visión, misión, valores, estrategia; y como una consecuencia de todo lo anterior, el empowerment integrará el modelo de competencias.

La relación entre el empowerment y un modelo de competencias

De trabajarse bajo un esquema similar al expuesto en el gráfico precedente, la base del empowerment se integrará a los descriptivos de puestos de todos los integrantes de la organización a través de las competencias cardinales y específicas[9]. Es decir, todos los que integran la organización, en algún grado, deberán poseer competencias que permitan trabajar bajo empowerment.

De este modo se logrará que la organización se integre con directivos y colaboradores motivados y eficientes en los diferentes puestos de trabajo. Para ello, y como ya se dijo, deberán instrumentarse los pasos necesarios pa-

---

9. Competencias cardinales y específicas. Se denomina cardinales a aquellas que una organización define para todos sus integrantes. En cambio, competencias específicas, como su nombre lo indica, tienen relación con colectivos específicos, pueden ser por nivel (todos los gerentes) o por áreas (por ejemplo, Administración, Finanzas, Producción, Ventas, etc.)

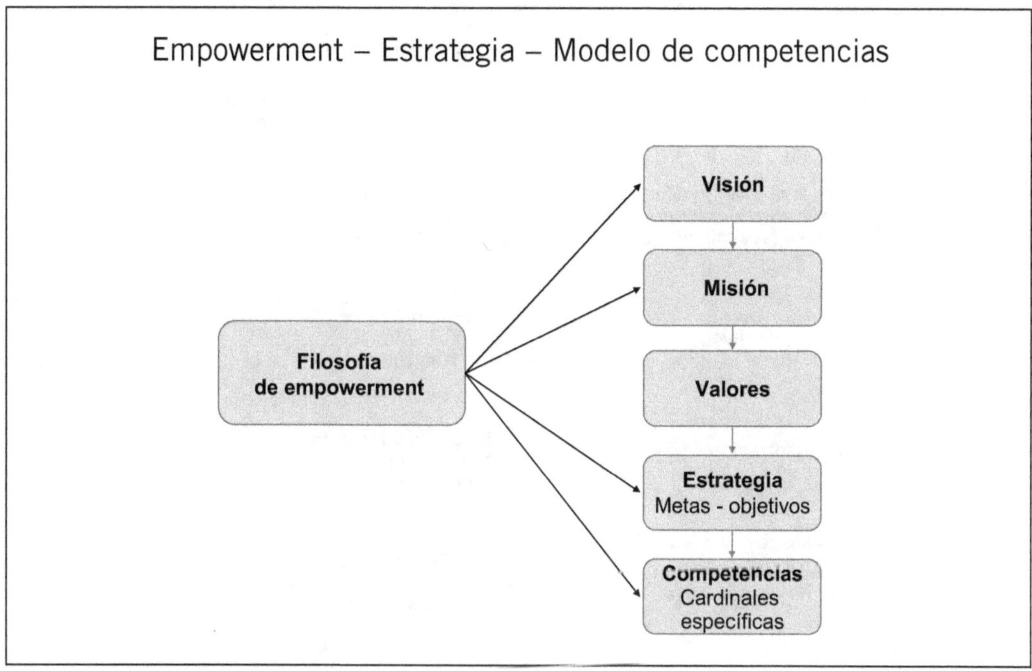

ra que prevalezca una filosofía orientada al empowerment, lo que significa que desde la definición de la visión, misión, valores, estrategia y modelo de competencias de la organización se deberá potenciar y respaldar el desarrollo de esta competencia en cada colaborador.

El proceso del empowerment

Como se desprende del gráfico siguiente, el empowerment es un proceso creciente en el cual se va llegando al objetivo deseado paso a paso. En una primera instancia se parte de un jefe que ayuda a sus colaboradores a crecer, y como contrapartida los colaboradores desarrollan (incrementan) sus capacidades. Para que esto se verifique se deben dar dos condiciones: que el o los colaboradores deseen hacerlo y luego que reciban algún tipo de ayuda si es necesario. Este paso es la base; si no se lleva a cabo no tiene sentido continuar con los siguientes. Muchos sostienen que la organización primero debe fijar las políticas correspondientes –y, desde ya, esto es necesario. Sin embargo, si no se concretara el paso mencionado, las políticas y procedimientos podrían fracasar.

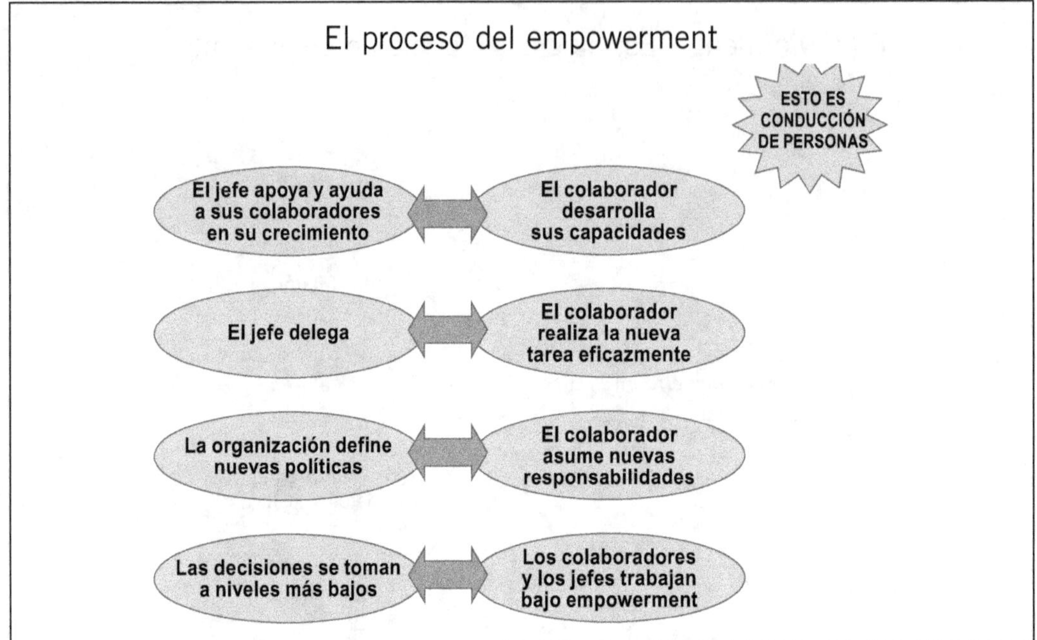

Sobre el paso segundo: *el jefe delega – el colaborador realiza la nueva tarea eficazmente,* no se trata –por lo general– de una sola instancia. Por el contrario, es una secuencia de pasos donde –en una interacción profunda– el jefe delega y apoya al colaborador para que realice la tarea con eficacia, sin la expectativa de que, necesariamente, la primera vez que el colaborador realice la nueva tarea lo haga bien. Por eso el jefe debe estar presente, dando su apoyo constante. El objetivo es que el colaborador realice la tarea eficazmente en el menor tiempo posible.

Hasta aquí hemos descrito un proceso de delegación. Para que éste se transforme en empowerment debe complementarse con nuevos niveles de autorización para la toma de decisiones. Cuando esto se verifica se puede decir que *se trabaja bajo una metodología de empowerment.*

Para alcanzar los máximos beneficios de brindar empowerment a los colaboradores, el jefe debe convertirse en un promotor de su crecimiento, es decir, debe saber brindarles su apoyo y ayuda cuando lo requieran.

A medida que el jefe delega tareas, el colaborador obtiene mayor experiencia y práctica en su ejecución; con el tiempo esto se traduce en mayor eficacia y eficiencia.

Una vez comprobados los beneficios de una adecuada delegación, las prácticas que hasta el momento pudieron ser informales se traducen en procedimientos, normas o políticas formales a nivel organizacional. De este modo los colaboradores asumen las nuevas responsabilidades planteadas.

Con ello se logra el objetivo principal del empowerment: que las decisiones se tomen a niveles más bajos, teniendo como consecuencia que tanto colaboradores como jefes trabajen en un ambiente caracterizado por el compromiso y la confianza, fundamentos del empowerment.

Empowerment eficaz

Como ya se ha expresado, el empowerment es un proceso, en el cual se van cumpliendo una serie de pasos sucesivos que, cuando se realizan nuevamente, permiten que la persona los lleve a cabo en un nivel superior. Para una mejor comprensión de lo antedicho, y a modo de resumen, incluimos a continuación un enfoque adicional a lo ya expuesto, pero en la misma línea de lo explicado en el punto anterior.

El siguiente gráfico pretende mostrar la naturaleza progresiva del empowerment dentro de una organización. El punto de partida (1) es el deseo de cambio y mejora. Esto es muy importante tanto para los individuos como para la organización en general.

Una vez que el colaborador manifiesta su deseo de cambio y mejora, y logra concretarlo, al mismo tiempo (2) consigue una mayor autonomía.

Se deben eliminar muchas *restricciones* que los empleados tienen para llevar a cabo diversas acciones. Muchas veces estas restricciones son reales y expresas, y otras veces devienen del propio colaborador, en base a una interpretación que hace de las normas y políticas organizacionales. Este paso requiere, de parte de los ejecutivos, confianza y coraje; confianza acerca de qué harán los empleados y coraje para confiar. Desde ya, será muy importante que las personas usen positiva y responsablemente su libertad. Para fortalecer la implantación del empowerment, usualmente estas nuevas libertades y responsabilidades van acompañadas por otros estímulos e incentivos.

En el paso 3, los empleados ya han aceptado su nuevo nivel de autonomía y comienzan a tomar conciencia de su propio trabajo y responsabilidades. Su punto de vista sobre el trabajo cambia; éste comienza a cobrar mayor importancia, a ser parte positiva de su propia vida, y le produce placer. Al existir una mayor identificación con el trabajo, las personas ven de una manera diferente la relación trabajo-vida privada, dándole al primero un lugar positivo en sus sentimientos y pensamientos.

Cuando el paso 3 se cumple, se da lugar al 4 y luego al 5. Los colaboradores desarrollan sus capacidades (competencias) y asumen nuevas responsabilidades. De este modo, se amplía su radio de acción al mostrarse más interesados por su trabajo y asumir nuevas responsabilidades. De este modo, las personas se sienten motivadas a hacer lo más adecuado para tener éxito en la tarea asumida. Cada responsabilidad y nueva tarea requerirán del aprendizaje de nuevas competencias (o mayor grado de desarrollo de las mismas), que a su vez, a modo de círculo virtuoso, producirán mayor interés y motivación.

Cuando se llega al paso 6, los colaboradores comienzan a mejorar sus resultados, que son, a su vez, tangibles desde la metodología del empowerment. Del incremento de la libertad de los empleados, de la mayor identificación con el trabajo y de las habilidades adicionales resultará un mayor rendimiento, que conducirá a una mayor motivación, un incremento de las metas y, con ello, a mejores resultados. Estos incrementos se explican en cierto modo por el mayor interés y dedicación en el trabajo y, en consecuencia, una mayor creatividad en el desempeño.

En el paso 7 se concreta en todo su potencial el proceso iniciado en el paso 4. Los colaboradores evidencian una serie de cambios significativos en materia comportamientos (incremento del nivel de competencias). Cuando esto sucede (competencias más altas), se incrementa la autoestima (8), como consecuencia de desempeñarse en una posición superior a la anterior. Es decir, en el paso 8 el individuo ha crecido por encima de lo esperado, por lo que busca mayores retos. Es el momento de tomar mayores responsabilidades, aceptar temas más complejos, y obtener mayores recompensas. De este modo se completa un proceso, que hemos denominado *empowerment eficaz*, y comienza nuevamente: el colaborador asume trabajos más desafiantes (9) para, en consecuencia, asumir más riesgos y responsabilidades (10).

Empowerment eficaz es una manera visual de describir el proceso que deben seguir los individuos en su proceso de transformación para alcanzar mayores logros y obtener satisfacción personal y profesional. Para confirmar la eficacia de este proceso sería conveniente identificar los comportamientos que describen a una empresa con empowerment y contrastarlos con los que se encuentran en una empresa sin empowerment.

Empowerment eficaz (II)

El colaborador:

1. Asume nuevos retos. Manifiesta nuevos deseos de mejorar y aprender.
2. Asume más riesgos y responsabilidades.
3. Logra mayor identificación con las tareas.
4. Desarrolla nuevas competencias (o las mismas, pero a un nivel superior).
5. Asume nuevas metas (más altas que las anteriores).
6. Obtiene mejores resultados.
7. Incrementa el nivel de sus competencias.
8. Incrementa su autoestima.
9. Asume trabajos más desafiantes.
10. Asume más riesgos y responsabilidades.

En el gráfico siguiente, que hemos denominado *Empowerment eficaz II*, es posible visualizar los pasos descritos, cuando el proceso se reanuda. Es decir, una vez que un colaborador ha transitado los pasos 1 a 8, puede iniciar nuevamente el proceso. Esta nueva secuencia de pasos, similares pero desde un nivel superior o más alto de desempeño del colaborador involucrado, se observa a continuación.

Preguntas habituales y posibles respuestas

Con relación a la metodología de empowerment, en diferentes actividades nos formulan preguntas, desde los descreídos hasta los verdaderamente interesados. Como hemos hecho en capítulos anteriores respecto de otros temas, introducimos a continuación los interrogantes más frecuentes sobre el empowerment.

Veamos las respuestas, una a una.

Si delego mis tareas ¿mis jefes prescindirán de mí?

Muchos jefes sienten temor frente a los cambios organizacionales, especialmente cuando no se ha realizado una comunicación adecuada al respecto. Aplicar la metodología de empowerment significa, en una apretada síntesis, que todos los jefes delegan y los colaboradores crecen. Esto significa que su jefe le delegará a usted nuevas tareas que le permitirán incrementar su propio nivel de responsabilidades. Es un proceso "en cascada".

Si les doy autoridad a mis colaboradores para asumir nuevas responsabilidades, ¿cuál será mi rol?

Su rol será de soporte y apoyo en relación con las tareas delegadas. El jefe, como se explicó ya en el Capítulo 1, siempre deberá responder por las tareas que delegue. Allí surge un nuevo rol, el de *jefe entrenador* (Capítulo 7). Además, y como ya se ha explicado, el empowerment es un proceso en cascada: usted mismo recibirá nuevas tareas delegadas, a su vez, por su propio jefe.

El empowerment, ¿será bueno para mí o sólo para la empresa?

Si el empowerment está bien implementado, implica una situación *ganarganar*. Es bueno para la organización, para usted y para sus colaboradores.

Mi organización implementó (o va a implementar) empowerment. ¿Es sólo una moda?

No es una moda. Es un método de trabajo que se utiliza desde hace muchos años. Como sucede con muchas de las "buenas prácticas", para alcanzar el éxito en la implementación del empowerment deben cumplirse todos los pasos necesarios. No se puede lograr un empowerment eficaz, por ejemplo, sin el desarrollo de nuevos conocimientos y competencias por parte de los colaboradores. Del mismo modo, deben modificarse los niveles de autoridad y toma de decisiones. De la suma de los dos elementos –como ya se ha explicado– surge el empowerment.

¿Ser líder o buen conductor de personas es algo natural o se puede aprender?

Los descreídos afirman: "ser líder o buen conductor de personas es algo natural, no se aprende". Muchas personas repiten frases como ésta. Sin

embargo, no es cierto. Se puede aprender, mejorar, en materia de competencias, entre ellas, la que nos ocupa: conducción de personas. Para lograr resultados, se debe partir del deseo de alcanzar algo –en este caso, el deseo de alcanzar un nivel razonablemente bueno (superior al que se posee) en lo que respecta a la competencia de liderazgo o conducción de personas. Es cierto que para algunos individuos hacer esto es más sencillo que para otras, y que muchos, sin hacer cosa alguna, tienen un buen nivel de esta competencia mientras que otros deben desarrollarla para obtener ese mismo nivel.

El lector debe saber que siempre se puede mejorar, sólo debe proponérselo.

¿Cómo transformarme en conductor de otros?

Esta obra lo ayudará a lograrlo. Le sugerimos, primero, leer los siete capítulos iniciales, realizar los planes de acción sugeridos al final de cada uno de ellos, para luego intentar (y lograr) poner en práctica los consejos del Capítulo 8.

Debo nombrar jefe a uno de mis colaboradores. ¿Cómo elegirlo? ¿En base a su desempeño?

La designación de una persona para una posición no es sencilla, y muchas organizaciones tienen problemas al respecto. La designación de una persona para un puesto superior al que actualmente tiene debe hacerse comparando el nivel actual de desarrollo de competencias con el requerido para la nueva posición. Al mismo tiempo, se deben analizar –también– los comportamientos.

¿Como analizar las brechas o diferencias entre lo requerido por el puesto y lo que la persona ofrece? Veamos:

- En conocimientos: determinar el tiempo estimado para adquirir los faltantes y relacionarlo con el momento en que la persona debe asumir la posición.
- En competencias: de la comparación entre lo actual y lo requerido, determinar los grados de diferencia y la cantidad de competencias que presentan brechas. Si fuesen pocas las competencias con brechas, y éstas consisten en un solo grado de diferencia, la persona podrá ser designado para el nuevo puesto.

¿Será bueno para mí desarrollar a mis colaboradores? ¿O la empresa me lo solicita sólo en función de sus propios intereses?

Esta pregunta es usual y, muchas veces, los que la formulan no están contentos con sus empleadores, por razones diversas. Las organizaciones deben trabajar en el desarrollo de competencias de *todos* sus colaboradores. De los jefes y sus subordinados. No es necesario, para hacerlo, que existan posiciones superiores que deban ser ocupadas. Las personas pueden crecer dentro de sus puestos de trabajo.

Además, y desde una perspectiva personal y egoísta, debe saber que si no tiene un segundo formado para un eventual reemplazo, será muy difícil que a usted lo promuevan a un puesto superior. Por lo tanto, el desarrollo profesional siempre es bueno para todos.

Programas de capacitación para jefes

En esta obra se tratan, a lo largo de los ocho capítulos que la componen, una serie de temas que, sumados, se refieren a los diferentes roles que deben asumir los jefes en una concepción moderna de su función. En nuestra firma consultora estos roles se han dividido en tres programas, que usualmente se presentan bajo el formato de codesarrollo[10]:

1. *Rol del jefe.* Recopila todos los temas desde la perspectiva de las diferentes tareas adicionales que debe realizar una persona en su rol de jefe.
2. *Jefe entrenador.* Desarrolla la capacidad de ser "entrenador".
3. *Conducción de personas.* Desarrolla la capacidad de "delegar".

En el primero de ellos, su contenido brinda a los jefes herramientas prácticas que facilitan su desempeño en las diferentes actividades que, como jefes, deben desempeñar cotidianamente: delegar tareas, seleccionar a sus colaboradores, evaluarlos, y por último ayudarlos en su desarrollo profesional.

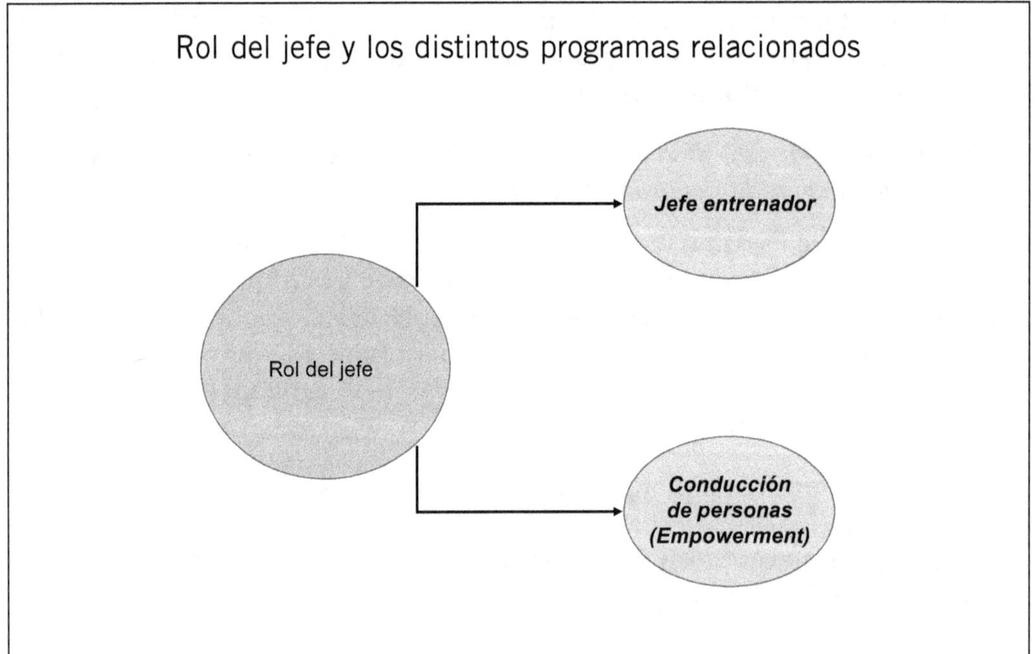

---

10. *Codesarrollo* es el nombre utilizado, en la Metodología Martha Alles de Gestión por Competencias, para denominar a las actividades de formación destinadas al desarrollo de competencias.

Un comentario que corresponde hacer respecto de las temáticas mencionadas es que son diferentes entre sí. La primera de ellas (*Rol del jefe*) es una actividad destinada a la adquisición de conocimientos sobre los distintos elementos que componen el rol de jefe, más allá de sus funciones específicas de conductor de un área, como se ha explicado en la Introducción de esta obra. En cambio, las otras dos (*Jefe entrenador* y *Conducción de personas* o *Empowerment*) son actividades de codesarrollo, orientadas a la evolución, en la persona, de esas competencias en particular (*Capacidad para ser entrenador de otros* y *Capacidad para delegar eficazmente*, tales sus nombres en nuestra metodología).

En cuanto al desarrollo de competencias en sí, *Empowerment* o *Conducción de personas* se relacionan con otras competencias. Sólo a modo de ejemplo se incluyen los dos gráficos siguientes, que ilustran el tema.

Conducción de personas y/o *Empowerment* se relacionan, a su vez, con otras competencias tales como *Integridad, Justicia, Respeto, Responsabilidad personal*, más vinculadas con valores, y también con otras como *Compromiso con la rentabilidad, Orientación al cliente*. Todas las mencionadas serán necesarias, de un modo u otro, en personas que desempeñan posiciones de

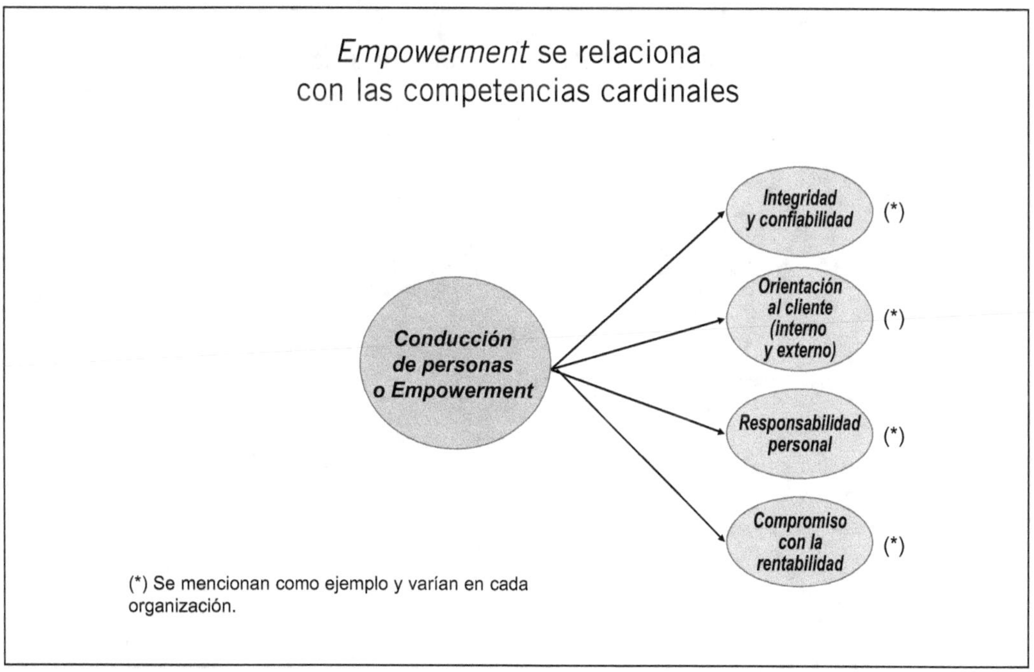

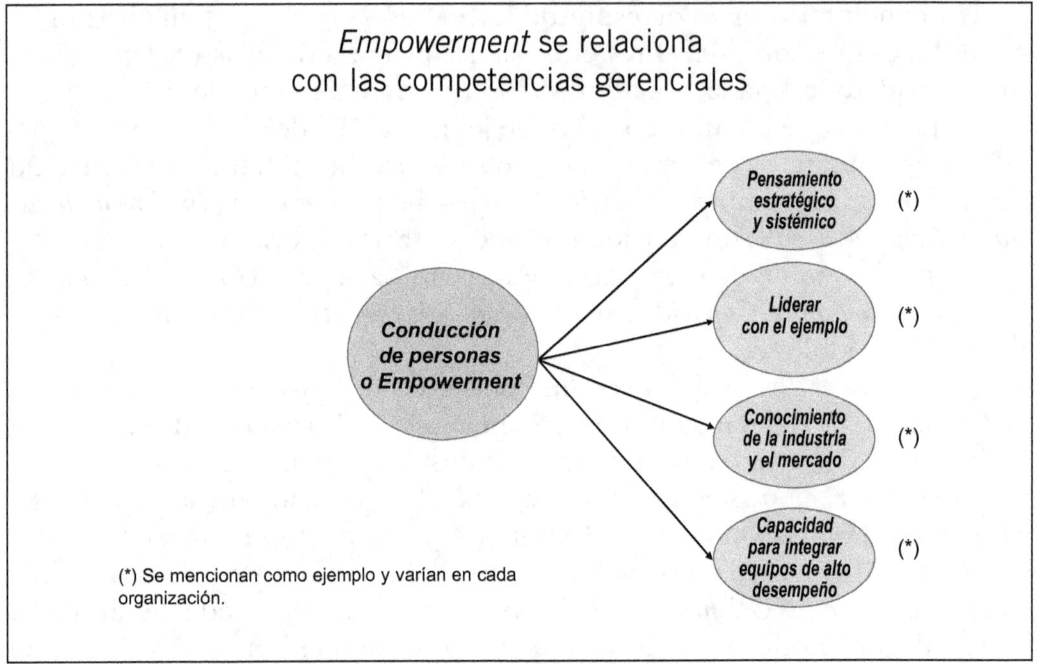
Empowerment se relaciona
con las competencias gerenciales
Conducción
de personas
o Empowerment
Pensamiento
estratégico
y sistémico
(*)
Liderar
con el ejemplo
(*)
Conocimiento
de la industria
y el mercado
(*)
Capacidad
para integrar
equipos de alto
desempeño
(*)
(*) Se mencionan como ejemplo y varían en cada
organización.

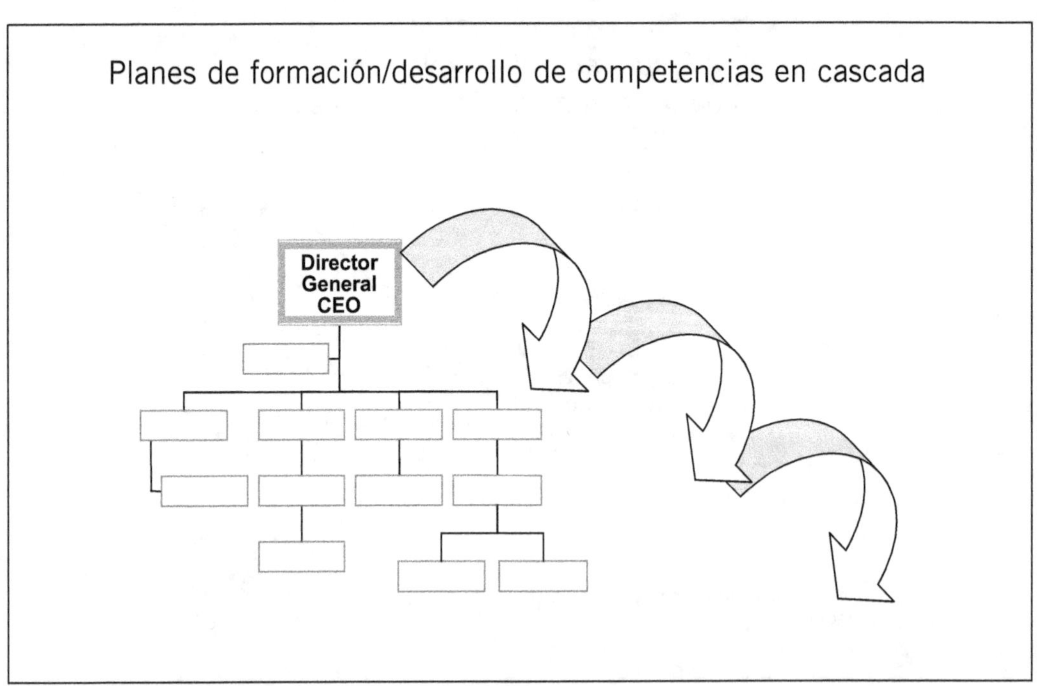
Planes de formación/desarrollo de competencias en cascada
Director
General
CEO

conducción. Del mismo modo, el nuevo concepto mencionado al inicio del capítulo: *Accountability*.

Otras competencias podrán considerarse para el rol del jefe, tales como: *Pensamiento estratégico, Liderar con el ejemplo, Conocimiento de la industria y el mercado, Capacidad para integrar equipos de alto desempeño, Adaptabilidad-Flexibilidad, Dirección de equipos*, u otras que se hayan definido para integrar el modelo de cada organización.

Por último, cabe observar que es frecuente –y recomendable– que estas actividades se realicen "en cascada", desde la máxima conducción de la organización.

Liderar con el ejemplo

En muchos modelos se incluye una competencia con este nombre: *Liderar con el ejemplo*. Hemos dejado este tema para el final del capítulo a fin de que esta última referencia nos sirva como cierre de todo lo dicho sobre conducción de personas.

Un jefe será siempre un modelo a seguir por el grupo a su cargo. Por lo tanto, no es uno más del conjunto de colaboradores. En la actualidad, muchos jefes tratan de "hacerse amigos" de los integrantes de su equipo, de ponerse "a su nivel". Este tipo de prácticas surgen como una deformación de lo expresado en esta obra. Si bien es cierto que hay que comunicarse con los colaboradores a cargo, que se debe ser sincero y transparente, y una serie de recomendaciones adicionales, es cierto, al mismo tiempo, que el jefe sigue siendo el jefe, y este comportamiento será el esperado.

Por lo cual se deberán seguir los consejos expuestos recordando que el jefe siempre será un ejemplo a seguir por los otros. Sin ser un héroe –ni Superman ni Mujer Maravilla, según corresponda–, deberá de alguna manera seguir un estilo de comportamiento acorde con este concepto.

Para graficar la idea se incluye a continuación la definición de la competencia *Liderar con el ejemplo*, según la obra *Diccionario de comportamientos. La trilogía. Tomo 2*:

Capacidad para comunicar la visión estratégica y los valores de la organización a través de un modelo de conducción personal acorde con la ética, y motivar a los colaboradores a alcanzar los objetivos planteados con sentido de pertenencia y real compromiso. Capacidad para promover la innovación y la creatividad, en un ambiente de trabajo confortable.[11]

Como se desprende del texto y tal como hemos visto en esta obra, el concepto implica –a su vez– otras competencias. La suma de varios conceptos integra la definición de *Liderar con el ejemplo*.

Para una mejor comprensión de una competencia y como ésta se relaciona con la conducta habitual de una persona, se incluyen a continuación los comportamientos asociados con la competencia en su versión *menor*, es decir, con el menor nivel de desarrollo:

Competencia: Liderar con el ejemplo
Comportamientos asociados con el grado o nivel D[12]

- *Comunica la estrategia y los valores organizacionales, y conduce sobre la base de principios éticos al personal a su cargo.*
- *Motiva a sus colaboradores y fomenta el sentido de pertenencia.*
- *Cumple las políticas organizacionales.*
- *Mantiene un buen ambiente laboral en su sector y entre sus colaboradores.*
- *Es un ejemplo para sus compañeros por los valores éticos que sostiene.*

A continuación se exponen ejemplos de comportamientos que evidencian ausencia de la competencia o competencia no desarrollada. Es decir que los comportamientos que se indican a continuación *no son aconsejables*.

Competencia: Liderar con el ejemplo
Comportamientos asociados con la ausencia de la competencia
o nivel denominado "no desarrollado"

- *Tiene dificultades al transmitir la misión y visión de la organización y los objetivos del área bajo su responsabilidad.*
- *Exige a sus colaboradores compromiso y dedicación, pero él no los demuestra.*

---

11. La definición aquí expuesta de la competencia *Liderar con el ejemplo,* así como sus comportamientos asociados, es sólo una de las tantas formas de tratar el tema, que debe contemplar los matices necesarios para cada organización en particular. Se expone sólo como ejemplo

12. En la metodología Martha Alles de Gestión por Competencias, éstas se abren en cuatro grados positivos: A, B, C y D. El nivel A corresponde al máximo nivel de desarrollo y el D al mínimo. Por debajo de este nivel mínimo la competencia se considera no desarrollada.

- *No logra incorporar las políticas organizacionales.*
- *Se muestra indiferente ante los comentarios y solicitudes de sus colaboradores, generando un ambiente laboral tenso.*
- *Se lo percibe como un conductor con falencias respecto de su integridad y sus valores éticos, por lo que no se confía en él.*

Por último, se presentan los comportamientos asociados al nivel máximo de desarrollo. Para una mejor comprensión de la temática, se sugiere considerar que este nivel (Grado A) usualmente se corresponde con el número uno de la organización.

Competencia: Liderar con el ejemplo
Comportamientos asociados con el grado o nivel A

- *Fija y comunica la visión estratégica y los valores de la organización a través de un modelo de conducción personal acorde con la ética.*
- *Motiva a todos los integrantes de la organización a lograr los objetivos planteados; fomenta el sentido de pertenencia y promueve la innovación y creatividad, en un ambiente de trabajo confortable.*
- *Fija políticas organizacionales que permiten alcanzar la estrategia de la organización, logrando constituirse en ejemplo de liderazgo para sus pares y colaboradores.*
- *Alienta a que cada uno de los máximos directivos de la organización se constituya en ejemplo de liderazgo para sus respectivos equipos y, al mismo tiempo, en promotor del buen ambiente laboral basado en el respeto.*
- *Es un referente en el mercado y en la organización por sus valores personales y como promotor de la innovación.*

Para desarrollar la capacidad de delegar podrá disponer de una herramienta práctica adicional que lo ayudará a llevar a la práctica la mayoría de los conceptos de este capítulo. Dicha herramienta es un diario de trabajo que incluye test, los 12 pasos mencionados en el título, divididos a su vez en subpasos, ideas, sugerencias, bibliografía, *check list* y espacios en blanco para que cada uno pueda aportar sus sugerencias, reflexiones, plan de acción para mejorar y cualquier otro aspecto que desee considerar en relación con el paso en cuestión.

Cómo delegar efectivamente en 12 pasos

CONTENIDO DE LA OBRA: • Introducción. • Comenzando por el principio. La primera evaluación. Test: *¿Cómo delega?* • 12 pasos para delegar efectivamente • PASO 1: Analice las tareas a su cargo. • PASO 2: Evalúe las capacidades de sus colaboradores. • PASO 3: Elija a quién delegar. • PASO 4: Comunique las tareas a delegar. • PASO 5: Brinde indicaciones precisas. • PASO 6: Determine necesidades de aprendizaje. • PASO 7: Analice caso por caso. • PASO 8: Asegúrese de contar con los recursos necesarios. • PASO 9: Brinde retroalimentación. • PASO 10: Evalúe el proceso de delegación. • PASO 11: Analice otra vez las tareas a su cargo. • PASO 12: Delegue nuevas tareas. • Formularios utilizados. Índice completo y su relación con los 12 pasos de esta obra. • Epílogo. Dos miradas: organizacional e individual. • Segunda evaluación. Test: *¿Cuánto mejoró su delegación?* • Bibliografía. • Unas palabras sobre la autora. • Guía de lecturas. • Sobre *Rol del jefe* y libros complementarios. • Para conocer más sobre la obra de Martha Alles.

A continuación usted encontrará dos páginas para diseñar su *plan de acción personal* respecto de las temáticas de este capítulo.

El plan de acción consta de las siguientes partes:

- **Formación:** actividades de capacitación (talleres, seminarios, codesarrollo) que su organización o alguna institución a la cual usted pueda tener acceso brinde sobre la temática.

- **Lecturas:** en la parte final del Capítulo 8 encontrará sugerencias al respecto. Siempre le recomendamos la lectura de libros. En Internet sólo se sugiere consultar *papers* de universidades o firmas conocidas y de prestigio. De lo contrario, en algunos casos se puede obtener información no aconsejable.

- **Actividades extracurriculares:** en este punto se hace referencia a actividades no relacionadas con el ámbito laboral que pueden ayudarlo en el desarrollo de sus capacidades. Por ejemplo: desempeñarse como director del equipo de fútbol (*soccer*) o cualquier otro deporte del colegio de sus niños.

- **Referente:** estudio de una persona con un alto grado de desarrollo de la capacidad que se desea mejorar. Al analizar sus comportamientos, se pueden mejorar los propios.

- **Aplicar sugerencias:** en el Capítulo 8 se brinda una serie de sugerencias o *tips* para mejorar en las distintas temáticas abordadas en esta obra. Para la confección de su plan de acción le sugerimos leer detenidamente y tomar en cuenta los consejos de ese capítulo.

En la segunda de las dos páginas siguientes usted encontrará una "agenda". La idea que deseamos transmitirle es que el plan de acción debe ser concreto, con ideas para poner en práctica de forma inmediata (o al menos en el corto plazo).

Usted puede confeccionar una agenda para cada uno de los capítulos de la presente obra.

Plan de acción. Una amplia gama de posibilidades

| Plan de acción:
FORMACIÓN | → | Actividades de formación propuestas por la organización donde trabajo u otras a las cuales pueda acceder. |

Nombre del curso/Actividad	Lugar y fecha
....	....
....	....
....	....

| Plan de acción:
LECTURAS | → | Libros o artículos relacionados:
Biografías de aquellos que fueron "buenos jefes" y/o buenos entrenadores de personas. |

Nombre del libro/Actividad	Lugar y fecha
....	....
....	....
....	....

| Plan de acción:
ACTIVIDADES
extracurriculares | → | Actividades no relacionadas con mi trabajo que me ayuden a mejorar |

Tipo de actividad a realizar	Lugar y fecha
....	....
....	....
....	....

| Plan de acción:
REFERENTE | → | + (positivo): comportamientos para imitar
- (negativo): comportamientos que debería imitar |

Nombres de referentes	Lugar y fecha
....	....
....	....
....	....

| Plan de acción:
APLICAR
SUGERENCIAS | → | Elegir un número reducido de consejos (capítulo 8) y llevarlos a la práctica. Luego intentar con otros. |

Sugerencia /Consejo a seguir	Lugar y fecha
....	....
....	....
....	....

Plan de acción. Debe ser concreto

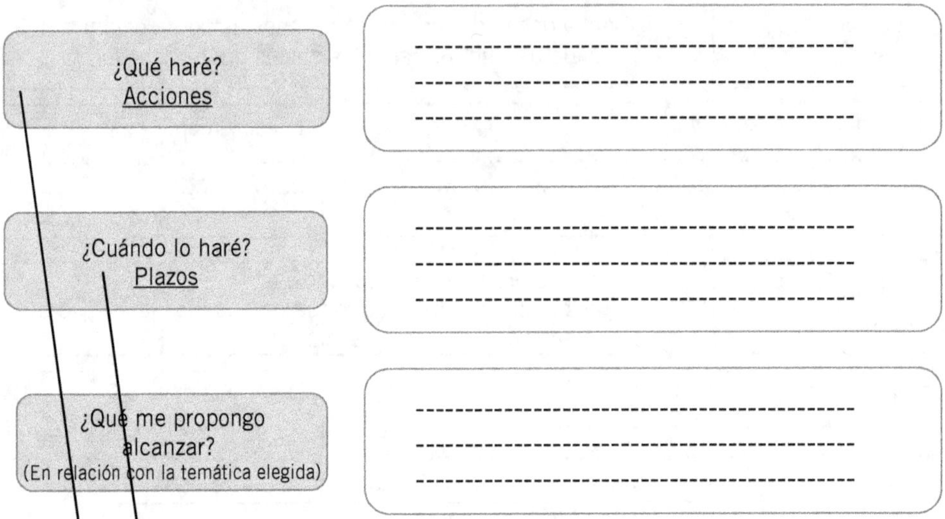

¿Qué haré?
Acciones

¿Cuándo lo haré?
Plazos

¿Qué me propongo alcanzar?
(En relación con la temática elegida)

Tomar una agenda (la que me resulte más práctica y esté acostumbrado a usar) y registrar acciones a realizar en un plazo mínimo de 3 meses.

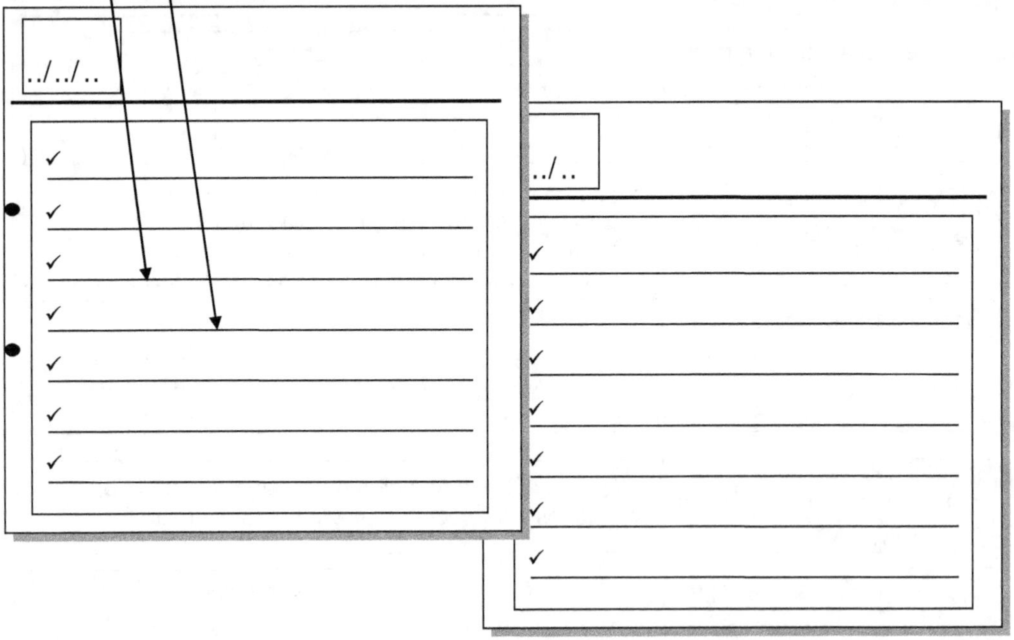

../../..

../..

Capítulo 7

El jefe como entrenador de sus colaboradores

Temas del capítulo

- ¿Qué es un *jefe entrenador*?
- ¿Qué competencias requiere un jefe para ser entrenador de sus colaboradores?
- El jefe entrenador y los valores de la organización
- El jefe entrenador y las competencias de sus empleados
- Cómo relacionar el concepto *jefe entrenador* con otros temas vinculados a la conducción de personas
- Similitudes y diferencias entre *jefe entrenador* y *mentoring*

¿Qué es un *jefe entrenador*?

Jefe entrenador es aquel que asume un rol de guía y apoyo de sus colaboradores, y los ayuda en su crecimiento. Este rol no implica, necesariamente, disponer de un tiempo específico para ello. El entrenamiento a los colaboradores es una tarea diaria, que se realiza en cualquier momento: un comentario para señalar lo que está bien, aquello que se debe mejorar, aquello que no debe hacerse de ese modo. Esa actitud permanente de apoyo y guía es la que enriquece el trabajo del colaborador y permite una mejor consecución de los objetivos de ambos, del jefe y del empleado. Como cualquier lector que sea jefe sabe, esto puede no ser suficiente para un adecuado entrenamiento, por lo que deberán existir instancias especiales dedicadas a la formación de colaboradores. Ahora bien, siendo esta última afirmación correcta, el concepto de jefe entrenador implica la tarea cotidiana que se realiza para desarrollar al equipo; si esta tarea no existe, no podemos decir que un jefe es un entrenador de sus colaboradores.

El entrenamiento de colaboradores es una tarea diaria, que se realiza cuando hace falta, en cualquier momento. El jefe debe estar atento a las necesidades de su colaborador en materia de guía y consejo; no esperar que los problemas sucedan para actuar, quizá entonces puede ser tarde.

No usaremos los términos en inglés *coaching*[1] y *coach*[2]. Para nuestro trabajo se usarán los términos, siempre que sea posible, en español.

El concepto *jefe entrenador* implica que el jefe es una persona que al mismo tiempo que cumple el rol de jefe lleva adelante otra función respecto de sus colaboradores: ser guía y consejero en una relación orientada al aprendizaje. Lo asume de manera deliberada, desea hacerlo y está convencido de los resultados a obtener.

Para ser un jefe entrenador

Como se vio en la Introducción de esta obra, y se ha explicado a lo largo de los diversos capítulos, los jefes realizan una serie de tareas adicionales a las específicas de su posición, por el mero hecho de conducir a otros. Una de estas tareas es la de ser un entrenador de sus colaboradores.

---

1. *Coaching*: término en inglés que significa entrenamiento, preparación de una persona al transmitírsele conocimientos o al facilitarle el desarrollo de sus competencias. En la Metodología MAI se utiliza la forma en español, entrenamiento.
2. *Coach*: término en inglés que significa entrenador, preparador, persona que transmite conocimientos y competencias a otros. En la Metodología MAI se utiliza el término entrenador.

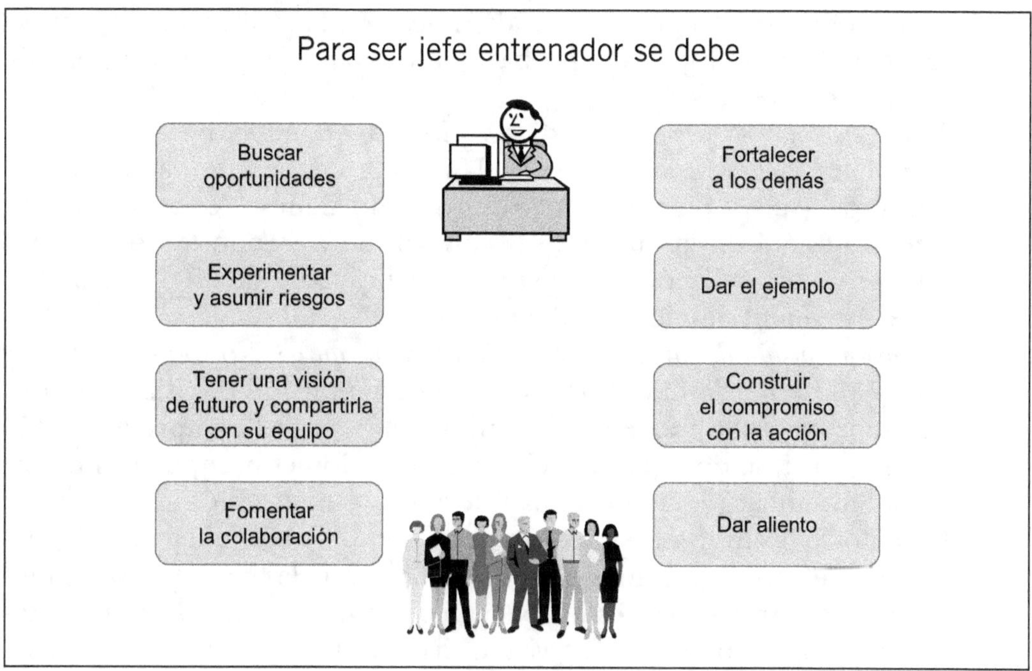

Como ya se dijo, un jefe cumple su "rol de jefe" llevando a cabo las diferentes tareas mencionadas en los seis capítulos anteriores. Las enumeradas en el cuadro precedente representan algunas que ya fueron mencionadas, otras no. Todas ellas serán vistas aquí, desde la perspectiva de un jefe que quiera constituirse en un *jefe entrenador*.

- *Buscar oportunidades.* En relación con él mismo y con la gente a su cargo. No dar las cosas por cerradas, siempre hay algo más que se puede hacer, para hacer mejor las cosas, para mejorar el desempeño propio y de los demás.
- *Fortalecer a los demás.* Muchos poseen la falsa idea de que el jefe debe ser el fuerte, el más capaz, y los demás "acompañarlo". Es cierto que el grupo debe manejarse como un equipo y los colaboradores deben seguir al jefe. Al mismo tiempo, también es cierto que un jefe logrará mucho más, para el lucimiento de su sector y de él mismo, si sus colaboradores son capaces y se destacan por un buen desempeño, y por asumir nuevas responsabilidades.
- *Experimentar y asumir riesgos.* Las personas inteligentes asumen riesgos calculados, en un justo equilibrio entre asumir riesgos y no ser

temerarios. Por lo tanto, en la vida y, desde ya, al frente de un equipo se debe tener coraje para probar, para experimentar y para asumir riesgos controlados.

- ✔ *Dar el ejemplo.* Sobre el final del Capítulo 6 se mencionó y analizó la competencia *Liderar con el ejemplo.* Un jefe no debe intentar ser un superhéroe (varón o mujer), pero, al mismo tiempo, debe saber que siempre estará en la mira de sus colaboradores. Todo lo que un jefe hace es visto, analizado por el equipo a su cargo, y de un modo u otro repercute en el desempeño del mismo.

- ✔ *Tener una visión de futuro y compartirla con su equipo.* No todas las personas deben tener lo que usualmente se entiende como "visión de futuro" –por ejemplo, saber hacia dónde tiene que ir la empresa. Quizás no sea su rol, si, por ejemplo, el jefe en cuestión es el supervisor de un área. Sin embargo, cuando nos referimos a tener visión de futuro lo hacemos pensando en esa visión necesaria para ser jefe y para seguir adelante en cualquier ámbito. Comprender que las cosas van para adelante, que el trabajo es desde hoy para el futuro, que no es posible quedarse en lo que pasó ayer. Lo vivido sirve (o debe servirnos) para diseñar las acciones futuras, no para "corregir el pasado". Un jefe debe transmitir a sus colaboradores esta visión de seguir adelante. Del mismo modo, debe compartir hacia dónde va la empresa, comunicar la visión de la organización a sus colaboradores.

- ✔ *Construir compromiso con la acción.* No alcanza con decir las cosas, se debe actuar. Las personas prestan más atención a los hechos que a las palabras. Un jefe, como ya se dijo, es siempre un ejemplo para las personas a su cargo.

- ✔ *Fomentar la colaboración.* Si bien cada colaborador es responsable por las tareas a su cargo, debe fomentarse la colaboración, tanto entre los miembros del equipo como con los demás integrantes de la organización. Muchas organizaciones emplean el concepto de *trabajo en equipo,* pero en muchas oportunidades el resultado es que las personas se sienten miembros de un equipo sólo en relación con sus compañeros de trabajo y ven como personas de un equipo contrario a los integrantes de otras áreas de la misma empresa. La organización, en su conjunto, es un gran equipo. Por lo tanto, un jefe debe fomentar la colaboración dentro del equipo de trabajo cotidiano y, a la vez, con sus respectivos clientes internos.

✔ *Dar aliento*. El lector podrá decir que no es sencillo. Es cierto. Dar aliento es una tarea compleja. Se debe decir aquello que está bien en el justo tono (sin exagerar). Y se debe marcar lo que está mal o debe ser corregido, sin ofender. Dar aliento de manera exagerada (positivo) es tan malo como sólo mencionar o señalar los errores.

En resumen, para ser buenos conductores o líderes de su equipo los jefes pueden seguir las recomendaciones expuestas en estos puntos. El buen desempeño como jefe se refuerza, se potencia, cuando éste asume un rol de entrenador en relación con sus colaboradores.

Compartir la visión, fomentar la colaboración, fortalecer a los demás, dar el ejemplo, son típicos comportamientos de entrenador.

Construir compromiso y dar aliento son comportamientos muy importantes que fortalecen la relación jefe-colaborador.

Que el jefe cuente con estas características permitirá el aprendizaje del colaborador y que se verifique el rol del jefe como entrenador.

¿Qué competencias requiere un jefe para ser entrenador de sus colaboradores?

En actividades de formación de la firma que dirijo realiza para el desarrollo de *jefes entrenadores,* trabajamos a partir de una definición de la competencia *Entrenador.* La definición es la siguiente:

Capacidad para formar a otros tanto en conocimientos como en competencias. Implica un genuino esfuerzo para fomentar el aprendizaje a largo plazo y/o el desarrollo de otros, más allá de su responsabilidad específica y cotidiana. El desarrollo a lograr en otros será sobre la base del esfuerzo individual y según el puesto que la otra persona ocupe en la actualidad o se prevé que ocupará en el futuro.

A continuación se le propone al lector un esquema de trabajo similar al utilizado en el Capítulo 6 para la competencia *Conducción de personas.*

Se le sugiere analizar la definición tomando como guía las palabras en bastardillas:

Capacidad para *formar a otros* tanto en *conocimientos* como en *competencias.* Implica un genuino esfuerzo para *fomentar el aprendizaje* a *largo plazo* y/o *desa-*

rrollo de otros, más allá de su responsabilidad específica y cotidiana. El desarrollo a lograr en otros será *sobre la base del esfuerzo individual* y según el *puesto* que la otra persona ocupe en la actualidad o se prevé que ocupará *en el futuro.*

Un buen ejercicio que ayuda y apoya el análisis de esta definición es el que se observa en el gráfico precedente.

Ejemplo de un posible resultado de este ejercicio

Si partimos de la primera frase de la definición de la competencia: *Capacidad para formar a otros tanto en conocimientos como en competencias,* podemos observar que se encuentran en ella las ideas "Formar a otros", "Conocimientos" y "Competencias". Estos conceptos podrían relacionarse con otros, por ejemplo: "sobre la base del esfuerzo individual", y el lector plantearse que él mismo, en base a su propio esfuerzo, podría "Fomentar el aprendizaje" (autofomentar) en "Conocimientos" y "Competencias".

El ejercicio plantea un juego de asociación libre de palabras y tiene como propósito provocar en el lector una mirada diferente sobre frases que, en ocasiones, se toman como axiomas.

Si se desea relacionar esta definición con otras competencias[3] podríamos mencionar:

- *Conducción de personas*
- *Liderar con el ejemplo*
- *Colaboración*
- *Comunicación eficaz*
- *Desarrollo y autodesarrollo del talento*

¿Cómo podría ayudar a mis colaboradores para que puedan identificar sus necesidades de mejora?

La tarea del jefe entrenador se realiza en el día a día, a través de la interacción cotidiana. Cuando un jefe percibe que un colaborador no realiza una tarea de la manera más adecuada o según lo esperado, es el momento para preguntarse sobre la causa. Es una oportunidad para hablar con el colaborador y determinar qué aspectos podría mejorar. De este modo, amable-

mente y sin esperar a que los problemas tomen mayor envergadura, puede realizar una acción sostenida para el desarrollo del equipo a su cargo.

Al igual que en el capítulo anterior, le sugerimos leer detenidamente los cuadros siguientes, donde se exponen comportamientos en distintos grados o niveles de la competencia necesaria para ser un buen entrenador de personas. Como bien puede verse en el Capítulo 8, cuando se plantean ideas para mejorar su *rol de jefe*, la definición de la competencia *Entrenador*, así como los comportamientos relacionados, si bien se refieren específicamente a personas que se desempeñan en un ambiente organizacional-empresario, pueden aplicarse a cualquier otro ámbito donde una persona deba entrenar o desarrollar a otros, por ejemplo, como director de un coro (ejemplo presentado en el Capítulo 8 ya mencionado), como técni-

---

3. Alles, Martha. *Diccionario de comportamientos. La trilogía. Tomo 2.* Ediciones Granica. Buenos Aires, 2015.

co en un equipo de fútbol, o como líder o coordinador en un partido político: la competencia se refiere a la actividad de desarrollar y entrenar personas, en cualquier ámbito.

Una vez que se haya comprendido el alcance de la definición, se deberán analizar los comportamientos relacionados con el nivel máximo de la competencia (Grado A) y aquellos que denotan su ausencia, que denominados "Grado no desarrollado" donde se evidencia la competencia en Grado "no desarrollada". Esto permite contrastar un nivel sumamente alto y difícil de alcanzar (Grado A) con la ausencia de la competencia. Entre uno y otro existen niveles intermedios a los cuales, partiendo de un nivel inferior, se puede ir accediendo como si se subiese una escalera. Es importante destacar que se puede poseer comportamientos de esta competencia (y de otras relacionadas con la función de conducir personas) sin haber sido antes jefe, tal como se explicó en el Capítulo 6, "Conducir a otros".

Una persona muy joven puede, eventualmente, evidenciar comportamientos tipo A, y un jefe como muchos años comportarse del modo descrito en la parte derecha del gráfico que sigue. No hay que partir de

Competencia necesaria para ser entrenador

Comportamientos Grado A	**Comportamientos Grado no desarrollado**
• Ofrece retroalimentación honesta, respetuosa y objetiva a sus colaboradores señalándoles sus fortalezas y debilidades junto con las necesidades de desarrollo más relevantes. • Fomenta la independencia y busca desarrollar las capacidades, conocimientos y competencias de sus colaboradores, apoyándolos hasta que puedan desempeñarse sin su ayuda. • Fortalece las capacidades de los demás y trabaja con ellos para identificar fortalezas y experiencias con el objeto de fomentar el aprendizaje y crecimiento a largo plazo. • Apoya de manera activa a los colaboradores capaces que buscan otras oportunidades dentro de la organización y les brinda consejo. • Realiza seguimiento de la carrera individual de cada uno de sus colaboradores y les brinda consejo efectivo, considerando todas las variables relacionadas (organización y colaborador).	• Brinda retroalimentación, pero no ayuda a los otros a mejorar y/o corregir acerca de los errores cometidos. • No brinda instrucciones claras y precisas. • Cuando se le solicita ayuda sus instrucciones no son prácticas, confunde más que aporta. • Cuando se le solicita ayuda ofrece realizar él/ella la tarea, siempre está dispuesto a hacer lo que el otro le pide, dificultando de ese modo el aprendizaje. • Dificulta el acceso de sus colaboradores a oportunidades en otras áreas de la organización. • Se desentiende de las carreras de sus colaboradores.

Competencia necesaria para ser entrenador

Comportamientos Grado B

- Da retroalimentación positiva en términos de comportamientos concretos sin emitir juicios personales, brindando consejo eficaz.
- Delega tareas de manera completa y supervisa su cumplimiento a fin de fomentar la autonomía y seguridad de sus colaboradores.
- Se interesa proactivamente y escucha a sus colaboradores cuando estos le plantean dudas/consultas sobre sus capacidades y los guía acerca de posibles cursos de acción para incrementarlas. Promueve entre sus colaboradores las oportunidades que ofrece la organización en materia de aprendizaje.
- Demuestra interés constante y genuino por el desarrollo y la capacitación de sus colaboradores, tomando en cuenta sus objetivos personales, y los alienta en sus carreras organizacionales.
- Comprende las necesidades y planes personales de sus colaboradores para después de valorar sus capacidades asignarles tareas desafiantes que les permitan desarrollar sus conocimientos y competencias y crecer dentro de la organización.

Competencia necesaria para ser entrenador

Comportamientos Grado C

- Da retroalimentación sobre comportamientos y comunica las expectativas positivas para un desempeño futuro.
- Brinda la autoridad y responsabilidad necesarias para realizar las tareas.
- Escucha a sus colaboradores, hace sugerencias para que mejoren en la tarea a realizar y los alienta a participar en actividades de aprendizaje.
- Realiza seguimiento sobre el grado de desarrollo de sus colaboradores, tanto en conocimientos como en competencias, y los alienta a crecer en sus puestos.
- Se informa acerca de los planes personales de sus colaboradores para luego asignarles tareas desafiantes que les permitan desarrollar conocimientos y competencias en sus puestos de trabajo.

Comportamientos Grado D

- Realiza seguimiento sobre las tareas delegadas y proporciona una retroalimentación constructiva.
- Demuestra confianza en sus colaboradores al delegarles tareas.
- Brinda instrucciones prácticas y proporciona ayuda cuando le es requerido por sus colaboradores. Formula preguntas para verificar que han adquirido nuevas capacidades.
- Cuando le es requerido (por sus jefes o el área de Recursos Humanos) realiza un seguimiento positivo del desarrollo de sus colaboradores y no obstaculiza eventuales traslados de estos a otras áreas.
- Actúa cuando toma conocimiento de la existencia de oportunidades dentro de la organización acordes a las capacidades e intereses de sus colaboradores.

preconceptos, hay que observar los comportamientos de cada persona para poder determinar el grado en que una competencia se presenta en ella.

La lectura de los dos extremos opuestos permite comprender mejor la distancia o brecha existente entre un nivel de máximo desarrollo de la competencia y la ausencia de ésta. A continuación se expone el Grado B, donde la competencia se encuentra en un nivel que sigue siendo muy alto, pero por debajo del Grado A.

Por último, se exponen los dos grados restantes, ubicados entre el Grado B y el no desarrollado: los Grados o Niveles C y D.

Una vez que comprendió la forma como hemos expuesto la competencia *Entrenador,* su definición y sus correspondientes grados o niveles, si lo desea puede analizar sus propios comportamientos para determinar qué grado de desarrollo posee en esta competencia, tan necesaria para ser un buen jefe entrenador.

Quizás el lector, en especial aquel que no fue jefe hasta el día de hoy, se esté preguntando lo siguiente:

¿Qué significa ser un conductor o un jefe?

Como se vio en el Capítulo 1, un conductor o jefe responde tanto por su propio trabajo como por el de sus colaboradores. La delegación de tareas que realiza no implica un abandono o desentendimiento de esas actividades, sino un traspaso de la responsabilidad por su ejecución, siendo él la persona que responderá ante otros por los resultados. Además, es responsable de administrar los recursos y conducir a su gente de modo tal de potenciar las capacidades individuales en pos de alcanzar los mejores resultados y, al mismo tiempo, brindar a su equipo una guía eficaz, agregando valor al trabajo de sus subordinados.

La frase "ser un buen conductor o jefe" puede resumirse en conceptos del vocabulario popular tales como *Los barcos tienen un capitán* y *Las orquestas un director*. En una primera instancia, pueden parecer "frases hechas", pero no por esto dejan de ser ciertas. Éstas y otras frases similares representan ideas sobre el rol del jefe como conductor. En una organización sucede algo similar; los equipos de trabajo requieren un buen conductor.

La idea planteada permite suponer que la habilidad o capacidad de ser jefe se desarrolla de algún modo, se aprende. No es fácil, pero sí posible.

El jefe entrenador y los valores de la organización

Como ya se ha visto en capítulos anteriores, los jefes cumplen un rol de suma relevancia en relación con una serie de aspectos organizacionales: misión, visión, planes estratégicos y, por supuesto, los valores.

Hemos destinado un apartado específico para abordar el tema de los valores organizacionales, por la importancia fundamental que un jefe tiene en relación con ellos.

Como se dijo sobre el final del capítulo anterior, el jefe es un ejemplo para sus colaboradores, y lo será muy especialmente en cuanto a los valores. Si él no los posee, será muy difícil lograr que los difunda y desarrolle en su equipo de trabajo. Se debe partir de esta realidad: el jefe debe poseer él mismo los valores que la organización ha decidido sostener y fomentar. Todo lo que diremos a continuación parte de esa premisa.

El lector se podrá preguntar: *¿Qué hacer si un jefe no posee los valores que la organización ha definido?* Tengo una sola respuesta: se está frente a un

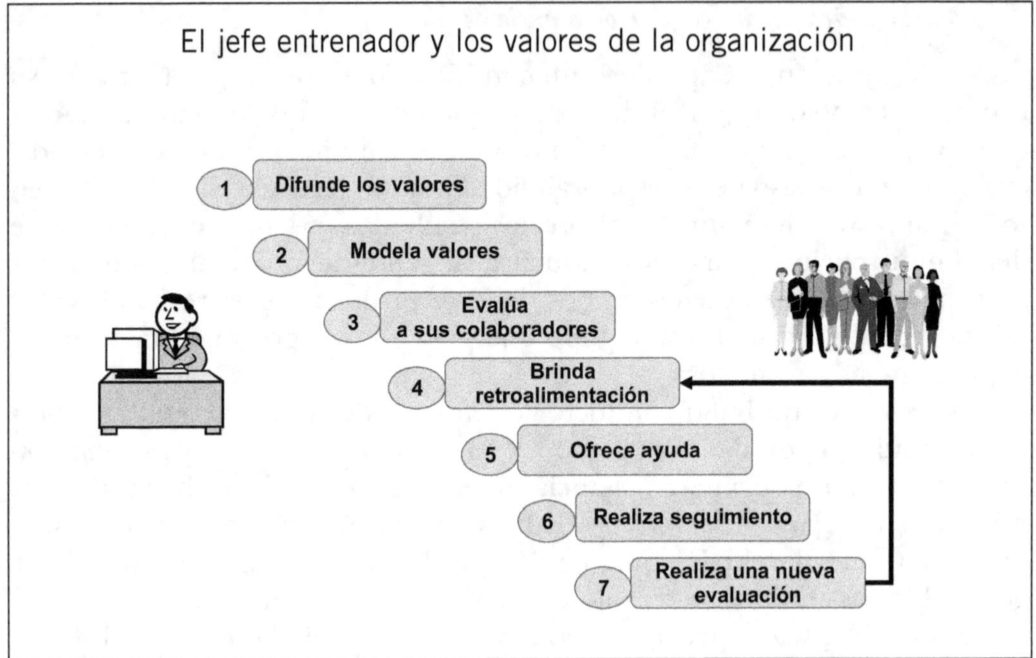

problema muy serio. Pongamos un ejemplo sencillo. Una organización ha definido como valor *Integridad*. No será posible promover este valor en las personas que dependan de un jefe que no lo tiene. No se puede solicitar a un colaborador que sea íntegro si su propio jefe no lo es.

1. *Difunde los valores.* Si la empresa es nueva o bien ha redefinido sus valores, será una función del rol del jefe difundir esos valores y su significado. No es una tarea más de las tantas que debe hacer a diario. Por el contrario, es de suma importancia.
2. *Modela valores.* El jefe siempre es un modelo para sus colaboradores. Por lo cual él mismo deberá actuar en correlación con los valores organizacionales de modo de transformarse en un modelo a seguir por el equipo a su cargo y por otras personas de la organización.
3. *Evalúa a sus colaboradores.* Cada jefe es quien mejor conoce a las personas a su cargo. Por ello, será la persona más adecuada para evaluar el comportamiento de sus colaboradores cuanto a los valores organizacionales.
4. *Brinda retroalimentación.* Como se vio en el Capítulo 3, una de las funciones del jefe es dar retroalimentación a sus colaboradores en relación con su comportamiento, con el cumplimiento de sus objetivos,

acerca de cómo están haciendo sus tareas y cumpliendo con sus obligaciones. A este conjunto de funciones sobre las cuales debe dar retroalimentación, hay que sumar el tema de los valores.

Cada jefe evalúa a sus colaboradores (paso 3) y luego les brinda retroalimentación acerca de –entre otros puntos– sus comportamientos en materia de valores.

5. *Ofrece ayuda.* Una de las tareas del jefe es estar atento a las necesidades de sus colaboradores. En el caso que observe alguna dificultad por parte de éstos con relación al respeto de los valores organizacionales, deberá ofrecer su ayuda con el propósito de que todos los integrantes de la organización guíen sus comportamientos por dichos valores, es decir, que en su desempeño diario actúen consecuentemente con ellos.

6. *Realiza seguimiento.* La tarea no termina en el punto anterior. Deberá realizar seguimiento sobre el respeto de los valores organizacionales. Para ello deberá observar, en el comportamiento diario de cada uno de sus colaboradores, el grado de cumplimiento de los valores organizacionales. Cada "x" período de tiempo, se deberá hacer una nueva evaluación (paso 7).

7. *Realiza una nueva evaluación.* No alcanza con evaluar los valores sólo en el momento de su definición, sino que deberían ser evaluados con una frecuencia determinada (cada "x" cantidad de meses). Lo sugerido es hacerlo una vez al año.

8. *Volver al paso 4 y de manera permanente deberá realizar el paso 2.* Una vez realizado el paso 7, retomar la secuencia realizando nuevamente el paso 4 y siguientes. "Modela valores" (paso 2) es de aplicación continua. Es decir, el jefe será un modelo (o debería serlo) en todo momento.

El jefe entrenador y las competencias de sus empleados

El jefe debe realizar, como parte de su rol, una serie de actividades similares a las indicadas en el punto anterior en materia de competencias.

En ningún caso un jefe debe limitarse a decir que su colaborador no tiene las competencias requeridas para el puesto que ocupa. Además de evaluar si esto realmente es así, deberá ayudar y guiar a los colaboradores a su cargo para que alcancen el nivel requerido de cada una de las competencias estipuladas para el puesto que ocupan.

Por lo tanto, el jefe entrenador ayuda a sus empleados en el desarrollo de sus competencias. Para ello deber realizar una serie de pasos:

1. *Realiza una primera evaluación.* Para ello se debe llevar a cabo una evaluación objetiva de las competencias, a través de la observación de comportamientos[4]. Es importante señalar que se puede evaluar competencias con métodos específicos diseñados a tal efecto.
2. *Brinda retroalimentación.* Es un aspecto sumamente relevante. El jefe debe dar retroalimentación de la evaluación realizada. Siempre deben señalarse los aspectos positivos y negativos. En el caso de estos últimos, habrá que ser muy cuidadosos a fin de no ofender; sólo se debe describir los hechos de manera objetiva.
3. *Ofrece ayuda.* Es otro aspecto importante a tener en cuenta: ofrecer ayuda para que los colaboradores puedan desarrollar sus competencias. Un jefe puede no saber cómo se desarrolla una competencia. Por eso se sugiere realizar el paso siguiente.

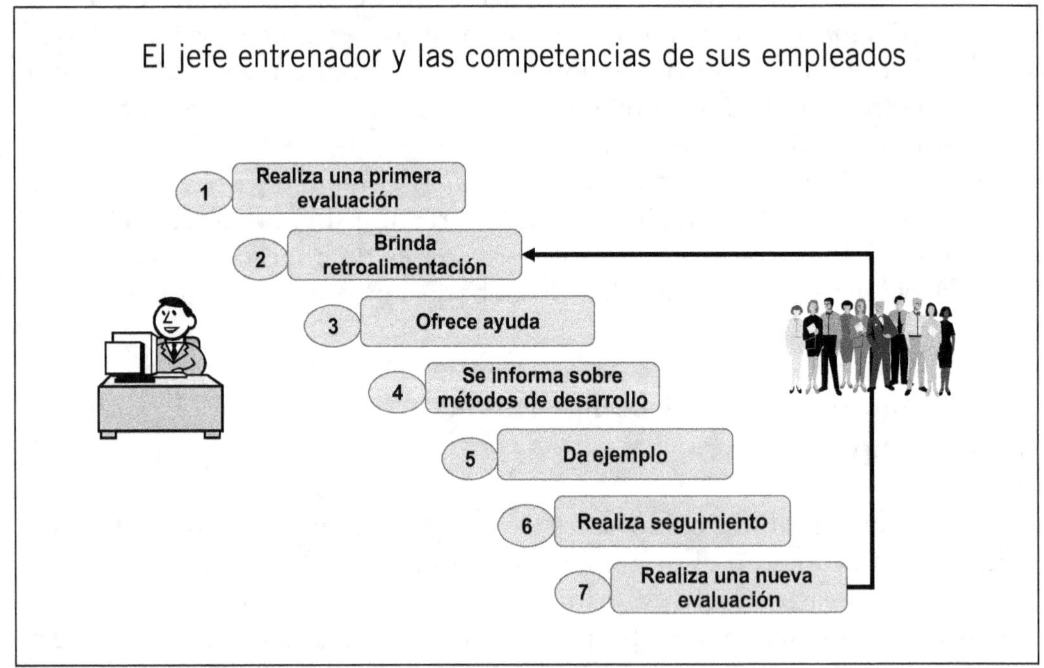

---

4. La autora ha tratado este tema en otras obras: *Selección por competencias* y *Comportamiento organizacional.* Ambas publicadas por Ediciones Granica.

4. *Se informa él mismo sobre métodos de desarrollo.* Siempre será una buena idea informarse al respecto, solicitar al especialista de Recursos Humanos caminos para el desarrollo de competencias, para poder ayudar a sus colaboradores adecuadamente. Quizá en la propia empresa existan métodos disponibles. El jefe debe informarse sobre el más adecuado en cada caso.

5. *Da ejemplo.* Un jefe siempre se constituye en un ejemplo frente a la mirada de sus colaboradores, a través de sus propios comportamientos.

6. *Realiza seguimiento.* En la relación cotidiana un jefe puede observar y hacer seguimiento sobre cómo evolucionan las competencias de su equipo. El jefe es quien está en condiciones de observar "de cerca" a sus colaboradores, por lo cual es el más indicado para ver su evolución. Si tiene dudas respecto de cómo hacerlo, siempre será una buena idea consultar con el área de Recursos Humanos de la organización.

7. *Realiza nueva evaluación y vuelve al paso 2.* Pasado un tiempo desde el inicio de las acciones para el desarrollo de competencias, se debe evaluar cuál es el nivel que se ha alcanzado. En general, se estima que el tiempo más adecuado entre una evaluación y otra es 12 meses. En algunas circunstancias especiales, se puede hacer con más frecuencia (cada 6 meses, por ejemplo).

   Volver al paso 2, es decir, dar retroalimentación de la nueva evaluación, ofrecer ayuda, informarse con el especialista de Recursos Humanos acerca de los distintos caminos o vías para el desarrollo de competencias, brindar ejemplo a través del propio comportamiento en relación con las competencias que los empleados deban desarrollar, y hacer seguimiento.

En síntesis, un jefe entrenador será siempre un desarrollador de las competencias de sus colaboradores. Podrá no saber cómo se alcanza un mayor desarrollo en alguna/s competencia/s, y en ese caso será conveniente pedir ayuda al especialista en Formación o Recursos Humanos y, además, consultar el material[5] disponible en la organización al respecto. La consulta al especialista siempre será lo más indicado, considerando el

---

5. La autora presenta este tema en la obra *Desarrollo del talento humano. Basado en competencias.* Ediciones Granica, Buenos Aires, 2017. Entre los materiales recomendados se pueden mencionar *Las 50 herramientas de Recursos Humanos que todo profesional debe conocer,* Ediciones Granica, Buenos Aires, 2017. *Guías de desarrollo (dentro y fuera del trabajo).* Cuando las organizaciones poseen este tipo de materiales para el desarrollo de competencias, los jefes pueden consultarlos antes de recomendar a sus colaboradores acciones a realizar, en relación con las competencias que éstos deban desarrollar.

riesgo de recomendar lecturas u otras acciones en materia de desarrollo de competencias que puedan no ser las más aconsejables para ese caso en particular.

Preguntas habituales y posibles respuestas

Al igual que hemos hecho en otros capítulos, incluimos a continuación una selección de preguntas habituales en torno al tema que estamos abordando, con sus correspondientes respuestas.

¿Cómo ser un buen jefe entrenador de mis colaboradores?

Como ya se ha dicho, los jefes deben cumplir varios roles además de realizar sus tareas específicas y alcanzar los objetivos que se le plantean. Uno de estos roles es el de jefe entrenador. Si el lector observa cuál es el rol del entrenador del equipo al que alienta, sea de fútbol (*soccer*), o béisbol, o cualquier otro deporte, ya sea que esté conforme o no con lo que hace, podrá comenzar a hacer un paralelo entre su propio desempeño como jefe y el

El jefe como entrenador de sus colaboradores

que querría que tuviera el entrenador de su equipo. *¿Cómo guía a los jugadores? ¿Cómo logra los resultados esperados, o por qué no lo consigue?...* son algunas preguntas que puede hacerse, entre otras similares.

Un jefe no sólo distribuye tareas, debe hacer "algo más" para lograr que cada persona realice su trabajo de manera exitosa y alcance los resultados deseados. Ese "algo más" implica lo descrito con anterioridad: entrenar a las personas, guiarlas para que no sólo realicen la tarea asignada sino que lo hagan con un nivel superior de calidad y desempeño.

¿Debo realizar acciones a diario, o sólo muy de vez en cuando?

El entrenamiento de colaboradores es una tarea cotidiana, que se realiza cuando hace falta, en cualquier momento. Un jefe debe estar atento a las posibles dificultades de sus colaboradores. Ése será el momento de dar soporte y guía.

Cuando se asigna una tarea nueva no alcanza con explicarla una vez. Usualmente, se brinda la explicación correspondiente y luego, cuando el colaborador realiza la tarea, se le pregunta si tiene alguna duda, cuál es el avance que ha logrado, etc. No será igual en todos los casos: lo que deba hacerse dependerá del tipo de tarea, de su complejidad, del tiempo que demande su realización.

Ejemplos. 1) Si el colaborador debe atender llamadas telefónicas, una forma de entrenamiento será acompañarlo los primeros días para asesorarlo cuando reciba una llamada. Luego de esta primera etapa, estar disponible para los casos excepcionales o problemáticos. 2) Si el colaborador debe diseñar un curso u otra actividad de formación, se le darán indicaciones iniciales y luego se le solicitará que muestre sus primeros borradores para evaluar el grado de avance y el contenido del material.

Se le sugiere al lector que no tome los ejemplos de manera literal; la idea que se quiere enfatizar es que el entrenamiento debe darse cuando hace falta y que la forma de brindarlo dependerá de cada caso en particular.

¿Cómo ser un jefe entrenador si nunca se fue jefe? ¿Se aprende de la experiencia?

Antes de responder a esta pregunta deseo proponer una imagen al lector: situémonos en un jardín de infantes (*kindergarden*) e imaginemos allí a dos niños pequeños, de tres o cuatro años de edad, jugando con automóviles o camiones pequeños. A uno de éstos se le sale una rueda, y uno de los niños toma con una de sus manos el juguete, con la otra la rueda (que se desprendió del juguete) y le enseña al compañero de juegos cómo se hace para poner la rueda nuevamente en su lugar. Un rato después, otro de los juguetes pierde una rueda y el segundo niño imita al primero: él mismo coloca la rueda en su lugar. Los niños nunca escucharon hablar ni conocen la palabra *jefe*, y mucho menos qué debe hacer un jefe para enseñar a trabajar a sus colaboradores. Sin embargo, el primero de los niños evidencia los comportamientos (y, por ende, la competencia) de *Entrenador* en Grado A: fomenta la independencia, busca desarrollar las capacidades y conocimientos de otros hasta el punto en que ya no necesiten de su apoyo. (Ver páginas anteriores.)

Si bien es cierto que se aprende con la experiencia, no es necesario haber sido jefe para poseer esta competencia. Los ejemplos pueden verse en las organizaciones donde, en repetidas ocasiones, un colaborador enseña a otro a hacer una tarea.

¿Por qué debo ser un jefe entrenador si mi propio jefe no lo es conmigo?

Quizás el lector esté formulándose este mismo interrogante. Lo invito a reflexionar al respecto, considerando que hace referencia a una situación recurrente.

Un jefe, bueno o malo, puede ser sólo *una anécdota* en la vida de una persona. Si el lector tiene un jefe que no se comporta como se aconseja en este capítulo, analizar su comportamiento puede ser una oportunidad para hacer todo lo contrario, cuando deba desempeñarse como jefe. Si, por el contrario, el lector tiene la buena suerte de que su jefe tiene perfil de *entrenador*, podrá observar sus comportamientos para tomarlo como modelo o referente.

El ser o no un jefe entrenador tiene relación con las características de cada uno y con el perfil que como jefe desee alcanzar. Por lo tanto, es un reto personal. Leer estas páginas y consejos le abrirá a usted la oportunidad de reforzar sus comportamientos como buen entrenador de sus colaboradores, o de mejorar en este aspecto, según sea su caso. El desafío está planteado; sólo usted puede decidir si lo asume o no.

Cómo lograr ser un *jefe entrenador*: desarrollando la competencia *Entrenador*

En nuestra firma consultora se está trabajando muy fuertemente para ayudar a los integrantes de nuestras organizaciones clientes en el desarrollo de esta característica o capacidad que hemos denominado *Jefe entrenador*, en todos los niveles de supervisión, desde altos directivos hasta supervisores de menor nivel jerárquico. La metodología utilizada implica el desarrollo de una serie de competencias que harán que cada persona se transforme en un *entrenador* del equipo a su cargo.

Para el desarrollo de la capacidad o competencia *Entrenador*, se utilizan los mismos caminos metodológicos señalados como los más eficaces para el desarrollo de competencias en general: *autodesarrollo, entrenamiento experto* (por parte de un superior de la persona que le enseñe a ser entrenador de sus propios colaboradores), y *codesarrollo*.

En cuanto a esta última variante –codesarrollo–, la forma de implementarlo es a través de actividades de formación que se llevan a cabo bajo la modalidad de *Formador de formadores*, para que instructores internos e, idealmente, los mismos jefes, ayuden a aquellos colaboradores que sean a su vez supervisores de otros, a desarrollar este concepto de *jefe entrenador* en su propio desempeño.

El desarrollo de la competencia *Entrenador*, al igual que los programas de formación sobre *Rol del jefe*, debe diseñarse a partir de la máxima conducción, más allá de que quienes la componen posean o no la competencia en cuestión. Este tipo de programas de formación debe pensarse para toda la organización, partiendo del máximo nivel de conducción y luego, "en cascada", recorriendo toda la estructura organizacional.

En nuestra metodología se ha diseñado un taller que hemos denominado *Codesarrollo*[6], para trabajar sobre la competencia *Entrenador*. Este taller tiene como objetivo que el participante desarrolle comportamientos, particularmente los relacionados con la función de entrenador, y en menor medida para que aprenda conceptos de tipo teórico sobre entrenamiento de personas, ya que el propósito es el desarrollo de la competencia en sí, no sólo su comprensión (conocimientos).

Retomemos la definición de la competencia necesaria para ser entrenador, expuesta al inicio de este capítulo:

> Capacidad para formar a otros tanto en conocimientos como en competencias. Implica un genuino esfuerzo para fomentar el aprendizaje a largo plazo y/o el desarrollo de otros, más allá de su responsabilidad específica y cotidiana. El desarrollo a lograr en otros será sobre la base del esfuerzo individual y según el puesto que la otra persona ocupe en la actualidad o se prevé que ocupará en el futuro.

El taller se lleva a cabo bajo el siguiente programa:

- Explicación inicial sobre *desarrollo de competencias*. Qué significa, qué implica. Comprender que no se trata de aprender conceptos sobre la competencia sino *desarrollar* la competencia en el participante.
- Explicación inicial sobre qué es *Codesarrollo*.
- Definición de *entrenador* y de las características necesarias para serlo.
- Comportamientos de un jefe entrenador en sus diferentes grados.
- Ejercicios prácticos y de reflexión.
- Estudio de una película, en partes. Ejercicios de reconocimiento de comportamientos con reflexión individual y grupal.
- Caso de estudio (tomado de la realidad). Ejercicios de reconocimiento de comportamientos con reflexión individual y grupal.
- Autoevaluación: test.

---

6. *Codesarrollo*. Método para el desarrollo de personas, aplicable tanto a competencias como a conocimientos.

   Acciones concretas que de manera conjunta realiza el sujeto que asiste a una actividad de formación guiado por un instructor para el desarrollo de sus competencias y/o conocimientos. El codesarrollo implica un ciclo: 1) taller de codesarrollo; 2) seguimiento; 3) segundo taller de codesarrollo.

- Revisión de todos los conceptos: qué significa un jefe entrenador, la relación con los empleados, cómo ser un jefe entrenador.
- Conclusiones finales.
- Plan de acción. Cada participante diseña el suyo. El instructor aplica diversas consignas para ayudarlos en la tarea.

Cómo relacionar el concepto *jefe entrenador* con otros temas vinculados a la conducción de personas

Los conceptos vistos hasta el momento tienen estrecha relación con otros que han sido tratados en capítulos anteriores. Se hará una breve referencia a algunos de ellos, y se introducirán otros no mencionados hasta el momento, también vinculados con la temática *jefe entrenador.*

Jefe entrenador y empowerment

Como fácilmente puede advertirse, las diferentes prácticas de Recursos Humanos se relacionan entre sí. No es posible poner en práctica un modelo

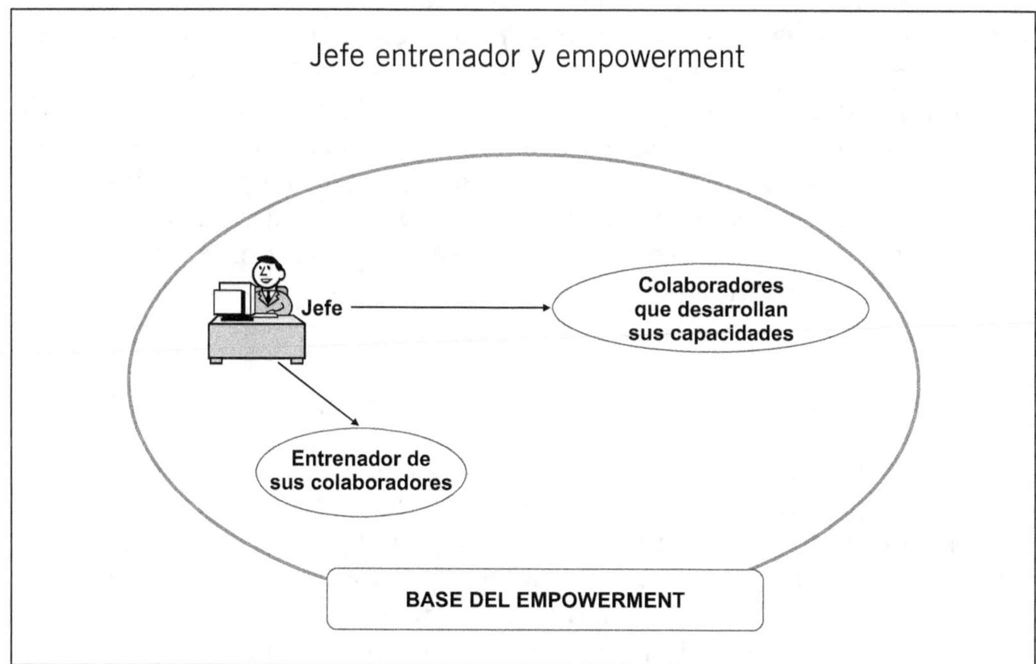

de empowerment (Capítulo 6) si los jefes no desarrollan las capacidades de sus colaboradores. Son dos prácticas que van de la mano.

Primero se debe cumplir una etapa: lograr que el jefe apoye a sus colaboradores en su crecimiento, les sirva de guía o acompañamiento, y que ellos desarrollen sus capacidades. Luego de estos primeros pasos (base para lograr empowerment) vendrá el proceso de delegación eficaz. Por lo tanto, para poner en la práctica empowerment, entre otras cosas, se debe desarrollar, en los jefes y gerentes de todos los niveles de la organización, la capacidad de constituirse en entrenadores de los demás.

El entrenamiento empresarial y el entrenamiento deportivo: semejanzas y diferencias

El entrenamiento es un concepto ampliamente utilizado en los ambientes deportivos. En la práctica deportiva, la técnica de entrenamiento se basa fundamentalmente en enseñar a otro a que aprenda por sí mismo, no en transferirle sólo un conocimiento. Desde la perspectiva organizacional, el sentido es muy similar.

Pero, si bien las técnicas son parecidas, las finalidades son diferentes en los diversos ámbitos. Es casi obvio que el entrenamiento deportivo apunta al desafío, esto es, que la persona gane el partido o competición. Las personas en situación de desempeñar un trabajo no son deportistas destinados a jugar partidos o a participar en competiciones donde las reglas ya son conocidas. En una organización, las personas trabajan en situaciones a menudo inciertas y complejas, y además no siempre se conocen las reglas del juego o bien éstas pueden cambiar en cualquier momento, aun "en la mitad del partido".

En síntesis, en sus diversos ámbitos el entrenamiento posee técnicas similares y objetivos distintos, fundamentalmente debido a las diferencias del contexto.

Entrenamiento experto: el entrenador interno o externo. Pros y contras

Muchas organizaciones recurren a la figura de un entrenador para fines específicos –por ejemplo, un colaborador que será promovido a un nivel gerencial y debe alcanzar un nivel superior en alguna competencia o conocimiento, u otra situación similar, y requiere apoyo sobre ese tema en particular. A esta variante de entrenamiento la denominamos "Entrenamiento experto". El entrenador designado puede ser una persona externa o de la misma organización, cuando el jefe directo, por alguna razón, no puede servir de guía y apoyo.

El entrenamiento y el rol del entrenador devienen de una mezcla de dos elementos: por un lado, el entrenador debe ser un ejemplo de la o las competencias o conocimientos a desarrollar, y por otro, debe poseer la capacidad de guiar o acompañar a otros en su crecimiento. Como es fácil comprender, no se podrá guiar a otros a que aprendan a delegar si el mismo entrenador no sabe transferir responsabilidades. Este comentario, a primera vista excesivamente simple, podría no serlo en la práctica. Las empresas llegan a contratar consultores para programas de entrenamiento externo, sobre temas como liderazgo y empowerment, sin conocer si los que brindarán los referidos programas tienen o no la competencia que se desea desarrollar, o, en caso afirmativo, en qué grado la poseen. En el caso de un entrenador interno, la organización tiene los medios para saber qué grado de desarrollo de competencias posee, y si podrá ser eficaz en ese rol.

En algunos casos, la figura de un entrenador externo puede ser beneficiosa, pero considerando el largo plazo, cuando se piensa en una organización sostenible en el tiempo, se advierte, sin lugar a dudas, que desarrollar *jefes entrenadores* es la mejor sugerencia.

Por otro lado, cabe tener en cuenta que una persona ajena a la organización puede aportar un enfoque neutral que resulte positivo en determinadas situaciones. A su vez, el hecho de que un consultor conozca una gran variedad de empresas puede implicar un valor agregado adicional a la tarea. Como contrapartida, el costo de contar con un entrenador externo es superior al que implica trabajar con un integrante de la propia organización.

Entrenador interno y jefe entrenador

El entrenador interno podría ser una persona diferente al jefe directo de la persona que recibe el entrenamiento. Desde un superior del jefe (el jefe del jefe), hasta un par, o una persona del área de Recursos Humanos. Las ventajas de un entrenador interno son muchas, desde que pertenece a la misma cultura y conoce los códigos internos, hasta que sabe *quién es quién* dentro de la organización.

En nuestra opinión, el ideal se consigue cuando este rol de acompañamiento lo asume el jefe directo del colaborador. Esto implica un verdadero desafío para los superiores jerárquicos y permite a las personas involucradas comunicarse de una manera diferente, al darle prioridad al desarrollo del colaborador que recibe el entrenamiento. En ocasiones, puede no ser factible si en la relación jefe-empleado no puede dejarse de lado el miedo, consciente o inconsciente, fundado o no, sobre qué hará un superior si su subordinado se abre totalmente, confía sus inquietudes y temores o deja al descubierto falencias o aspectos a mejorar.

Más allá de estas eventuales desventajas, por nuestra experiencia podemos asegurar que desarrollar esta capacidad en los jefes (ser y/o transformarse en jefes entrenadores) es siempre muy productivo tanto para la organización como para las personas que la integran.

Similitudes y diferencias entre
jefe entrenador y *mentoring*[7]

Si bien los términos *entrenador* y *mentor* pueden parecer sinónimos, no lo son; en la medida en que estamos refiriéndonos a su aplicación en programas organizacionales.

Mentor significa: consejero o guía. En su segunda acepción, educador o maestro. En inglés, *mentor* se escribe igual que en español. Otra definición: *persona de mayor experiencia que ayuda y aconseja a otros con menos experiencia por un período de tiempo*[8].

Mentoring significa: actividad desarrollada por el mentor.

Dentro de un programa de mentoring, el mentor es, usualmente, un directivo de nivel jerárquico superior; esto es así por un sinnúmero de razones: se trata de una persona que conoce el rumbo de la organización, tiene un claro panorama respecto del negocio, no está involucrado en el día a día del trabajo del colaborador, etc. Además, se busca, en general, una personalidad de prestigio, al menos en el interior de la organización.

Cuando las organizaciones adoptan la modalidad de mentoring, es usual incluir las responsabilidades de mentor dentro de los objetivos de la perso-

---

7. A los interesados en conocer más sobre *mentoring, entrenamiento experto* y *jefe entrenador*, les sugerimos otras obras de la autora sobre estos temas: *Comportamiento organizacional* (2017), *Construyendo talento* (2016) y *Las 50 herramientas de RRHH que todo profesional debe conocer* (2017), entre otras. Todos los libros mencionados, publicados por Ediciones Granica.

8. *New Oxford Advanced Learner's Dictionary*. University Press, New York, 2000.

na que asume ese rol. Es decir, su desempeño será medido, además, por el programa de mentoring que lleve adelante.

Como sucede con tantas otras buenas prácticas, estos conceptos pueden ser aplicados en cualquier organización, aun en las pequeñas.

¿Cuánto tiempo debe durar un programa de mentoring?

El mentoring se aplica, usualmente, a personas que inician una carrera gerencial y son designados mentores gerentes que transitan la mitad de sus carreras o que están relativamente próximos al retiro. Se debe considerar que un programa de mentoring se realiza, usualmente, en un lapso de 3 a 7 años, por lo cual un mentor no debería estar más cerca de su retiro que lo que sugieran estos tiempos.

Capacidades técnicas, conocimientos, competencias, la relación interpersonal y las políticas organizacionales serán los aspectos más importantes que las personas con más experiencia deberán transmitir a las más jóvenes. Aquí presentamos un gráfico donde se observan de manera sumamente simplificada las etapas de un proceso de mentoring.

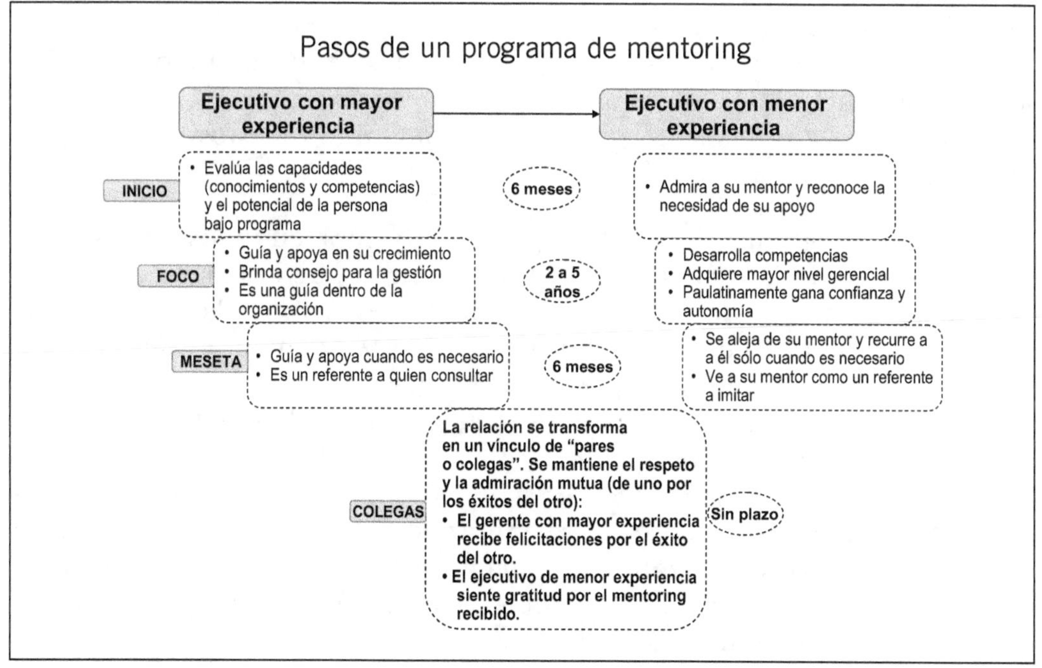

Las grandes etapas de un proceso de mentoring son: inicial, foco, meseta y una final, donde ambos protagonistas comienzan una relación que se podría denominar de colegas. Dadas la extensión y complejidad de este tipo de programas, es necesario un fuerte compromiso de la organización y de todos los involucrados.

El propósito de un programa de mentoring es más abarcativo que el desarrollo de competencias. Sin embargo, éste será un aspecto de suma importancia, dado que no será posible desarrollar a un gerente de manera integral sin tener en cuenta las competencias necesarias para ocupar puestos superiores dentro de la organización.

Diferencias y similitudes entre los programas de jefe entrenador y mentoring

Diferencias: un programa de mentoring tiene como propósito desarrollar a futuros gerentes y directivos y no tiene relación directa con el quehacer cotidiano. Su alineación con la estrategia organizacional es de tipo indirecto y de largo plazo. El rol de entrenador que asume un jefe (jefe entrenador) se desarrolla al mismo tiempo que se llevan a cabo las tareas habituales que cada uno debe realizar, permitiendo una mejor consecución de los objetivos organizacionales.

Similitudes: ambos desarrollan las capacidades del colaborador y ayudan a su crecimiento en el ámbito organizacional y personal.

Analicemos en detalle en qué consiste cada uno de estos tipos de programas:

- En los programas de mentoring el mentor será, en todos los casos, un directivo de la organización de mayor nivel que el colaborador bajo programa, con un fuerte conocimiento respecto de la empresa y el puesto de trabajo de éste. Su papel consiste en guiar, mostrando, explicando, indicando lo que se debe hacer y lo que debe evitarse. El principio de este aprendizaje consiste en seguir el modelo que el mentor representa en ese ámbito.

- Un programa de *jefe entrenador,* si bien tiene similitudes con los programas de mentoring, posee a su vez grandes diferencias con él. El jefe directo y en contacto cotidiano guía a sus colaboradores en el desarrollo de sus capacidades (conocimientos y competencias) para el mejor desempeño de sus funciones y tareas.

✔ En el ámbito de las organizaciones pueden existir otros tipos de programas de entrenamiento sobre temas específicos. En el caso en que esta función la lleve a cabo un asesor externo, éste, luego de analizar la situación, emitir un diagnóstico y formular sus recomendaciones, asesorará a la persona que recibe el entrenamiento respecto de cómo mejorar o resolver esa situación en particular.

Nuestra sugerencia, pensando en el mediano y largo plazo y en el crecimiento sostenido de las organizaciones, es el desarrollo de la competencia *Entrenador* en los jefes. De este modo la organización en su conjunto se transformará en una organización "que aprende", no en un momento en particular, sino en el día a día y a lo largo de toda su existencia.

Como comentáramos en otros casos, se sugiere que estas actividades de formación se impartan "en cascada", desde la máxima conducción y hasta los distintos niveles de supervisión o jefatura.

Nuestra experiencia como consultores nos indica que una implantación como la sugerida en el gráfico es sumamente eficaz en las organizaciones, cualquiera sea su tipo y tamaño.

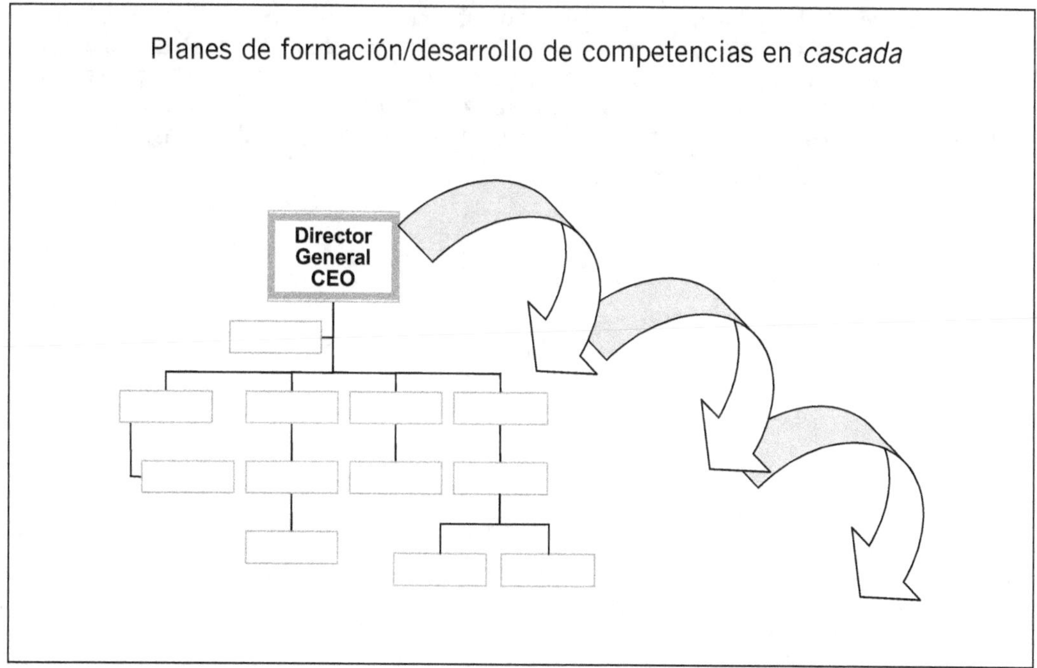

Para desarrollar la capacidad de delegar podrá disponer de una herramienta práctica adicional que lo ayudará a llevar a la práctica la mayoría de los conceptos de este capítulo. Dicha herramienta es un diario de trabajo que incluye test, los 12 pasos mencionados en el título, divididos a su vez en subpasos, ideas, sugerencias, bibliografía, *check list* y espacios en blanco para que cada uno pueda aportar sus sugerencias, reflexiones, plan de acción para mejorar y cualquier otro aspecto que desee considerar en relación con el paso en cuestión.

12 pasos para transformarse en un jefe entrenador

CONTENIDO DE LA OBRA: • Introducción. • Comenzando por el principio. La primera evaluación. Test: *¿Soy un "jefe entrenador" de mis colaboradores?* • 12 pasos para transformarse en un buen jefe entrenador. • PASO 1: Transfórmese en un referente en materia de aprendizaje. • PASO 2: Promueva el desarrollo. • PASO 3: Guíe a sus colaboradores. • PASO 4: Sea un ejemplo para sus colaboradores. • PASO 5: Construya el compromiso con la acción. • PASO 6: Brinde aliento. • PASO 7: Difunda los valores organizacionales. • PASO 8: Transfórmese en un modelo a seguir por sus valores y principios éticos. • PASO 9: Sea proactivo en relación con las capacidades de sus colaboradores. • PASO 10: Comparta conocimientos. • PASO 11: Sea un modelo a seguir en relación con las competencias organizacionales. • PASO 12: Desarrolle a su equipo a través de la delegación. • Formularios utilizados. Índice completo y su relación con los 12 pasos de esta obra. • Epílogo. Dos miradas: organizacional e individual. • Segunda evaluación. Test: *¿Cuánto mejoró mi capacidad como "entrenador"?* • Bibliografía. • Unas palabras sobre la autora. • Guía de lecturas. • Sobre Rol del jefe y libros complementarios. • Para conocer más sobre la obra de Martha Alles.

A continuación usted encontrará dos páginas para diseñar su *plan de acción personal* respecto de las temáticas de este capítulo.

El plan de acción consta de las siguientes partes:

- **Formación:** actividades de capacitación (talleres, seminarios, codesarrollo) que su organización o alguna institución a la cual usted pueda tener acceso brinde sobre la temática.
- **Lecturas:** en la parte final del Capítulo 8 encontrará sugerencias al respecto. Siempre le recomendamos la lectura de libros. En Internet sólo se sugiere consultar *papers* de universidades o firmas conocidas y de prestigio. De lo contrario, en algunos casos se puede obtener información no aconsejable.
- **Actividades extracurriculares:** en este punto se hace referencia a actividades no relacionadas con el ámbito laboral que pueden ayudarlo en el desarrollo de sus capacidades. Por ejemplo: desempeñarse como director del equipo de fútbol (*soccer*) o cualquier otro deporte del colegio de sus niños.
- **Referente:** estudio de una persona con un alto grado de desarrollo de la capacidad que se desea mejorar. Al analizar sus comportamientos, se pueden mejorar los propios.
- **Aplicar sugerencias:** en el Capítulo 8 se brinda una serie de sugerencias o *tips* para mejorar en las distintas temáticas abordadas en esta obra. Para la confección de su plan de acción le sugerimos leer detenidamente y tomar en cuenta los consejos de ese capítulo.

En la segunda de las dos páginas siguientes usted encontrará una "agenda". La idea que deseamos transmitirle es que el plan de acción debe ser concreto, con ideas para poner en práctica de forma inmediata (o al menos en el corto plazo).
Usted puede confeccionar una agenda para cada uno de los capítulos de la presente obra.

Plan de acción. Una amplia gama de posibilidades

Plan de acción: FORMACIÓN → Actividades de formación propuestas por la organización donde trabajo u otras a las cuales pueda acceder.

Nombre del curso/Actividad	Lugar y fecha
....	....
....	....
....	....

Plan de acción: LECTURAS → Libros o artículos relacionados: Biografías de aquellos que fueron "buenos jefes" y/o buenos entrenadores de personas.

Nombre del libro/Actividad	Lugar y fecha
....	....
....	....
....	....

Plan de acción: ACTIVIDADES extracurriculares → Actividades no relacionadas con mi trabajo que me ayuden a mejorar

Tipo de actividad a realizar	Lugar y fecha
....	....
....	....
....	....

Plan de acción: REFERENTE → + (positivo): comportamientos para imitar
- (negativo): comportamientos que debería imitar

Nombres de referentes	Lugar y fecha
....	....
....	....
....	....

Plan de acción: APLICAR SUGERENCIAS → Elegir un número reducido de consejos (capítulo 8) y llevarlos a la práctica. Luego intentar con otros.

Sugerencia /Consejo a seguir	Lugar y fecha
....	....
....	....
....	....

Plan de acción. Debe ser concreto

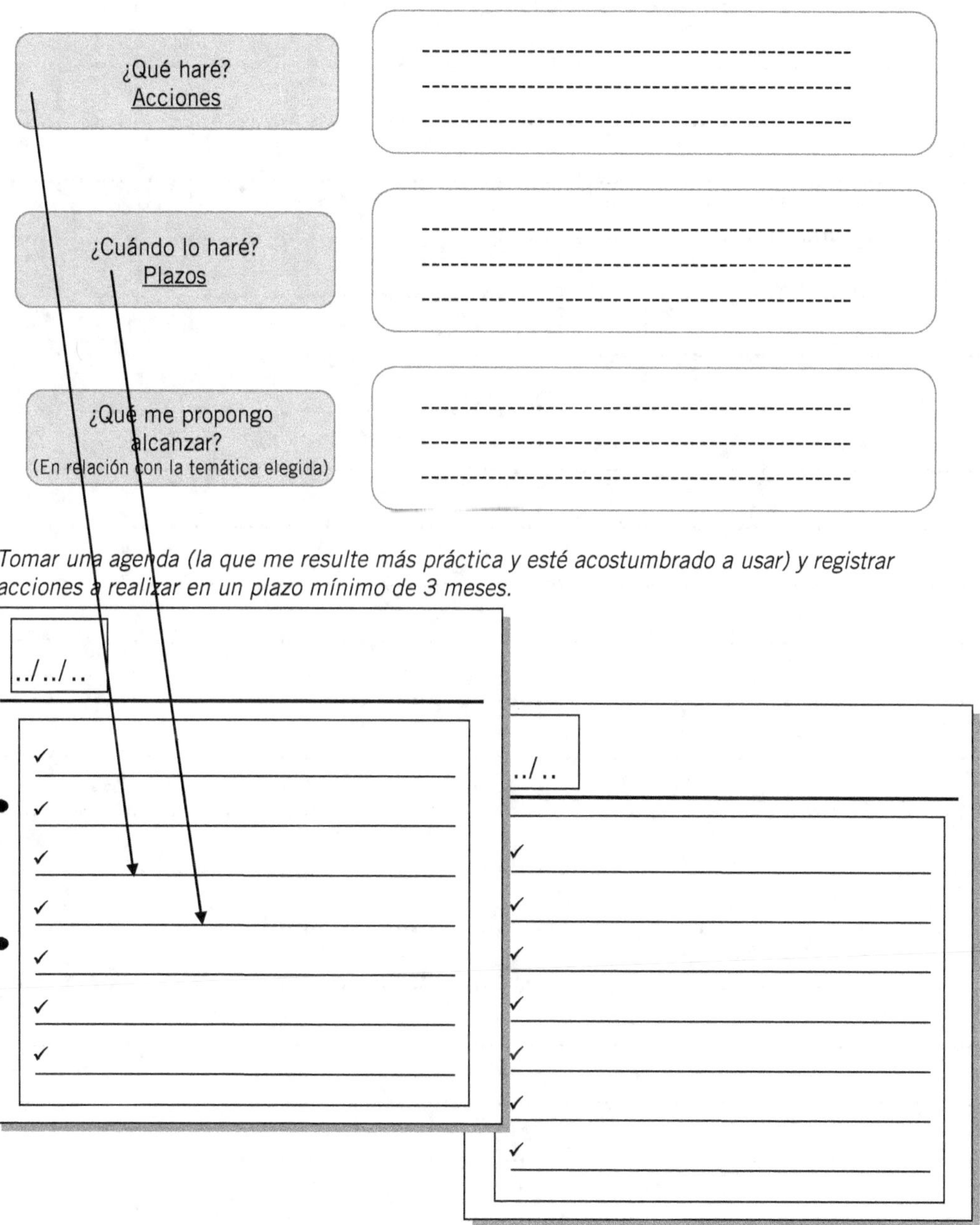

Tomar una agenda (la que me resulte más práctica y esté acostumbrado a usar) y registrar acciones a realizar en un plazo mínimo de 3 meses.

Notas

Capítulo 8

Sugerencias para alcanzar un desempeño superior como jefe

Temas del capítulo

- Consejos para mejorar como jefe
- Consejos sobre cómo delegar y conducir personas
- Consejos para ser un jefe entrenador
- Consejos para ser jefe en el siglo XXI
- Método 12 pasos y el Rol del jefe
- Cómo mejorar sus conocimientos en relación con el Rol de jefe
- Guía de desarrollo para mejorar su "Rol de jefe"

Hemos visto en capítulos anteriores las distintas funciones que debe asumir un jefe, además de las específicas de su puesto, como vender, comprar, producir o brindar un servicio a otras áreas. Esto es lo que sucede en las áreas de Recursos Humanos o Tecnología Informática, sólo por mencionar dos ejemplos.

En esta última parte de nuestro trabajo brindaremos una serie de consejos prácticos para ser un mejor jefe cada día.

En la página siguiente le presentamos una guía para leer este capítulo.

- En este capítulo encontrará una serie de consejos o tips, que no respetan estrictamente el orden en que los temas fueron tratados a lo largo de los siete capítulos anteriores. Dado que son "consejos", se decidió darles otra estructura y orden.

- Se incluyen dos tipos de información:
  Con los números de 1 a 100, una serie de consejos.
  En la parte superior de la página, frases reducidas; en la parte inferior y con el mismo número, el concepto ampliado.

- Encontrará, asimismo, tres páginas intercaladas con conceptos a recordar sobre tres temas básicos: Selección, Evaluación del desempeño y Desarrollo de personas.
  En cada uno de ellos se le sugerirán lecturas adicionales.

- Al final se le presentan, bajo el formato de una *guía de desarrollo,* una serie de ideas para mejorar su rol de jefe en sus distintas facetas.

- Lo aquí expuesto le será de gran utilidad para la confección del Plan de acción que se sugiere que realice al final de cada capítulo (1 a 7).

Quizá su jefe o sus jefes no son como usted quisiera y/o como las buenas prácticas indican, pero en este momento se trata de usted, de cómo podrá llegar a ser un muy buen jefe.

Aspectos importantes a tener en cuenta:

✓ La frase que se presenta en el cuadro inserto en la parte superior de esta página, se ha podido observar en repetidas ocasiones en los capítulos previos. Su inclusión una vez más, en esta parte final, es para recordarla y reforzar el concepto que expresa.

✓ El concepto planteado: "las buenas prácticas generan una situación **ganar-ganar**", se contrapone a otro, que existe en el imaginario de muchas personas: "los *empresarios* son personas (o entes) que sólo desean maximizar su inversión", como si esto fuese malo. El objeto de una empresa es maximizar sus ganancias, lo cual no sólo es lícito, sino que es correcto. Lo que estaría mal es que se hiciese a cualquier precio, no cumpliendo las leyes del país y sin tomar en cuenta los principios éticos fundamentales.

✓ En la concepción moderna de las Ciencias de la Administración, cuando los métodos de trabajo están bien diseñados (en nuestro caso, los subsistemas de Recursos Humanos), permiten que las organizaciones cumplan su cometido (por ejemplo, ganar dinero) y, al mismo tiempo, son beneficiosos para todas las personas que las integran. Ya sean gerentes, jefes o colaboradores de cualquier nivel.

✓ Sobre la base de todo lo anterior, se ha preparado esta obra y los consejos que se exponen a continuación.

Consejos para mejorar como jefe

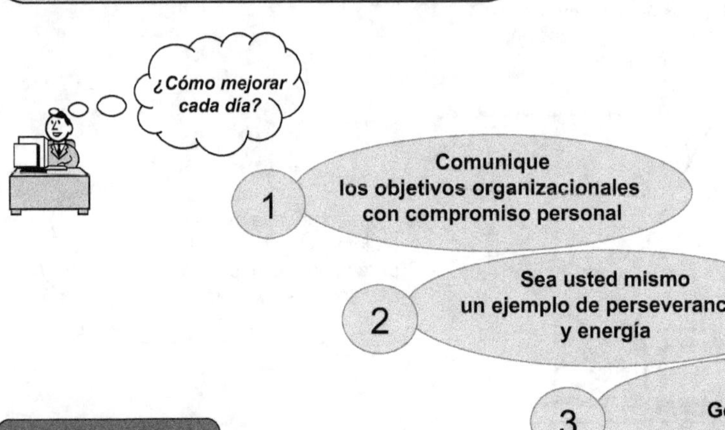

1 Cuando deba transmitir a sus colaboradores la misión, visión y valores de la organización, u otra información de tipo estratégico, hágalo con convencimiento. Demuéstreles con actos su propio compromiso con esas ideas.

2 Si desea que sus colaboradores adhieran, compartan y trabajen con energía en pos de la misión, visión y valores de la organización y del área que usted lidera, transfórmese usted mismo en un ejemplo de perseverancia y energía.

3 Si realmente quiere lograr el apoyo de sus colaboradores, trabaje para desarrollar una imagen confiable. Cuando se equivoque, admita sus errores abiertamente.

Consejos para mejorar como jefe

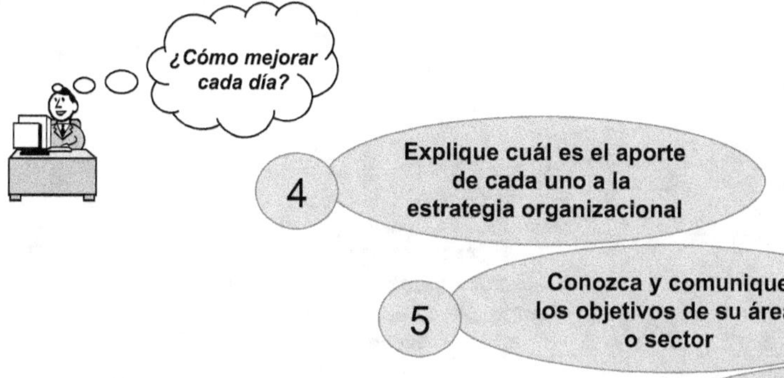

COMUNICACIÓN

4 Dedique tiempo a explicar a sus colaboradores cómo el trabajo de cada uno de ellos contribuye al cumplimiento de la estrategia organizacional. ¡Hágalo a través de ejemplos!

5 Interiorícese acerca de los planes que tiene su organización y de los objetivos que le han planteado para el área/sector a su cargo. Una vez que los conozca en detalle, comuníquelos a sus colaboradores.

6 Brinde a sus colaboradores la oportunidad de expresar sus opiniones y dudas con respecto a los objetivos organizacionales y de su área o sector. Finalice la reunión una vez que se hayan despejado todas las dudas y exista un acuerdo con respecto a las metas que han sido establecidas.

Consejos para mejorar como jefe

7
**Sea honesto y abierto
con sus colaboradores**

8
**Tenga en cuenta que usted
es el nexo entre la organización y
sus colaboradores**

9
Sea siempre claro y preciso

COMUNICACIÓN

7 Sea siempre honesto y abierto con sus colaboradores; comuníqueles las novedades o la información que les competa con objetividad. De la información que usted maneja, tenga en cuenta cuál es confidencial y cuál no.

8 Recuerde: usted es el nexo entre la organización y sus colaboradores, por lo tanto es el responsable de transmitir los planes, políticas y objetivos de ésta y de recibir y canalizar las inquietudes de la gente a su cargo.

9 Sea siempre claro y preciso. Ciertas decisiones y comportamientos pueden parecer inconsistentes sin una adecuada explicación. Dar la información necesaria de la manera adecuada puede permitirle ganar la confianza y buena predisposición de sus colaboradores.

Consejos para mejorar como jefe

10 Tenga en cuenta que usted es el nexo entre la organización y sus colaboradores

---

COMUNICACIÓN

10 Cuando detecte rumores, no los deje pasar; discuta abiertamente con sus colaboradores su veracidad. Si fuese pertinente, evalúe con ellos (en relación con la información del rumor) qué podría ocurrir en el peor de los casos.

Rumor: información que las redes naturales de una organización comunican sin evidencias seguras.

Si los rumores son sobre temas sensibles para los colaboradores, pueden llegar a constituir un problema grave.

En la mayoría de los casos los rumores son acerca de temas triviales. En uno u otro caso, es aconsejable desvirtuarlos.

Consejos para mejorar como jefe

SELECCIÓN DE UN NUEVO COLABORADOR

Aspectos importantes a tener en cuenta:

✓ Descriptivo de puesto: es un documento donde constan por escrito las principales responsabilidades y funciones que un puesto requiere. Cuando se trabaja bajo la metodología de Gestión por Competencias, figuran allí las competencias y sus grados requeridos para alcanzar un desempeño superior en la posición.

✓ En el momento de comenzar un proceso de selección se debe consultar este documento y verificar que la información esté actualizada.

✓ Es falso que lo mejor es contratar al "mejor empleado que se pueda": se debe contratar al mejor empleado para ese puesto de trabajo.

✓ ¿Qué significa el concepto "adecuación persona-puesto"? Es la relación entre lo que el puesto requiere en materia de conocimientos y competencias, y lo que ofrece el colaborador en ambos aspectos.

✓ Una correcta adecuación persona-puesto es buena para la empresa, para el futuro jefe y para la persona.

✓ Ventajas de la adecuación persona-puesto para la organización:
  • Las personas están alineadas a la estrategia.
  • Agregan valor.
  • Son más productivas.
  • Facilitan la tarea de otras personas: jefes, subordinados, pares, clientes internos, etc.

✓ Para el colaborador:
  • Se siente mejor cuando realiza tareas acordes a sus capacidades.
  • Siente que agregan valor.
  • Manifiesta más seguridad.
  • Se siente valorado.

✓ Para el jefe:
  • El jefe tendrá al colaborador que necesita.

Lecturas que lo ayudarán a mejorar aspectos relacionados con la selección de nuevos colaboradores y la evaluación de los mismos:

• *Selección por competencias,* Ediciones Granica, Buenos Aires 2016.
• *Elija al mejor,* Ediciones Granica, Buenos Aires, 2017.

Consejos para mejorar como jefe

**SELECCIÓN DE UN
NUEVO COLABORADOR**

11 Cuando deba seleccionar a un nuevo colaborador (o varios), conviértase en el responsable principal del proceso. ¿Quién mejor que usted conoce los requisitos del puesto, los conocimientos y competencias que son necesarios para cubrir la posición?

12 Si la búsqueda la realiza el área de Recursos Humanos, participe proactivamente con los demás responsables del proceso de selección, desde el momento de la definición del perfil del puesto a cubrir.

Consejos para mejorar como jefe

13   Sobre el perfil: definir los requisitos imprescindibles y los que no lo son

14   Entrevista: no olvidar profundizar sobre los requisitos definidos como excluyentes (imprescindibles)

15   Indagar sobre cualquier aspecto que considere importante. No quedarse con dudas

SELECCIÓN DE UN NUEVO COLABORADOR

13   Usted es el responsable de definir los requisitos excluyentes, es decir, aquello que sí o sí el nuevo colaborador deberá poseer, así como también los requisitos no excluyentes, aunque deseables para el puesto (no imprescindibles).

14   Cuando entreviste a futuros colaboradores no olvide profundizar en los aspectos previamente definidos como requisitos excluyentes o imprescindibles para el puesto.

15   Cuando entreviste a potenciales colaboradores indague sobre todo aspecto que considere importante. No se quede con dudas. Recuerde que cuanto antes identifique si la persona es adecuada o no para el puesto, será mejor para usted y para el candidato.

Consejos para mejorar como jefe

16 La entrevista debe realizarse en un ambiente adecuado

17 Recuerde indagar en profundidad sobre las motivaciones para el cambio

18 El responsable último de la decisión sobre incorporar o no a un nuevo colaborador es el futuro jefe

SELECCIÓN DE UN NUEVO COLABORADOR

16 La entrevista debe realizarse en un ambiente adecuado. Esto implica desde el lugar donde se realizará, hasta la atención que usted le dedique. No permita interrupciones ni distracciones de ningún tipo. Es una instancia importante para ambos.

17 No olvide indagar acerca de las motivaciones que han llevado al candidato a buscar un nuevo empleo, así como también acerca de sus expectativas (tanto aquellas que manifiesta como las implícitas o veladas).

18 Recuerde: usted es el responsable de tomar la decisión final acerca de la incorporación de un candidato. Recursos Humanos o el consultor externo sólo pueden aconsejarlo.

Consejos para mejorar como jefe

EVALUAR EL DESEMPEÑO DE SUS COLABORADORES

Aspectos importantes a tener en cuenta:

✓ La evaluación del desempeño de un empleado hace a la esencia de la relación jefe-colaborador.

✓ La evaluación no debe realizarse sólo en el momento en que la organización lleve a cabo la evaluación de todos los empleados, aplicando la herramienta que las empresas denominan "Evaluación del desempeño". La evaluación debería formar parte de la relación diaria: que el jefe le diga a su colaborador, en el día a día del trabajo, qué está haciendo bien y en qué aspectos debe mejorar.

✓ La evaluación debe basarse en el *descriptivo del puesto.*

✓ La evaluación del desempeño debe medir la *adecuación persona-puesto* (relación entre lo que el puesto requiere en materia de conocimientos y competencias, y lo que el colaborador ofrece en ambos aspectos).

✓ Una correcta adecuación persona-puesto es buena para la empresa, para el futuro jefe y para la persona.

✓ Usualmente la evaluación del desempeño se divide en dos partes:
  • Objetivos (cómo se realizan las tareas, conocimientos, etc.).
  • Competencias.

✓ Una buena herramienta para evaluar el desempeño permite:
  • Mejorar la actuación futura de las personas.
  • Mejorar los resultados de la organización.

Lecturas que lo ayudarán a mejorar aspectos relacionados con la evaluación del desempeño de sus colaboradores:

• *Desempeño por competencias,* Ediciones Granica, Buenos Aires 2017.

Consejos para mejorar como jefe

19 La evaluación del desempeño
es una oportunidad para mejorar

20 La evaluación puede ayudarlo
en el seguimiento tanto de sus tareas
como de sus colaboradores

21 Consulte con el área de RRHH
si observa que la herramienta en uso
no se adapta a sus necesidades

EVALUAR EL DESEMPEÑO DE SUS COLABORADORES

19 Utilice la evaluación del desempeño para trazar planes, tanto para usted como para sus colaboradores. Es una oportunidad de mejora. ¡Aprovéchela!

20 Infórmese acerca de las herramientas con las que cuenta la organización en materia de evaluación de colaboradores. Recuerde que podrán resultarle de utilidad para el seguimiento y control del cumplimiento de las tareas y objetivos del área a su cargo. Bien utilizada, ayuda a que el jefe cumpla con sus objetivos y supervise los objetivos de sus colaboradores.

21 Si usted necesita algo diferente en materia de evaluaciones, en especial, para el seguimiento y control de tareas y objetivos, consulte con el área de Recursos Humanos: quizá pueda adaptarse la herramienta en uso o diseñarse otra.

Consejos para mejorar como jefe

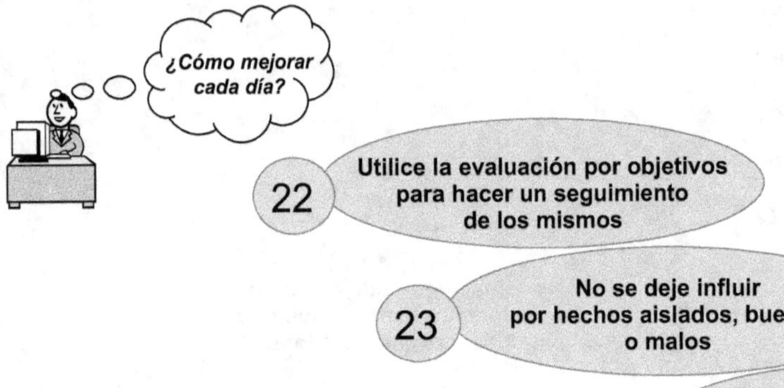

22 La evaluación de desempeño, usualmente, contiene una sección dedicada a los Objetivos, para su control y seguimiento. Haga uso intensivo de estas herramientas. Recuerde: son sus mejores "aliadas" para poder realizar un adecuado seguimiento del desempeño de sus colaboradores, de forma eficiente y ordenada.

23 Cuando deba evaluar el desempeño de sus colaboradores no se deje influir por hechos aislados, positivos o negativos. Evalúe el desempeño de cada colaborador en su conjunto. Sea objetivo.

24 Usualmente se asocia el concepto de retroalimentación con la reunión anual, cuando toda la organización evalúa el desempeño, y en la cual el jefe comunica "el resultado" de la evaluación. Esto es correcto. Sin embargo, la retroalimentación es esencial en la relación cotidiana jefe-colaborador. Brinde retroalimentación de manera constante. Conviértalo en una práctica habitual.

Consejos para mejorar como jefe

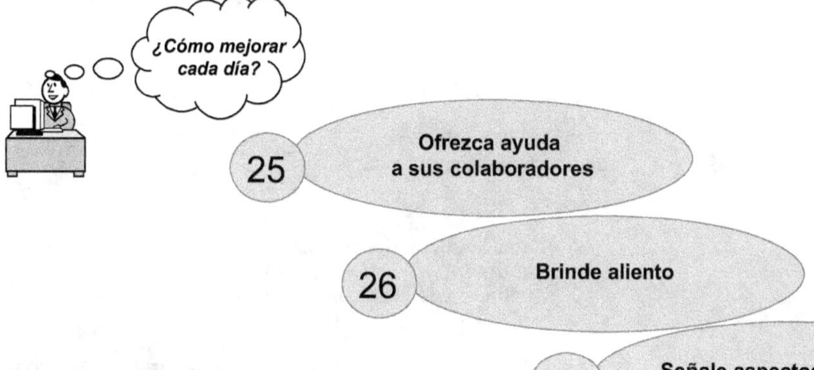

25 Cuando perciba que alguno de sus colaboradores tiene dificultades para cumplir con sus tareas u objetivos, trate de determinar las posibles causas. Determine si éstas tienen que ver con la tarea en sí o con cuestiones de índole personal del individuo. En cualquier caso, analice si usted puede ayudarlo o no, considerando la situación.

26 Brinde aliento a su colaborador. Reconozca los aportes y esfuerzos que realice. Debe hacerse en su punto justo: el exceso de elogios es tan malo como la ausencia de reconocimiento.

27 Los puntos 25 y 26 deben formar parte de la relación diaria con sus colaboradores. No evalúe sólo los resultados finales. De tanto en tanto señale aspectos tanto positivos como negativos de la tarea realizada.

Consejos para mejorar como jefe

28 **Esté disponible
para sus colaboradores**

29 **Estar atento al desempeño de sus
colaboradores le será de ayuda en el
momento de elegir un reemplazo**

30 **Solicite ayuda a Recursos Humanos
cada vez que sea necesario**

**EVALUAR EL
DESEMPEÑO DE SUS
COLABORADORES**

28 Demuestre a sus colaboradores una actitud abierta y de total disponibilidad para atenderlos cuando lo necesiten, a fin de brindarles asesoría y consejo con respecto a sus dudas y/o problemas, tanto en asuntos menores como de importancia.

29 Recuerde: usted necesita elegir un sucesor o reemplazo para prever determinadas circunstancias. Evaluar adecuadamente el desempeño de sus colaboradores le permitirá reconocer a ese posible sucesor o reemplazo en caso de ausencia o necesidad.

30 No dude en consultar con el especialista de Recursos Humanos cuando tenga dudas acerca de cómo emplear las herramientas de evaluación del desempeño.

Consejos para mejorar como jefe

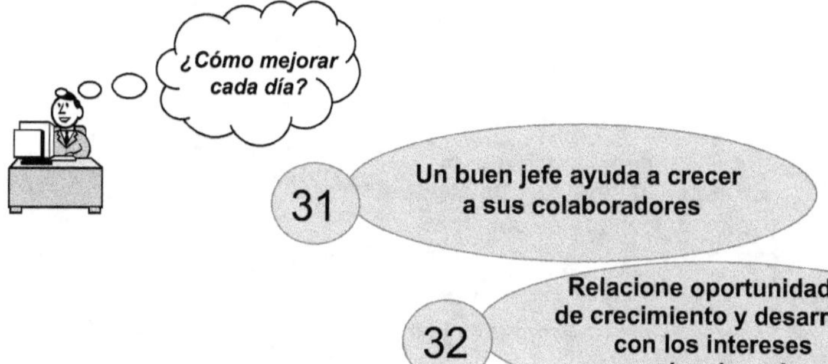

31 Recuerde: un buen jefe es aquel que ayuda a sus colaboradores a crecer. Usted puede ser un entrenador de sus colaboradores, sólo tiene que proponérselo. Esto será bueno para usted, para el colaborador y para la organización.

32 Evalúe las oportunidades que ofrece la empresa, en materia de crecimiento, de desarrollo de personas, de capacitación, etc. Luego relaciónelas con las capacidades e intereses de sus colaboradores, y promueva que ellos las aprovechen.

33 Ayude a sus colaboradores a identificar sus fortalezas y debilidades y, en función de ellas, sus oportunidades de desarrollo. Siempre tenga en cuenta los intereses personales de sus colaboradores. En ocasiones, ellos no los expresan claramente.

Consejos para mejorar como jefe

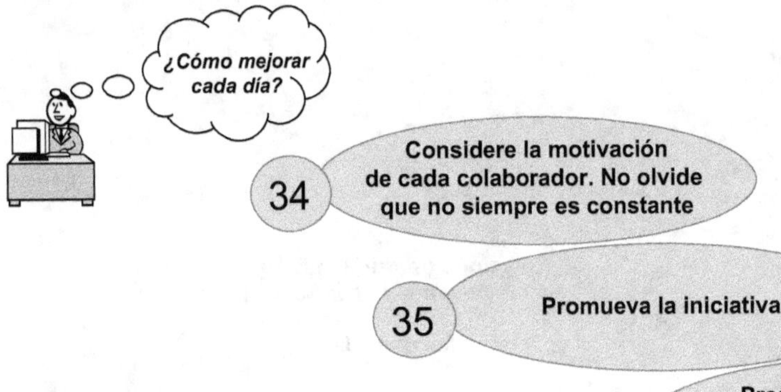

34 Descubra las áreas de interés de sus colaboradores. Esfuércese por conocer sus verdaderas motivaciones para, en función de ellas, asignarles tareas que los motiven y desafíen sus capacidades.

35 Promueva en sus colaboradores la toma de iniciativa e invítelos a llevar a la práctica las sugerencias que consideren pertinentes para enriquecer sus puestos de trabajo. Acepte sugerencias, aun cuando impliquen rever decisiones que usted ha tomado con anterioridad.

36 Analice cómo se relacionan entre sí los colaboradores de su área y evalúe cómo podría colaborar usted, desde su posición de jefe, para mejorar las relaciones del grupo.

Consejos para mejorar como jefe

37 Conviértase en un agente facilitador en su área. Si percibe un conflicto entre algunos de sus colaboradores no deje que el problema se agrave. ¡Intervenga! Sea equitativo, objetivo y ayude a que los involucrados solucionen por sí mismos sus problemas.

38 Con su ejemplo fomente el cuidado en el trato personal en todo momento, sobre todo en aquellas situaciones de alta exigencia o estrés.

39 Brinde a todos sus colaboradores un trato equitativo y justo; no deje que sus problemas personales afecten sus relaciones con las demás personas, y no permita que esto ocurra entre sus colaboradores

Consejos para mejorar como jefe

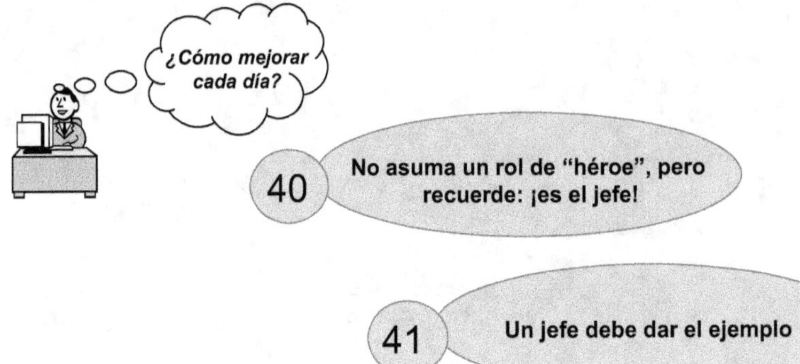

SER UN EJEMPLO PARA SUS COLABORADORES

40   Usted no tiene que ser un héroe. Quizá no esté contento con su salario, o con su propio jefe. También tiene problemas personales (como todas las personas). Sin embargo, es jefe. Esto significa que sus colaboradores esperan mucho de usted, y estará siempre "en la mira".

No debe actuar como un "Superman" o "Mujer Maravilla" pero, al mismo tiempo, no puede actuar "como uno más" del equipo.

Deberá moverse en un justo equilibrio para ser usted mismo y ser jefe al mismo tiempo. No debe olvidar que tanto la organización como sus colaboradores esperan de usted que asuma este rol (de jefe).

41   Recuerde: usted es el líder de su equipo de trabajo. Por ello debe esforzarse por conducirlo con integridad, transformándose en un ejemplo para todos sus colaboradores.

Como jefe, debe ser un referente en materia de valores organizacionales.

Consejos sobre cómo delegar y conducir personas

42 Para conducir su área comience por conocer en detalle los objetivos que tiene planteados

43 Conozca las capacidades de sus colaboradores y relaciónelas con los objetivos del área

44 Defina objetivos retadores, pero posibles de alcanzar, para cada uno de sus colaboradores

CONDUCIR MEJOR A SUS COLABORADORES

42 Para ser un buen jefe y conducir a otros adecuadamente, el primer paso es conocer en detalle cuáles son los planes que tiene su organización y cuáles son los objetivos que se le han planteado al área/sector a su cargo.

43 Para conducir personas, se deben conocer sus capacidades. Evalúe tanto los conocimientos como las competencias que tienen y relaciónelos con las tareas y responsabilidades asignadas a cada uno de ellos, a fin de determinar cómo participarán en el cumplimiento de los objetivos del área.

44 Defina claramente los objetivos asignados a cada uno de sus colaboradores.
Recuerde: deben ser desafiantes, pero alcanzables, y deben estar claramente definidos su contenido y los tiempos en que deberían cumplirse.

Consejos sobre cómo delegar y conducir personas

45 Comunique claramente y en detalle

46 El tiempo que utilice en comunicarse
con sus colaboradores, siempre
será una buena inversión

47 Brinde retroalimentación sobre
el cumplimiento de objetivos

**CONDUCIR MEJOR
A SUS
COLABORADORES**

45 Reúnase con cada uno de sus colaboradores y comuníqueles los objetivos y tareas que deberán cumplir. Asegúrese de que ha sido comprendido en todo, incluso en los detalles de menor importancia. La comunicación es clave.

46 Cuando comunique a sus colaboradores los objetivos que tienen planteados dedíquele todo el tiempo que sea necesario. No lo tome como una carga. Recuerde: de cómo lo haga dependerá, en gran parte, el compromiso que logre de ellos con relación a las metas fijadas.

47 Brinde guía y apoyo constante a sus colaboradores. Convierta esto en una práctica cotidiana. No espere al momento de la evaluación del desempeño. Hágalo siempre que tenga algo para decir.

Consejos sobre cómo delegar y conducir personas

48 Averigüe las causas
de las dificultades que se presentan

49 Considerando la causa
de las dificultades, evalúe cuál es
la mejor solución

50 ¡Ofrezca ayuda!

**CONDUCIR MEJOR
A SUS
COLABORADORES**

48 Si un colaborador tiene dificultades con sus tareas, ante todo averigüe las causas. Éstas pueden ser de origen diverso, desde una máquina que no funciona adecuadamente, hasta un compañero que no colabora o bien no sabe cómo llevar a cabo su trabajo.

49 Una vez que determinó las causas de las dificultades, evaúe el mejor camino a seguir para lograr una mejora.

50 Conducir personas no implica sólo dar órdenes. Usted deberá asegurarse de que sus colaboradores tienen todo lo necesario para llevar a cabo las tareas encomendadas. Siempre ofrezca su ayuda y consejo.

Consejos sobre cómo delegar y conducir personas

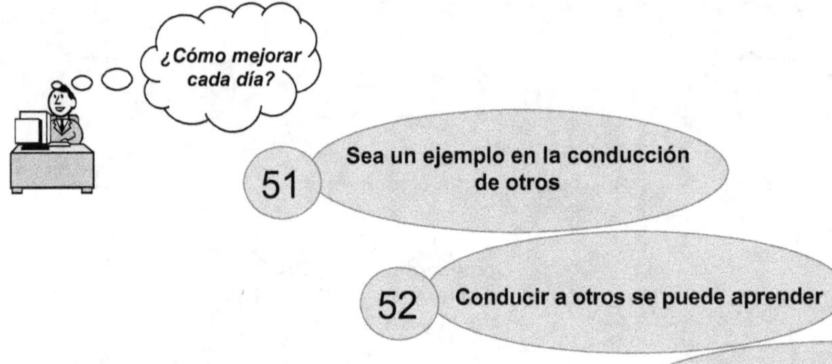

CONDUCIR MEJOR A SUS COLABORADORES

51 Si usted es jefe de personas que, a su vez, son jefes, usted será un ejemplo para ellos en materia de conducción de colaboradores. Del mismo modo, puede ser un ejemplo para aquellos más jóvenes y/o con menos experiencia en la conducción de otras personas.

52 A la mayoría de las personas se las designa jefes sin enseñarles a asumir ese rol. No obstante, se puede aprender. No es fácil, pero este libro fue preparado para ayudarlo.

53 No todas las empresas trabajan bajo empowerment. Usted deberá informarse (si no lo sabe) respecto de cuál es la posición de su organización con relación al tema. Si tiene dudas, ¡consulte!

Consejos para ser un jefe entrenador

TRANSFORMARSE EN UN JEFE ENTRENADOR

Aspectos importantes a tener en cuenta:

✓ En su rol de *jefe entrenador*, usted deberá evaluar las capacidades de sus colaboradores de manera permanente, en la tarea cotidiana.

✓ En base a esta evaluación, brindará retroalimentación: "qué está bien", "qué deberá mejorar", "qué no debe hacerse de ese modo".

✓ Ofrecer ayuda para el desarrollo. Para ello debe conocer una serie de temas a los cuales nos referiremos a continuación.

✓ El desarrollo (en conocimientos y competencias) siempre debe realizarse en función del puesto que la persona ocupa (o se prevé que ocupará).

✓ El desarrollo es significativamente más efectivo cuando parte de la propia decisión: *autodesarrollo*. El autodesarrollo es aplicable tanto a conocimientos como a competencias.

✓ El solo deseo de mejorar no alcanza. En muchos casos, puede ser necesario recibir ayuda.

✓ No es preciso saber sobre todos los caminos recomendados para el desarrollo (de conocimientos y/o competencias). Frente a un caso concreto, debe pedir asesoramiento al área de Recursos Humanos dela organización.

✓ Los métodos para el desarrollo de conocimientos y competencias son:
  • *Autodesarrollo*. Es el de mayor eficacia.
  • La ayuda que se recibe de un *jefe entrenador*. Método denominado *entrenamiento experto*, realizado por el propio jefe.
  • *Codesarrollo*. Actividades con formato de seminario o taller, donde se toma conocimiento de un tema, para luego llevarlo a la práctica, tras lo cual se realiza una autoevaluación junto con un plan de acción para el autodesarrollo.

MUY IMPORTANTE: el jefe es un modelo para sus colaboradores.

Lecturas que lo ayudarán a mejorar aspectos relacionados con el desarrollo de las capacidades de sus colaboradores:

• *Desarrollo del talento humano,* Ediciones Granica, Buenos Aires 2017.

Consejos para ser un jefe entrenador

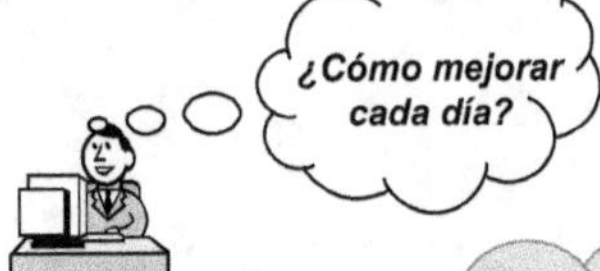

54 — ¿Qué conocimientos y competencias son necesarios?

55 — ¿Sus colaboradores poseen los conocimientos y competencias que hacen falta?

56 — Analice si las tareas asignadas representan un reto

TRANSFORMARSE EN UN JEFE ENTRENADOR

54 — Para ser jefe usted debe conocer el alcance y contenido de las diferentes tareas que deben realizarse en su área o sector. A partir de esta información, reflexione acerca de los conocimientos y competencias que son necesarios para cada una de ellas.

55 — En función de las conclusiones que obtenga del punto anterior, analice si sus colaboradores tienen los conocimientos y competencias necesarios. Determine cuáles son las fortalezas y debilidades que presenta cada colaborador para realizar las tareas asignadas.

56 — Analice si entre las tareas asignadas existe alguna que pueda representar un reto para su colaborador y si ésta puede convertirse, al mismo tiempo, en una oportunidad de aprendizaje y desarrollo para él.

Consejos para ser un jefe entrenador

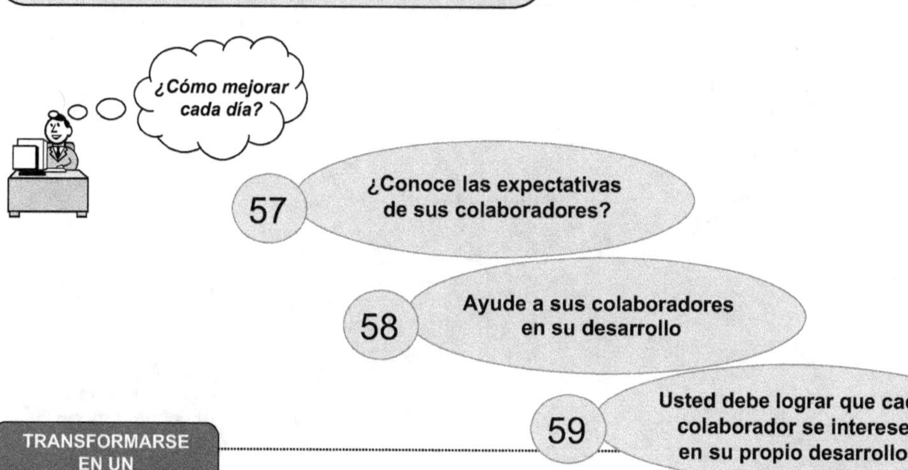

57 Reflexione acerca de cuáles son las expectativas y objetivos profesionales de sus colaboradores, en el corto y largo plazo. Si no está seguro al respecto, es el momento de indagar.

58 Ayude a sus colaboradores en su desarrollo, considerando lo expuesto en el punto anterior. Para ello, analice el camino más adecuado para cada uno, qué pasos debería dar ese colaborador en particular, y prepare junto con él un plan con acciones concretas a llevar a cabo, con plazos estimados para su realización.

59 Involucre a su colaborador en el plan de desarrollo que se ha definido para y con él; tenga en cuenta sus opiniones y percepciones. Escuche sus sugerencias. Conviértalo en el protagonista de su desarrollo profesional.

Consejos para ser un jefe entrenador

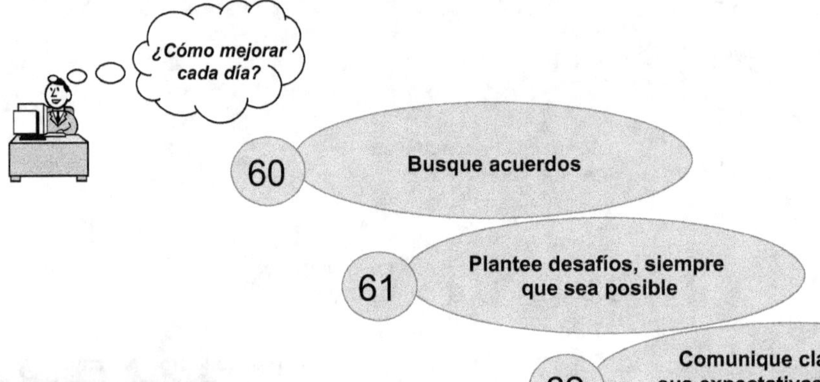

60 En la relación con sus colaboradores, siempre busque acuerdos: tanto en lo que respecta a las tareas a realizar, como frente a acciones de desarrollo del propio colaborador. En ambos casos, explique el beneficio que puede aportarle al involucrado.

61 Siempre que sea posible, plantee a sus colaboradores nuevos desafíos, que pongan en juego sus capacidades y les permitan mejorarlas a través del proceso de aprendizaje que esos retos impliquen.

62 En todos los casos, realice una comunicación clara de sus expectativas como jefe en relación con la tarea y los objetivos a alcanzar. Escuche si su colaborador tiene algo que decirle al respecto.

Consejos para ser un jefe entrenador

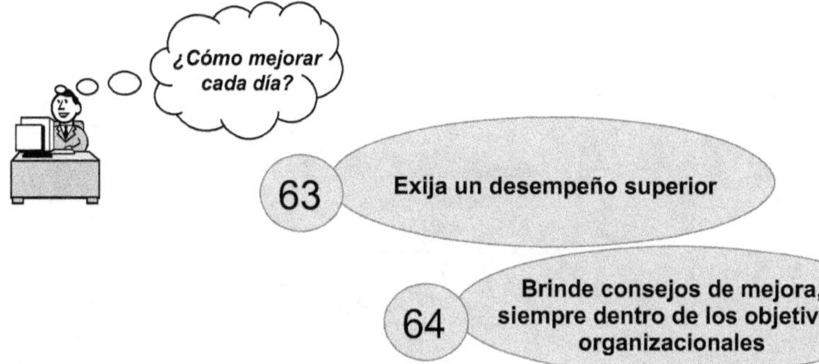

63
Atrévase a exigir a su colaborador un desempeño superior.
(Este comentario es aplicable a todos los puestos de trabajo.)
Que esta exigencia sea un proceso de aprendizaje para ambos.
Guíe a sus colaboradores hacia la excelencia.

64
Cuando algún colaborador le pida consejo acerca de cómo podría mejorar sus capacidades, ¡bríndeselo! Al mismo tiempo, tenga en cuenta las necesidades de la organización, que usted y su colaborador deben considerar siempre.

65
Infórmese acerca de las herramientas con las que cuenta la organización y a las que, eventualmente, podría acceder. Por ejemplo, cómo prepararse para ser un buen entrenador. Podrán ayudarlo a mejorar en este aspecto.

Consejos para ser un jefe entrenador

66 Promueva en su equipo una actitud constante de búsqueda y preocupación para el desarrollo permanente de sus conocimientos y competencias. Convierta al aprendizaje en un hábito entre sus colaboradores.

67 Ofrezca a sus colaboradores la oportunidad de participar en todos aquellos proyectos que les interesen y que considere que puedan ayudarlos en su crecimiento personal y profesional. Sea abierto a las iniciativas.

68 Analice las tareas que usted hace personalmente. ¿Podría ayudarlo alguno de sus colaboradores? De ser así, ésta podría ser una oportunidad de aprendizaje. ¡No dude en hacerlo!

Consejos para ser un jefe entrenador

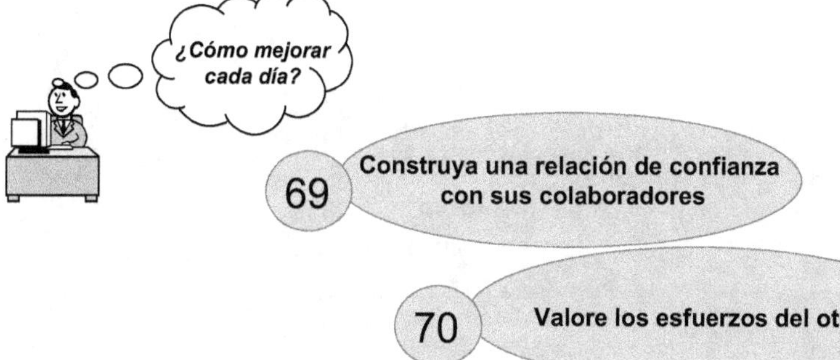

69 Sea sincero y honesto. Cree un ambiente en el cual su colaborador se sienta apoyado y contenido. Construya una relación de confianza y respeto con cada uno de los integrantes de su equipo. Aunque esto no implica "ser amigo" de sus colaboradores.

70 Valore los esfuerzos que realiza su colaborador para superarse, aun cuando no siempre se alcancen los resultados esperados. No haga comparaciones públicas entre colaboradores, porque puede resultar inadecuado.

71 Cuando su colaborador cometa un error, bríndele retroalimentación (feedback) en términos de comportamientos concretos. Trate que la observación se transforme en una oportunidad de aprendizaje; no lo desacredite. No exprese sentimientos negativos.

Consejos para ser un jefe entrenador

72 Supervisar a los colaboradores implica un delicado equilibrio entre seguimiento y autonomía

73 Promueva la retroalimentación de sus colaboradores hacia usted (jefe)

74 Apoye a sus colaboradores con acciones concretas

TRANSFORMARSE EN UN JEFE ENTRENADOR

72 Supervisar a los colaboradores implica un delicado equilibrio entre hacer un seguimiento continuo y dar la autonomía necesaria para actuar, interviniendo únicamente como guía y consejero.

73 Acostumbre a sus colaboradores a que ellos den, a su vez, retroalimentación constante sobre las tareas a su cargo. De este modo le facilitarán a usted el seguimiento, y para ellos será una oportunidad de mejorar y conocer (o revisar) las expectativas del jefe (y la organización) en relación con su tarea.

74 Materialice su apoyo al colaborador con acciones concretas. Esto generará confianza mutua.

Consejos para ser un jefe entrenador

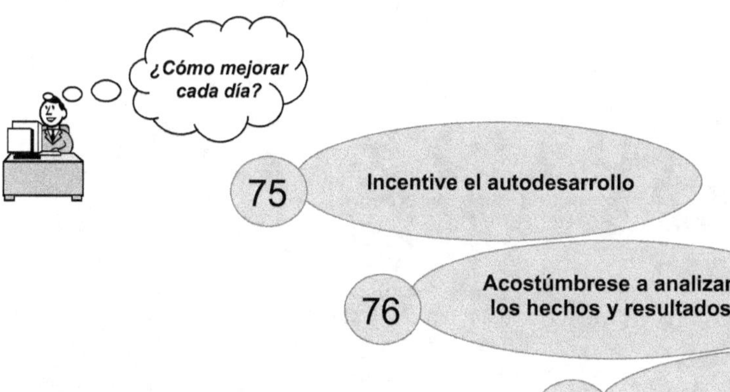

75 Exponga a su colaborador los beneficios que conlleva mejorar las capacidades propias. Incentive el autodesarrollo y la autoevaluación constantes. El beneficio es para el propio colaborador.

76 Deje de lado las emociones en la relación con sus colaboradores. Analice sólo hechos y resultados. Conduzca a su colaborador a reflexionar de este modo. Así los hechos, tanto positivos como negativos, serán una forma de aprendizaje.

77 Comparta su experiencia con sus colaboradores; guíelos y bríndeles consejo.

Consejos para ser un jefe entrenador

78 Escuche a sus colaboradores cuando propongan soluciones (sobre las tareas a su cargo) e ideas para superar errores.

79 Aliente a sus colaboradores a no darse por vencidos ante las dificultades que se presenten en un proceso de aprendizaje y desarrollo. Promueva la dedicación y el esfuerzo.

80 Fomente en sus colaboradores el orgullo por la tarea individual, prémielos y reconózcalos.

Consejos para ser un jefe entrenador

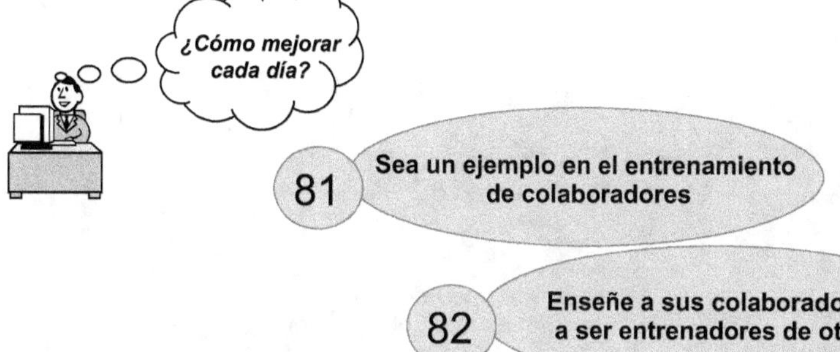

81 Usted será un ejemplo en materia de entrenamiento en el caso que sea jefe de colaboradores que, a su vez, son jefes. Igualmente, podrá ser un ejemplo para aquellos más jóvenes y/o con menos experiencia.

82 Fomente entre sus empleados el entrenamiento entre ellos mismos. El colaborador con más experiencia en una determinada tarea o tema puede transformarse en entrenador de otros sin ser "el jefe".

83 La capacidad de enseñar a otros puede ser desarrollada cuando no surge de manera natural.

Consejos para ser jefe en el siglo XXI

84 Sea consciente de que no existe más "la carrera para toda la vida"

85 Recuerde: ¡usted no es el papá (o la mamá) de sus colaboradores!

86 Se debe respetar el lugar de trabajo

NUEVOS ENFOQUES

84 Por lo general las personas ya no trabajan toda la vida en la misma empresa. Por lo tanto, hay que estar preparado para la situación de tener que cambiar de organización, saber que esto puede ocurrir. El cambio puede darse tanto a nivel personal (es decir, usted mismo), como entre sus colaboradores.

85 Las nuevas prácticas en materia de Recursos Humanos plantean que los colaboradores son adultos, y que por eso sólo se los debe guiar, ofreciéndoles opciones de mejora. Recuerde: usted no es el papá ni la mamá de sus colaboradores.

86 Si bien las empresas deben estar atentas a los problemas de sus colaboradores, el ámbito de trabajo no puede transformarse en un lugar para actividades inapropiadas. El lugar de trabajo siempre debe respetarse como tal.

Consejos para ser jefe en el siglo XXI

87 Fomente el autodesarrollo (el suyo y el de sus colaboradores)

88 Infórmese sobre los nuevos roles de la mujer en el ámbito de las organizaciones

89 Manténgase informado sobre el impacto de la globalización en los negocios

NUEVOS ENFOQUES

87 Las empresas implantan diferentes programas en relación con las carreras de sus colaboradores. Al mismo tiempo, se espera que éstos se esfuercen en relación con su autodesarrollo.

88 La mujer, cada vez más, tiene un rol protagónico en el ámbito de las organizaciones. ¡Infórmese al respecto!

89 Las empresas, cada vez más, salen de su ámbito geográfico tradicional para acceder a nuevos mercados. Abra su mente. ¡Infórmese!

Consejos para ser jefe en el siglo XXI

90 En el contexto actual se valora a los jefes que son entrenadores de sus colaboradores

91 Manténgase actualizado sobre nuevas tendencias en materia de desarrollo de personas

92 Consulte con el área de Recursos Humanos cuando tenga dudas

NUEVOS ENFOQUES

90 La escasez de talentos es un tema que preocupa a nivel mundial. Cada vez serán más las empresas que se aboquen al desarrollo de personas. Reflexione acerca de lo expuesto en esta obra sobre "jefe entrenador". Será muy valioso para usted si logra aplicar en su propio desempeño los conceptos que hemos visto.

91 Aprenda sobre nuevas tendencias. Por ejemplo, reconocer la diferencia entre conocimientos y competencias le será de mucha utilidad para tomar decisiones, tanto en el ámbito laboral como a nivel personal.

92 Consulte con un experto cuando tenga dudas sobre temas que no domina. Las personas inteligentes así lo hacen. En lo que respecta al tema del desarrollo de personas, solicite apoyo al área de Recursos Humanos de la organización.

Consejos para ser jefe en el siglo XXI

93 Considere los valores personales

94 Recuerde: los valores son importantes en el ámbito organizacional

95 Aliente a sus colaboradores en la puesta en práctica de los valores

NUEVOS ENFOQUES

93 Los valores personales son cada vez más requeridos y tomados en cuenta en el ámbito de las organizaciones. Reflexione sobre ello.

94 Transfórmese en un líder en materia de valores personales. No es una idea "romántica" sino la manera sustentable de hacer negocios en el siglo XXI.

95 Involucre al equipo de personas a su cargo en el reconocimiento de la importancia de los valores personales, tales como ética e integridad, en el comportamiento cotidiano y en la realización de las tareas.

Consejos para ser jefe en el siglo XXI

96 Ser jefe implica cumplir los objetivos + asumir los roles adicionales de jefe

97 Usted debe ser un buen jefe, sin importar si su propio jefe lo es o no

98 Tome en cuenta las nuevas tendencias. No se quede "fuera del mundo"

NUEVOS ENFOQUES

96 La organización espera que cada jefe alcance los objetivos asignados a su posición y que, al mismo tiempo, asuma los roles adicionales de jefe, aunque estos últimos no estén siempre debidamente explicitados.

97 No desestime las bondades y beneficios de ser un buen jefe sólo porque considera que el suyo no lo es.

98 Ciertas cosas han llegado para quedarse; por lo tanto, tome las nuevas tendencias en serio (más allá de que su opinión respecto de ellas sea positiva o negativa). Si no lo hace, el que puede quedar fuera de carrera es usted.

Consejos para ser jefe en el siglo XXI

NUEVOS ENFOQUES

99 Recuerde que si usted desea ascender a posiciones de mayor nivel, un aspecto que tendrán en cuenta sus superiores es si ha formado a alguien que pueda sucederlo.

100 Ser un buen jefe es beneficioso para usted, en primer término, y también lo es para sus colaboradores y para la organización en su conjunto.

Las organizaciones que desean su continuidad en el tiempo se ocupan de desarrollar las capacidades de sus jefes para que éstos ejerzan adecuadamente su rol.

Plan de acción

Principales consejos a poner en práctica

N°	Consejo

Método 12 pasos y el Rol del jefe

Las organizaciones realizan acciones diversas de formación, entre ellas, para jefes. En esta obra le proponemos que, además, mejore sus capacidades para ser un buen jefe a través del autodesarrollo.

El autodesarrollo comienza por acciones sencillas, conocer las tareas y responsabilidades del puesto junto con el grado requerido en las distintas competencias. Si la organización cuenta con un diccionario de comportamientos, leer los requeridos para el puesto ocupado será el primer paso para mejorar, para desarrollar las distintas competencias.

Algunas definiciones.

Autodesarrollo. Acciones que realiza una persona, por su propia iniciativa, para mejorar.

Autodesarrollo dentro del trabajo. Acciones que realiza una persona, por su propia iniciativa, para mejorar dentro del ámbito laboral y en relación con su puesto de trabajo.

Autodesarrollo fuera del trabajo. Acciones que realiza una persona, por su propia iniciativa, para mejorar fuera del ámbito laboral y sin relación alguna ni con su puesto de trabajo ni con actividades laborales.

Para el autodesarrollo, en la Metodología MAI[1] se han diseñado diversas herramientas. El interesado podrá utilizar alguna de ellas o todas, según considere mejor.

- Guías para el autodesarrollo dentro del trabajo[2]. En las páginas previas le hemos propuesto 100 consejos al respecto, abiertos por temas: consejos para mejorar como jefe, sobre cómo delegar y conducir personas, para ser un jefe entrenador y, por último, para ser un jefe siglo XXI. También, más adelante, se incluyen sugerencias para incrementar conocimientos relacionados con el rol de jefe.

---

1. MAI – Martha Alles International.
2. *Guías de desarrollo dentro del trabajo.* Documento interno organizacional en el cual se describen las posibles acciones que se sugiere incorporar en la actividad cotidiana, a fin de alcanzar comportamientos más altos en relación con la competencia a desarrollar o incrementar/mejorar conocimientos, según corresponda. *Diccionario de términos de Recursos Humanos.* Ediciones Granica. Buenos Aires, 2011.

- Guías de desarrollo fuera del trabajo[3]. Encontrará una más adelante, en este mismo capítulo, en un apartado denominado "Guía de desarrollo para mejorar su Rol del jefe".
- Método 12 pasos. Se verá a continuación.

Método 12 pasos para el autodesarrollo

Como decíamos, autodesarrollo son las acciones que realiza una persona, por su propia iniciativa, para mejorar. Sin embargo, en muchas ocasiones, una persona, aun estando convencida y deseosa de llevar a cabo su autodesarrollo, no sabe cómo hacerlo. Por esta razón, las organizaciones ofrecen a sus colaboradores las guías de desarrollo, ya mencionadas. En nuestro caso, para mejorar el Rol del jefe.

El método 12 pasos está pensado y diseñado para el autodesarrollo de diferentes tipos de capacidades. Por su naturaleza, se trata de un método de aprendizaje que permite desarrollar tanto competencias como conocimientos. Este método forma parte de la Metodología MAI©.

Método 12 pasos. ¿En qué consiste?

El *Método 12 pasos* permite desarrollar tanto un conocimiento como una competencia y podría aplicarse dentro o fuera del trabajo o, según el caso, de manera mixta. Es decir, tanto dentro como fuera del trabajo.

Para el desarrollo de un conocimiento y/o de una competencia, siempre es mejor dividir la acción a realizar en partes, en unidades de menor dimensión. Usualmente, dichas partes tienen una secuencia lógica.

Según lo expuesto, en el *Método 12 pasos* la o las capacidades se dividen en sus partes componentes, las cuales serán transformadas en pasos para la acción. A su vez, cada paso se abre en partes de menor tamaño, para facilitar el desarrollo llevándolo a acciones concretas. De este modo, la persona que esté utilizando el *Método 12 pasos* irá logrando progresos permanentes y graduales en

---

3. *Guías de desarrollo fuera del trabajo.* Documento interno organizacional en el cual se describen las posibles ideas que permiten desarrollar las competencias del modelo organizacional en otras actividades no relacionadas con el ámbito laboral, poniendo en juego la competencia o incrementando/mejorando conocimientos, según corresponda. *Diccionario de términos de Recursos Humanos.* Ediciones Granica. Buenos Aires, 2011.

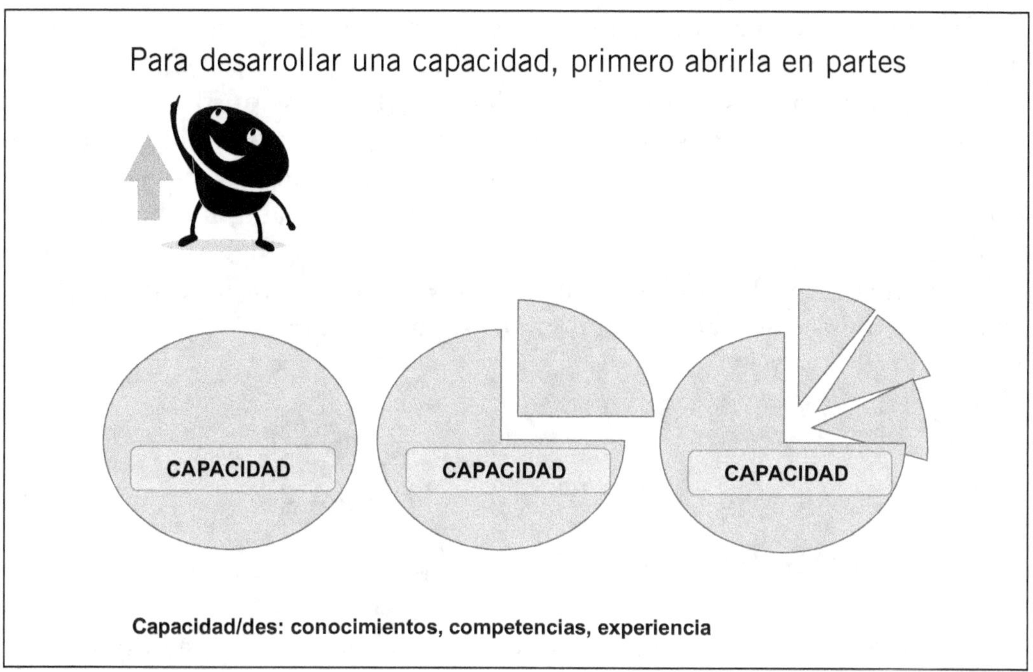

cada paso, ya que en cada uno de ellos dispone de la opción de autoevaluarse y, adicionalmente, preguntarse sobre cómo está haciendo las cosas.

Aplicación práctica del Método 12 pasos

Se han publicado varios libros basados en el método 12 pasos[4], todos ellos tienen un formato de *diario* o *libro-cuaderno*[5], que permiten mejorar diferentes capacidades. También se ha utilizado el método 12 pasos para la

---

4. Libros donde se aplica el Método 12 pasos publicados por la autora con Ediciones Granica: *12 Pasos para ser un buen jefe, Cómo delegar efectivamente en 12 pasos, 12 pasos para transformarse en un jefe entrenador* y *12 pasos para conciliar vida profesional y personal.* En cada uno de ellos se proponen *12 pasos* en relación con una temática específica para alcanzar un nivel superior en la misma. En todos los casos se le plantea al lector acción y reflexión, a través de su propia autoevaluación. Se incluyen, además, formularios de apoyo para implementar los principales aspectos en relación con la temática del libro en cuestión.

5. Libro con formato de *diario* o *libro-cuaderno* es un concepto utilizado en el diseño de un libro donde el desarrollo de los temas (cada uno de los pasos consta de cinco ideas/sugerencias, una autoevaluación, un *check-list* y bibliografía sugerida) se acompaña con espacios en blanco para que el lector pueda aportar sus experiencias, un plan de acción para mejorar, reflexiones y cualquier otro aspecto que quiera considerar en relación con el paso en cuestión.

confección de manuales internos, programas de entrenamiento experto y de jefe entrenador.

En cualquiera de sus opciones, el Método 12 pasos propone asumir la acción, tomar la responsabilidad de actuar, lo que no significa dedicar mucho tiempo: son breves momentos de reflexión para lograr *paso a paso* pequeños logros, que serán aplicados en la vida cotidiana, tendiendo a ser mejores cada día.

Para mejorar el Rol del jefe, sugerimos el autodesarrollo a través de los 12 pasos expuestos especialmente en los siguientes libros:

- *12 pasos para ser un buen jefe* 

- *12 pasos para convertirse en un jefe entrenador* 

- *Cómo delegar efectivamente en 12 pasos* 

Y si bien es un tema complementario a los expuestos en esta obra, sugerimos considerar también

- *12 pasos para conciliar vida profesional y personal* 

Cómo mejorar sus conocimientos en relación con el Rol de jefe

A lo largo de los capítulos previos se han expuesto muchos temas relacionados con conocimientos de Recursos Humanos necesarios para ser jefe. Si el lector desea incrementar aún más dichos conocimientos, le recomendamos la lectura de otra obra: *5 pasos para transformar una oficina de personal en un área de Recursos Humanos* (2018). Allí encontrará el despliegue de una serie de temas tratados desde una mirada gerencial, sistémica y de acuerdo a las últimas tendencias en la materia.

Algunos comentarios de interés relacionando ambas obras.

Los jefes, por el mero hecho de ser jefes, deben asumir determinadas funciones o roles. La mayoría de ellos se relacionan con la obra mencionada precedentemente, en la cual, y a través de los 5 pasos que dan origen al título, una organización podrá transformar su gestión, mediante un manejo estratégico de las personas que la conforman.

Recordemos la definición, que vimos al inicio, sobre *Rol del jefe.*

Rol del jefe. Concepto integrador de las diversas facetas de la actividad de todo jefe. Enfoca su papel dentro de la organización, agregando a sus funciones tradicionales las responsabilidades y tareas inherentes a esta condición, por ejemplo: seleccionar colaboradores, evaluar su desempeño y entrenarlos, solo por nombrar algunas.

Los distintos roles de un jefe se exponen en la figura al pie.

En capítulos previos hemos visto los distintos aspectos del rol del jefe mencionados en la figura.

En aquellas organizaciones que tienen un área de Recursos Humanos, para algunas de esas funciones el jefe contará con ese apoyo; por ejemplo, en selección y evaluación de colaboradores, o cuando deba –eventualmente– desvincular a un integrante del equipo a su cargo. Lo mismo podría suceder con algunos otros temas.

En organizaciones donde no se cuenta con un área específica dedicada a RRHH, de un modo u otro las tareas atribuidas al área se realizan de alguna manera, y los jefes participan en ellas, quizá llevándolas a cabo en su totalidad.

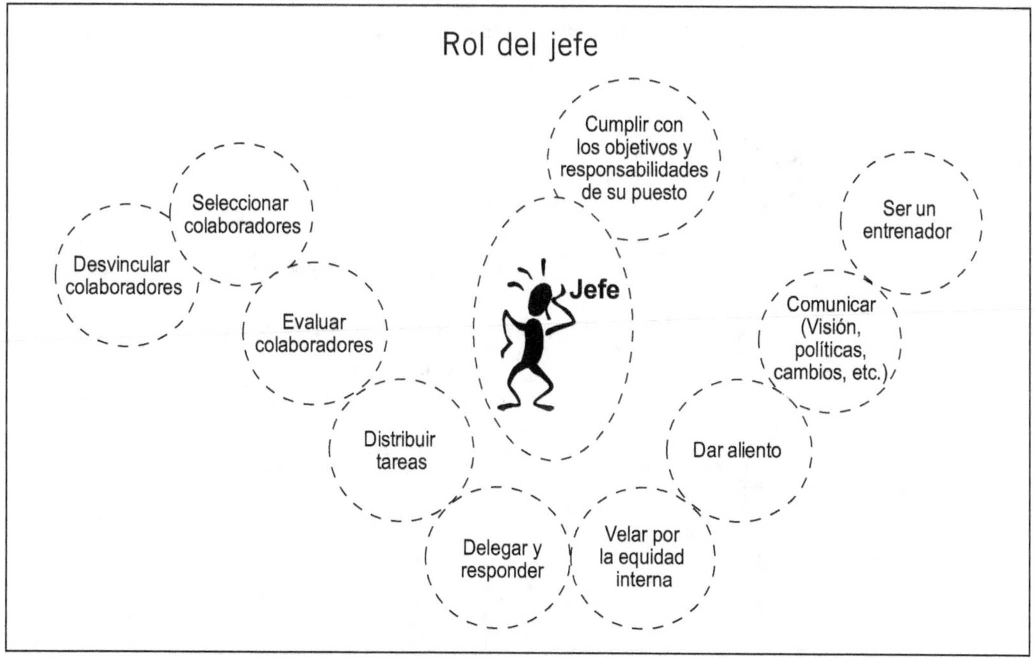

En resumen, los jefes seleccionan a sus colaboradores, los evalúan y participan de una manera u otra en su formación y desarrollo.

Velar por la equidad interna en su área de responsabilidad implica para el jefe una serie de aspectos, desde cierto manejo de las remuneraciones hasta impartir justicia en el trato, desde su rol y respecto de los miembros de su equipo entre sí.

En la figura al pie se exponen los distintos roles de los jefes en relación con los 5 pasos de la obra mencionada.

Del análisis del gráfico se podrá ver que todos los roles (de los jefes) tienen relación con algunos de los pasos de la obra mencionada en párrafos previos. Los pasos 1 (*Descripción de puestos*) y 2 (*Formación y selección*) se vinculan con varios de los roles, lo mismo que los pasos 4 (*Desempeño. Su evaluación*) y 5 (*Desarrollo del talento*).

El paso 3 (*Remuneraciones*) está conectado también con otros roles, en algunos casos de manera indirecta.

Por último, deseo destacar que "ser un entrenador" está relacionado con la mayoría de los roles mencionados, como ya se ha señalado con anterioridad.

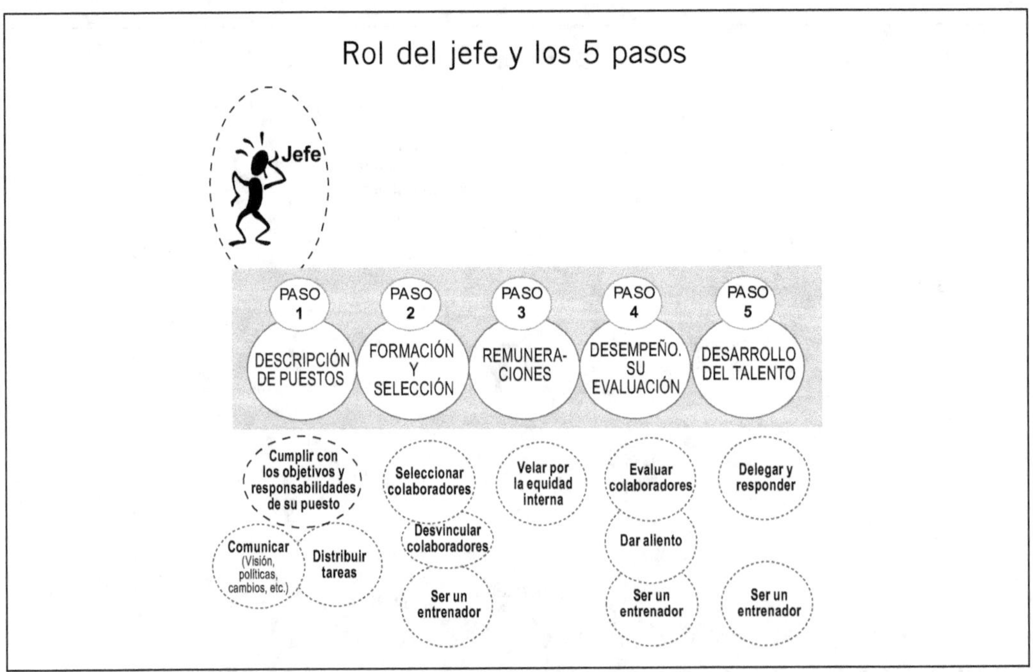

Guía de desarrollo para mejorar su "Rol de jefe"

Las guías de desarrollo, usualmente, presentan una serie de ideas para mejorar en alguna competencia. En este caso en particular se le propone desarrollar sus habilidades para ser jefe.

Antes se recordará al lector todo lo que implica ser jefe. Primero, cumplir con aquello que integra su descriptivo de puesto como responsabilidades a su cargo. Segundo, asumir las responsabilidades inherentes a ese rol adicional de jefe.

En las páginas siguientes encontrará una serie de sugerencias para mejorar sus capacidades de jefe.

Usted debe identificar primero alguna que sea de su interés y luego leer su descripción.

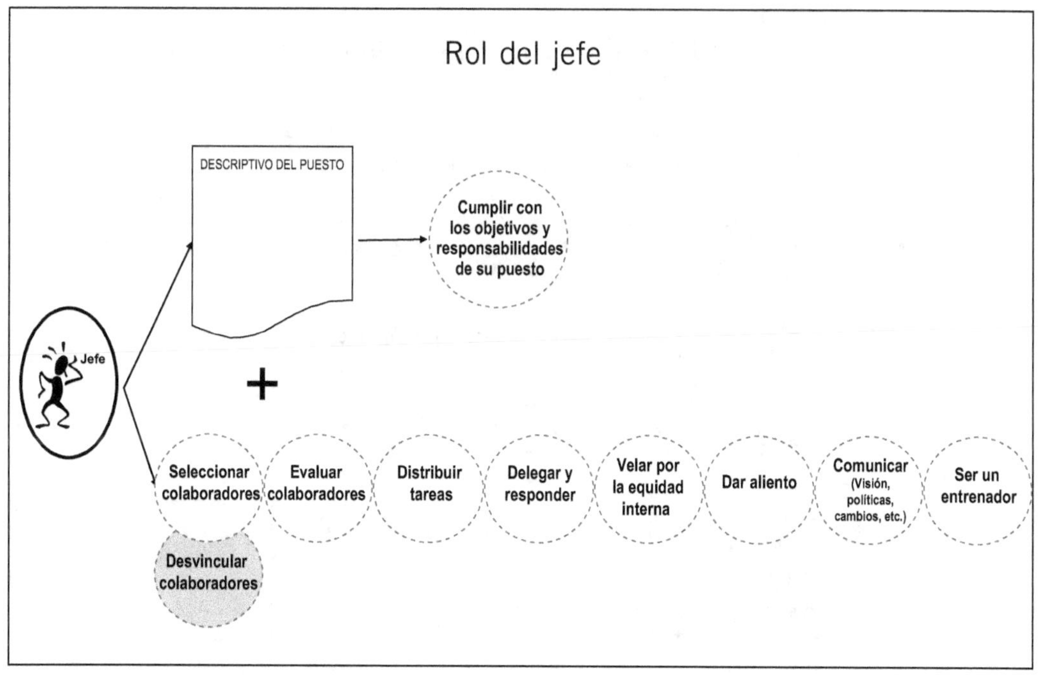

Cómo relacionar una actividad deportiva o extracurricular, como las que se exponen a continuación, con el rol del jefe. (En este ejemplo, dirección de un coro.)

El lector puede reemplazar estos ejemplos sobre los roles de un director de un coro, por otros de, por ejemplo, el director de un equipo de baloncesto, béisbol, fútbol o cualquier otra actividad, tanto si es realizada por un equipo profesional como en un colegio o en un hogar de mayores.

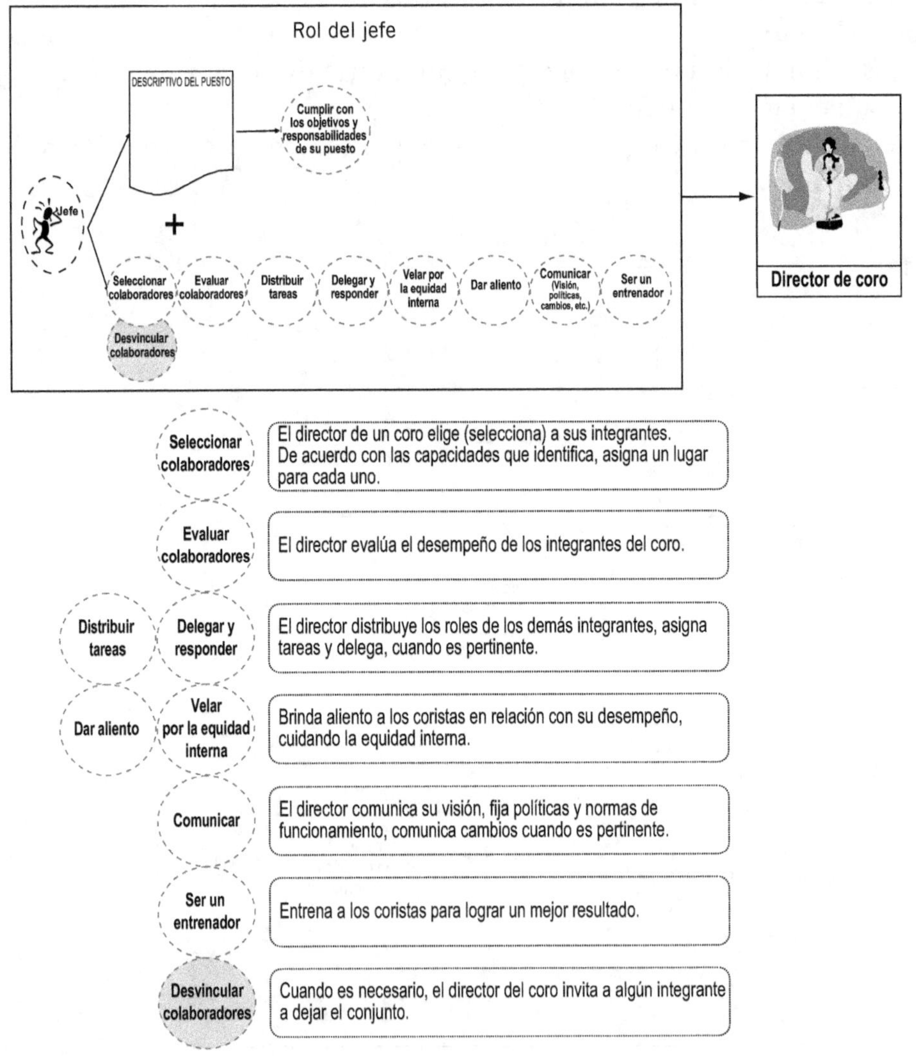

Seleccionar colaboradores	El director de un coro elige (selecciona) a sus integrantes. De acuerdo con las capacidades que identifica, asigna un lugar para cada uno.
Evaluar colaboradores	El director evalúa el desempeño de los integrantes del coro.
Distribuir tareas / Delegar y responder	El director distribuye los roles de los demás integrantes, asigna tareas y delega, cuando es pertinente.
Dar aliento / Velar por la equidad interna	Brinda aliento a los coristas en relación con su desempeño, cuidando la equidad interna.
Comunicar	El director comunica su visión, fija políticas y normas de funcionamiento, comunica cambios cuando es pertinente.
Ser un entrenador	Entrena a los coristas para lograr un mejor resultado.
Desvincular colaboradores	Cuando es necesario, el director del coro invita a algún integrante a dejar el conjunto.

Cómo desarrollar la competencia *Rol del jefe* fuera de mi puesto de trabajo

Para utilizar las guías de desarrollo usted debe tener en cuenta que éstas presentan actividades pensando en públicos diversos, con diferentes edades, preferencias y condición física, entre otras variantes a considerar. Usted deberá seleccionar aquellas actividades que mejor se adapten a sus circunstancias e intereses.
Para no olvidar: desarrollar una competencia implica **cambiar comportamientos.**

Deportes

Hobbies

Actividades extra-curriculares

Ciertos **deportes, hobbies** y **actividades extracurriculares** permiten poner "en juego" la competencia.
Usted podrá elegir entre los sugeridos en la guía de desarrollo u otros similares, en cuanto a la competencia a desarrollar.

La intencionalidad: tomar conciencia de que a través de una determinada actividad se pueden lograr ciertos objetivos –en este caso en particular– el desarrollo de una competencia.

Lecturas

Filmes (o películas comerciales)

Referentes

Actividades que invitan a la reflexión con el propósito de cambiar comportamientos

Lecturas: ofrecen al mismo tiempo conocimientos relacionados con la temática de la competencia a desarrollar, y sugerencias prácticas para su aplicación.

Filmes o películas comerciales: a través de la observación se extraen comportamientos (positivos o negativos) de los personajes. El objetivo será el cambio de los propios comportamientos a través de la observación y la reflexión.

Estudio de un referente: de todas las actividades es la que implica mayor involucramiento por parte del interesado. Un referente es una persona destacada en una competencia en particular, que no necesariamente constituye un "modelo" a seguir en los demás aspectos de su vida.

Los deportes y cómo desarrollar el *Rol del jefe*

Director de tenis doble

En esta variante deportiva del tenis, un equipo conformado por dos tenistas se enfrenta a otro con el objetivo final de ganar un partido. En pos de ello, el director técnico deberá dirigir al equipo y consolidar la relación entre sus integrantes, ya que éste será uno de los elementos definitorios sobre el cual se establecerá el vínculo de juego con los deportistas contrincantes. El director deberá fomentar la comunicación y establecer objetivos claros de desempeño, desarrollando una auténtica conciencia de equipo en ambos tenistas. En el tenis doble, el dúo que mejor se complemente será aquel capaz de lograr la coordinación adecuada de los movimientos y los distintos desplazamientos, y, sin duda, quien los dirija es la persona que deberá motivarlos para conseguirlo.

Director de béisbol

El béisbol es un juego entre dos equipos con nueve jugadores cada uno, bajo la dirección de un director, para ser jugado en un terreno cerrado de acuerdo con ciertas reglas y con el objetivo de anotar más carreras que el oponente para ganar el juego.

Esta actividad deportiva se caracteriza por presentar diversos roles según la actitud defensiva u ofensiva que adopte el equipo.

Así, los jugadores deberán presentar características físico-técnicas específicas, que el director deberá evaluar en pos de definir adecuadamente cada una de las responsabilidades y roles que cada miembro del equipo deberá asumir.

Asimismo, deberá procurar aprovechar al máximo la diversidad de talentos, identificando las diferentes competencias de los jugadores y desarrollando al máximo su potencial deportivo, de manera de lograr un alto nivel de performance en el equipo.

Los deportes y cómo desarrollar el *Rol del jefe*

El fútbol (*soccer*) es uno de los deportes más populares a nivel mundial y también uno de los más evolucionados en la actualidad. En esta actividad deportiva, el objetivo consiste en anotar mayor cantidad de goles que el equipo contrario. Para ello, quien desempeñe la función de director técnico de fútbol deberá consolidar un plantel seleccionando los mejores talentos para ocupar de manera estratégica las diferentes posiciones dentro del campo de juego. Asimismo, deberá dirigir el equipo y desarrollar al máximo el potencial de cada jugador para alcanzar un alto rendimiento individual que contribuya a la performance del grupo en general. En el fútbol es un requisito de fundamental importancia que el director no sólo motive al equipo en sus logros, sino también que brinde aliento ante las dificultades y circunstancias que puedan presentarse tanto en el entrenamiento como durante los partidos.

El capitán de un barco (no importa su tamaño, puede ser un pequeño velero o una embarcación de tipo recreativo) es el máximo responsable de la nave. Es quien representa y dirige a la tripulación (pueden ser amigos en plan recreativo) con el objetivo de llevar el barco a destino y obtener un buen viaje como resultado de cubrir *todos los frentes*. Este cometido no será posible sin la complementariedad entre las diversas labores que se realizan. Para lograr esa integración, quien esté a cargo de la nave deberá tener la capacidad de consolidar, desarrollar y conducir a este grupo humano, en pos de alcanzar un buen desempeño individual y conjunto, para alcanzar el objetivo. Deberá distribuir y delegar tareas con el fin de lograr una verdadera organización del trabajo, garantizando la máxima eficiencia. El capitán deberá alentar el compromiso, la responsabilidad y el trabajo en equipo en sus colaboradores, maximizando su performance y generando una conciencia de grupo.

Actividades extracurriculares y cómo desarrollar el *Rol del jefe*

Director de danza

Lograr la coordinación en los movimientos de un conjunto de danza de manera de ejecutar coreografías dinámicamente sincronizadas, es el objetivo primordial de quien tiene a su cargo la misión de dirigirlo. Para ello, el director de danza deberá indicar ritmos y tiempos musicales, así como también brindar aliento y motivar a los bailarines a participar activamente de los ensayos. Deberá evaluar la performance individual y grupal y colaborar en el entrenamiento, facilitando las técnicas adecuadas para ejecutar los movimientos requeridos en las diferentes coreografías.

Como en toda actividad grupal, será imprescindible contar con el compromiso de cada uno de los bailarines del conjunto para lograr el máximo esplendor en la expresión de los movimientos. Será el director de danza quien hará que esto sea posible.

Director de coro

El director coral deberá lograr la ejecución de una melodía armónica, afinada y agradable. Para ello deberá fomentar el trabajo en equipo y realizar un verdadero aprovechamiento de la diversidad en los tonos de las voces. De igual modo deberá dedicarse a desarrollar el talento de cada integrante del coro, evaluando sus progresos y dificultades a fin de obtener un mejor nivel de desempeño, tanto individual como grupal. Para lograrlo, será indispensable conocer a la perfección las características del grupo y las de cada integrante, y motivar al conjunto, en pos de alcanzar un alto nivel de performance coral. Por otra parte, será un requisito imprescindible el establecimiento de pautas claras de desempeño, ya que en cada interpretación, cada quien desempeñará un rol específico que deberá respetar a fin de no provocar confusión y obtener una melodía armoniosa. Lograr organización grupal en el coro es de fundamental importancia, así como lo es el esfuerzo y el compromiso individual de cada participante.

Actividades extracurriculares y cómo desarrollar el *Rol del jefe*

Director de orquesta

Concertar y dirigir los diferentes instrumentos, logrando ejecutar melodías armónicas y afinadas, así como coordinar rítmica y sincronizadamente los sonidos, indicando el compás y marcando acentos, son algunos de los deberes que asume un director de orquesta.

No obstante, para consolidar la actividad orquestal y evaluar su performance junto al desempeño de los instrumentistas, resulta indispensable conocer en detalle las cualidades del conjunto en general y de cada instrumentista en particular.

Lograr sincronización, expresividad y ajuste en cada pieza musical interpretada, reviste fundamental importancia en una orquesta, y es el objetivo primordial de quien la dirige.

Relacionar actividades con públicos específicos

Ciertas actividades relacionadas con el deporte, así como determinadas actividades extracurriculares y hobbies, permiten desarrollar el *Rol del jefe*, al facilitar la puesta en práctica de los comportamientos que caracterizan a esta competencia.

Las actividades sugeridas sólo representan ejemplos, y no excluyen la posibilidad de optar por otras similares o análogas que no fueron aquí contempladas y que puedan responder a diversas preferencias.

Desarrollar el *Rol del jefe* no implica optar siempre por la dirección de equipos o grupos humanos de reconocido prestigio. Como hemos dicho, el autodesarrollo puede llevarse a cabo en situaciones comunes de la vida cotidiana, como por ejemplo al dirigir el equipo de béisbol de un colegio, o desempeñarse como director de coro en un hogar de retiro para ancianos.

Lecturas que desarrollan el *Rol del jefe*

DE LÍDER A LÍDER
Autor: FUNDACIÓN DRUCKER
Editorial: GRANICA
Edición 2007
464 páginas
Idioma: español

Comentario

Esta obra presenta una selección de los mejores artículos publicados por la prestigiosa revista *De líder a líder*, editada por la Fundación Drucker. Dicha publicación, dirigida a una elite de altos ejecutivos, se nutre con el aporte de los hombres de negocios, escritores y pensadores más importantes del mundo. Este libro pone el talento y la experiencia de estos líderes corporativos al alcance de todos.

Las poderosas ideas que se concentran en estas páginas abren puertas, encienden luces de advertencia y satisfacen el hambre de conocimiento de quienes ya son líderes y de quienes aspiran a serlo. Al abanico de temas presentados subyace una creencia profunda en la realidad humana de las instituciones, y en el papel esencial de los líderes para alcanzar el propósito común a todas ellas: como lo expresó Peter Drucker, "hacer efectivas las fortalezas de la gente e irrelevantes sus debilidades."

EL LIDERAZGO CONSCIENTE
Autor: DEBASHIS CHATTERJEE
Editorial: GRANICA
Edición 2007
264 páginas
Idioma: español

Comentario

El liderazgo consciente, una magnífica síntesis de los descubrimientos científicos contemporáneos de Occidente y la sabiduría clásica de Oriente, conecta la realidad empírica de la empresa con las habilidades del autocontrol espiritual. Presenta así un revolucionario enfoque de temas que atañen al desarrollo organizacional, como motivación en el trabajo, toma de decisiones, comunicación, gestión del tiempo y psicología laboral.

En este libro, Chatterjee comparte con el lector su doble experiencia como ejecutivo y consultor –en compañías del prestigio de Ford Motor Company, AT&T, Motorola o 3M—, al mismo tiempo que como místico y contemplativo, discípulo de la Madre Teresa de Calcuta, entre otros hombres y mujeres santos de la India.

Lecturas que desarrollan el *Rol del jefe*

DIRIJA SU EQUIPO
Autor: GERARD CHANDEZON
Editorial: GRANICA
Colección: Acción para
el management
18 páginas
Idioma: español

Comentario

Saber escuchar, delegar, hacer frente a los conflictos y saber formar un equipo eficiente son algunos de los asuntos que le enseña esta obra, al mismo tiempo que le revela cuáles son las ocho cualidades que debe tener todo buen líder.

Es una obra de rápida lectura, ideal como guía de consulta para el repaso de aquellos aspectos más importantes que deben tener en cuenta quienes conducen equipos o deben comenzar a dirigirlos.

Entre otros temas de interés, hace hincapié en saber delegar, concertando verdaderos contratos de responsabilidad y compromiso compartidos.

Cursos, seminarios y talleres sobre *Rol del jefe*

La bibliografía sugerida como complemento para el desarrollo del *Rol del Jefe* ha sido seleccionada de una extensa variedad de libros que abordan esta temática.

Usted podrá optar por aquellos títulos que más despierten su interés, en librerías y hasta en Internet. No obstante, se recomienda escoger libros de editoriales reconocidas, que aseguran un tratamiento profesional de los temas que exponen los diversos autores.

Es importante recordar que la lectura de material relacionado con las competencias que se desea desarrollar, amplía y potencia el campo de acción para ese desarrollo.

Películas que desarrollan el *Rol del jefe*

Título original
REMEMBER THE TITANS
Protagonista
DENZEL WASHINGTON,
Director
BOAZ YAKIN
Género
DRAMA

DUELO DE TITANES

Comentario

La diversidad caracteriza la composición de todo grupo humano, en los que las características, los conocimientos, la experiencia, los diversos "estilos" y competencias de cada uno de los integrantes se funden en base a objetivos a cumplir y metas comunes.

Lograr la integración de la diversidad humana y realizar una correcta división de roles será el desafío principal de quien asuma el compromiso de formar un equipo y lograr de él un desempeño exitoso.

Basada en un hecho real (Virginia, 1971), *Duelo de Titanes* da cuenta de lo dificultoso que resulta (tantas veces) integrar a los tan diversos componentes de un grupo. Un film que destaca los beneficios indiscutibles que conlleva la integración de la pluralidad en pos de la formación de un equipo de trabajo que se une bajo la bandera de los objetivos comunes.

Sugerencia

Se recomienda identificar, a lo largo del film, las acciones llevadas a cabo por los personajes principales, y relacionarlas con el esquema de responsabilidades del *Rol del jefe*.

Otros temas de interés

La diversidad en lo grupal / integración: la conformación de un "nosotros" / formación de un equipo / objetivos y estrategias comunes / división complementaria de roles y funciones / repercusión de la actitud y de la acción individual en el equipo / la importancia de conocerse entre todos / compartir el conocimiento / motivación mutua / la necesidad de respeto (diferente a "simpatía") / adaptabilidad.

Películas que desarrollan el *Rol del jefe*

Título original
WHITE SQUALL
Protagonista
JEFF BRIDGES
Director
RIDLEY SCOTT
Género
DRAMA

CORAZÓN DE HÉROES

Comentario

A partir de la riqueza que puede aportarnos una historia real, la experiencia vivida por la joven tripulación del velero "Albatros" (1961) brinda testimonio acerca de la importancia de contar con alguien capaz de dirigir un grupo humano en la construcción cotidiana de objetivos, metas y responsabilidades comunes, a fin de formar un verdadero equipo de trabajo.

La figura del líder asume un rol fundamental frente al conflicto que un grupo de adolescentes enfrenta en el desafío de recorrer por mar las islas del mar Caribe. Ante la necesidad de organizar tareas y responsabilidades, de establecer reglas y normas comunes y velar por su cumplimiento, el rol del líder será crucial para lograr la supervivencia, convirtiéndose en la misión principal de quien se ocupará de dirigirlos.

La situación límite que atraviesa la tripulación pone en juego toda competencia (individual y grupal) presente en el grupo humano de los protagonistas y se convierte en un buen disparador de la reflexión en torno a la dirección de equipos. Permite observar que la dirección que alguien puede ejercer sobre las acciones individuales impacta sobre los resultados obtenidos y que, en definitiva, a la hora de hablar de un equipo "...cada uno es responsable del resto...".

Sugerencia

Se recomienda identificar, a lo largo del film, los diversos roles que asume el líder de la tripulación y relacionarlos con el esquema de responsabilidades del *Rol del jefe.*

Otros temas de interés

La responsabilidad individual sobre lo grupal / el impacto del propio desempeño sobre el grupo / conocimiento y aprendizaje compartido / la construcción de responsabilidades, funciones y roles.

Personaje referente a considerar para desarrollar el *Rol del jefe*

"Los logros de una organización son el resultado del esfuerzo combinado de cada individuo."

VINCENT LOMBARDI

Se sugiere relacionar los párrafos precedentes y la biografía de Vincent Lombardi, con los diferentes roles del jefe.

El jefe y los valores

De la mano de Vincent Lombardi nació una nueva ideología en lo que respecta a la dirección de equipos, caracterizada por reunir los valores humanos junto con el deporte profesional, creando una auténtica dinastía de fútbol americano en la década de los '60. Sus jugadores se distinguían por el arraigado compromiso que mantenían con su camiseta y el equipo, demostrando un alto desempeño individual y grupal dentro del campo de entrenamiento.

Liderar con el ejemplo

Lombardi basaba su éxito como director en una férrea disciplina, para lograr el compromiso de cada uno de los integrantes del equipo hacia sus propios compañeros. Los jugadores sentían que si fallaban en su desempeño no sólo bajarían el nivel de juego grupal, sino que serían también los responsables de que su equipo dejara de ser aquello en lo que se había transformado, con tanto trabajo.

Brindar aliento

Gran motivador de grupos e individualidades, Lombardi se caracterizó por tener la notable capacidad de dar espacio (y potenciar) las cualidades de cada uno de los componentes de su equipo, sin perder de vista en ningún momento las metas comunes a alcanzar.

Entrenar y formar equipos

Otro de sus fuertes fue idear y llevar a cabo estrategias grupales innovadoras, que posibilitaran la obtención de un excelente nivel de desempeño colectivo. Vincent Lombardi, mundialmente reconocido como un experto en formación de grupos y trabajo en equipo fue, sin dudas, uno de los más famosos y exitosos entrenadores del fútbol americano.

Personaje referente a considerar para desarrollar el *Rol del jefe*

"Sólo hay una manera de tener éxito: darlo todo. Yo lo hago, y demando que mis jugadores hagan lo mismo."

VICENT LOMBARDI
(1913-1970)

Biografía

De familia italiana, Vincent Thomas Lombardi nació en Nueva York el 11 de junio de 1913. En el final de la década de 1940 perteneció al equipo de fútbol americano Fordham University, en la posición de *guard ofensivo*, llegando a ser el "liniero" más destacado de su equipo, no sólo debido a sus destrezas físicas y técnica deportiva, sino también por su adecuada e integral actitud dentro y fuera de la cancha. Sus compañeros y entrenadores lo reconocían como un excelente jugador de equipo: participativo, colaborador, comprensivo, motivador, comprometido. Más tarde, su propio equipo lo consagró como el mejor director del fútbol americano.

Lombardi siempre supo mantener la conciencia grupal y –más aún– trabajar arduamente para generarla, motivarla y mantenerla viva en cada jugador. Como *head coach* entrenó a los Green Bay Packers de 1959 a 1967 y a los Washington Redskins en 1969. Entre 1961 y 1967 ganó, junto a los Packers, cinco campeonatos de la NFL, incluyendo las dos primeras Superbowls, y nunca finalizó una temporada con balance negativo.

Con los Green Bay Packers, Lombardi tuvo su "oportunidad de oro" (y bien supo aprovecharla): los Empacadores habían tenido malas temporadas desde el año 1947, y durante doce largos años no habían pasado de la mitad de la tabla dentro de su división.

Cuando Lombardi llegó para dirigir el equipo, lo primero que hizo fue ocuparse de cambiar la mentalidad perdedora de la franquicia a través de una larga temporada de siete ganados y cinco perdidos (la mejor de Green Bay en esos últimos años), durante la cual enseñó a sus jugadores que los verdaderos valores de la vida (como la honestidad, la lealtad a los demás y a los objetivos comunes, la disciplina, el esfuerzo, la humildad y el trabajo en equipo) deberían ser enfocados también dentro del contexto del fútbol americano.

Bibliografía

Alles, Martha Alicia. *5 pasos para transformar una oficina de personal en un área de Recursos Humanos.* Ediciones Granica, Buenos Aires, 2018.

Alles, Martha Alicia. *Codesarrollo: una nueva forma de aprendizaje.* Ediciones Granica, Buenos Aires, 2009.

Alles, Martha Alicia. *Comportamiento organizacional.* Ediciones Granica, Buenos Aires, 2017.

Alles, Martha Alicia. *Construyendo talento.* Ediciones Granica, Buenos Aires, 2016.

Alles, Martha Alicia. *Cuestiones sobre gestión de personas. Qué hacer para resolverlas.* Ediciones Granica, Buenos Aires, 2015.

Alles, Martha Alicia. *Desarrollo del talento humano. Basado en competencias.* Ediciones Granica, Buenos Aires, 2017.

Alles, Martha Alicia. *Desempeño por competencias. Estrategia. Desarrollo de personas. Evaluación de 360°.* Ediciones Granica, Buenos Aires, 2017.

Alles, Martha Alicia. *Diccionario de comportamientos. La trilogía. Tomo 2.* Ediciones Granica, Buenos Aires, 2015.

Alles, Martha Alicia. *Diccionario de términos de Recursos Humanos.* Ediciones Granica, Buenos Aires, 2011.

Alles, Martha Alicia. *Dirección estratégica de Recursos Humanos. Volumen 1. Gestión por competencias.* Nueva edición. Ediciones Granica, Buenos Aires, 2015.

Alles, Martha Alicia. *Dirección estratégica de Recursos Humanos. Volumen 2. Casos.* Nueva edición. Ediciones Granica, Buenos Aires, 2016.

Alles, Martha Alicia. *Elija al mejor.* Nuevo libro. Ediciones Granica, Buenos Aires, 2017.

Alles, Martha Alicia. *Las 50 herramientas de Recursos Humanos que todo profesional debe conocer.* Ediciones Granica, Buenos Aires, 2017.

Alles, Martha Alicia. *Mi carrera.* Colección Bolsillo. Ediciones Granica, Buenos Aires, 2009.

Alles, Martha Alicia. *Selección por competencias. Atracción y reclutamiento en las redes sociales. Entrevista y medición de competencias.* Ediciones Granica, Buenos Aires, 2016.

Bacal, Robert. *Performance Management.* McGraw-Hill, New York, 1999.

Bell, Chip R. *Managers as mentors.* Berrett-Koehler Publishers, San Francisco, 1998.

Blanchard, Ken; Carlos, John P.; Randolph, Alan. *El empowerment.* Deusto, Bilbao, 1996.

Boulding, Kenneth E. *Las tres caras del poder.* Paidós, Barcelona, 1993.

Burley-Allen, Madelyn. *La Direzione Assertiva.* Madelyn. Franco Angeli. Milán, 2005.

Carew, Jack. *The mentor.* Donald I. Fine Books, New York, 1998.

Carretta, Antonio; Dalziel, Murray M.; Mitrani, Alain. *Dalle Risorse Umane alle Competenze.* Franco Angeli Azienda Moderna, Milano, 1992.

Chapman, Elwood N. *Human Relations in Small Business.* Crips Publications, USA, 1994.

Cole, Gerald. *Personnel Management.* Letts Educational Aldine Place, London, 1997.

Cole, Gerald. *Organisational Behaviour.* DP Publications, London, 1995.

Dardelet, Bruno. *La comunicación, herramienta de la empresa.* Vergara/Ediciones Granica. Barcelona 1997.

Davis, Keith; Newstron, John W. *Comportamiento humano en el trabajo.* McGraw-Hill, México, 1999.

Debordes, Pascal. *Coaching. Entrenamiento eficaz de los comerciales. Cómo motivar y hacer progresar a la fuerza de ventas.* Gestión 2000, Barcelona, 1998.

Deprose, Donna. *The Team Coach.* Amacon, American Management Association, New York, 1995.

Dessler, Gary. *Administración de personal.* Prentice-Hall Hispanoamericana, México, 1994.

Drucker, Peter F. *Las nuevas realidades.* Editorial Sudamericana, Buenos Aires, 1995.

Fulmer, Robert M.; Conger, Jay A. *Growing your company's Leaders.* AMACOM. New York, 2004.

Gautier, Bénédicte; Vervisch, Marie-Odile. *Coaching directivo para el desarrollo profesional de personas y equipos.* Oberon, Madrid, 2001.

González Vadillo, José Luis. *Comportamiento humano.* Universidad de Deusto, Bilbao, 1993.

Gordon, Judith. *Comportamiento organizacional.* Prentice-Hall, México, 1997.

Harrison, Michael I.; Shiron, Arie. *Organizational diagnosis and assessment.* Sage Publications, Thousand Oaks (California), 1999.

Hax, Arnoldo; Majluf, Nicolás. *Estrategias para el liderazgo competitivo. De la visión a los resultados.* Ediciones Granica, Buenos Aires, 2004.

Heller, Robert. *Saber delegar.* Grijalbo Mondadori S.A., Barcelona, 1998.

Jaques, Elliot. *La organización requerida.* Ediciones Granica, Buenos Aires. 2004.

Kets de Vries, Manfred F.R.; Florent-Treacy, Elizabeth. *Los nuevos líderes globales.* Grupo Editorial Norma, Colombia, 1999.

Kreitner, Robert; Kinicki, Angelo. *Comportamiento de las organizaciones.* McGraw-Hill, Madrid, 1997.

Maslow, Abraham H. *El management según Maslow.* Paidós Empresa, Barcelona, 2005.

Mathis, Robert L.; Jackson John H. *Human Resource Management.* South-Western College Publishing, a division of Thompson Learning; Cincinatti, Ohio; 2000.

Montironi, Marina. *Capitale Umano e Imprese di Servizi.* Il Sole 24 Ore Media e Impresa, Milano, 1997.

Papows, Jeff. *Enterprise.com. El liderazgo del mercado en la era de la información*. Ediciones Granica, Buenos Aires, 1999.

Pell, Arthur R. *¡Administre su personal fácil!*, Prentice Hall Hispanoamericana, México, 1996.

Peretti, Jean-Marie. *Gestion des ressources humaines*. Librairie Vuibert, Paris, 1998.

Renckly, Richard G. *Human Resources*. Barron's Educational Series, Nueva York, 1997.

Robbins, Stephen P. *Comportamiento organizacional*. Pearson - Prentice-Hall, 2004.

Rothwell, William J. *Effective Succession Planning*. AMACON, New York, 2005.

Rothwell, William J.; Jackson, Robert D.; Knight, Shaun, C.; Lindholm, John E. *Career Planning and Succession Management*. PRAEGER, Westport, 2005.

Schein, Edgar H. *Organizational Culture and Leadership*. Jossey-Bass Publishers, San Francisco, 1992.

Senge, Peter M. *La quinta disciplina*. Ediciones Granica, Buenos Aires, 2007.

Senge, Peter y otros. *La quinta disciplina en la práctica*. Ediciones Granica, Buenos Aires, 2006.

Sherman, Arthur; Bohlander, George; Snell, Scott. *Administración de Recursos Humanos*. Thomson Internacional, México, 1999.

Sparrow, John. *Knowledge in organizations*. Sage Publications, London, 1998.

Spencer, Lyle M.; Spencer, Signe M. *Competence at work, models for superior performance*. John Wiley & Sons, Inc., New York, 1993.

Tissen, René; Andriessen, Daniel; Lekanne Deprez, Frank . *El valor del conocimiento. Para aumentar el rendimiento en las empresas*. Prentice-Hall, Madrid, 2000.

Ulrich, David. *Recursos Humanos Champions*. Ediciones Granica, Buenos Aires, 1997.

Ulrich, David. *Evaluación de resultados*. Ediciones Granica, Barcelona, 2000.

Ulrich, Dave; Becker, Brian E.; Huselid, Mark A. *The HR Scorecard. Linking People, Strategy, and Performance*. Harvard Business School Press, USA, 2001.

Ulrich, Dave; Brockbank, Wayne. *The HR Value proposition*. Harvard Business School Press, Boston, 2005.

Valdano, Jorge; Mateo, Juan. *Liderazgo*. El País - Aguilar, Madrid, 1999.

Wilson, Terry. *Manual del Empowerment*. Gestión 2000, Barcelona, 2000.

Unas palabras sobre la autora

Martha Alicia Alles es Doctora por la Universidad de Buenos Aires, área Administración. Su tesis doctoral se presentó bajo el título *La incidencia de las competencias en la empleabilidad de profesionales*. Su primer título de grado es Contadora Pública Nacional (UBA). Posee una amplia experiencia como docente universitaria, en diversos posgrados tanto de la Argentina como del exterior.

Con más de cuarenta títulos publicados hasta el presente, es la autora argentina que ha escrito la mayor cantidad de obras sobre su especialidad. Cuenta con colecciones de libros de texto sobre Recursos Humanos, Liderazgo y Management Personal, que se comercializan en toda Hispanoamérica.

De su colección sobre **Recursos Humanos** ha publicado:

Temas generales de Recursos Humanos y Comportamiento Organizacional:

- *Dirección estratégica de Recursos Humanos. Volumen 1. Gestión por competencias* (nueva edición revisada, 2015).
- *Dirección estratégica de Recursos Humanos. Volumen 2. Casos* (nueva edición revisada, 2016).
- *5 pasos para transformar una oficina de personal en un área de Recursos Humanos.* Nuevo libro (2018).
- *Comportamiento organizacional* (2017).

Específicos sobre modelos de competencias:

- *Gestión por competencias. El diccionario* (2002, y 2ª edición revisada, 2005).
- *Diccionario de comportamientos. Gestión por competencias* (2004).
- *Diccionario de preguntas. Gestión por competencias* (2005).

Nuevas obras preparadas sobre la base de un enfoque diferente de la metodología de Gestión por competencias:

- *Diccionario de competencias. La trilogía. Tomo 1* (2015).
- *Diccionario de comportamientos. La trilogía. Tomo 2* (2015).
- *Diccionario de preguntas. La trilogía. Tomo 3* (2015).

Sobre selección:

- *Empleo: el proceso de selección* (1998, y nueva edición revisada, 2001).
- *Empleo: discriminación, teletrabajo y otras temáticas* (1999).
- *Elija al mejor. La entrevista en selección de personas. La entrevista por competencias.* Nuevo libro (2017).

– *Selección por competencias. Atracción y reclutamiento en las redes sociales. Entrevista y medición de competencias.* Nuevo libro (2016).

Sobre desempeño:

– *Desempeño por competencias. Estrategia. Desarrollo de personas. Evaluación de 360°.* Nuevo libro (2017).

Sobre desarrollo de personas:

– *Desarrollo del talento humano. Basado en competencias* (2005, y nueva edición revisada y ampliada, 2017).

– *Codesarrollo. Una nueva forma de aprendizaje* (2009).

– *Construyendo talento* (2016).

Sobre Recursos Humanos, liderazgo y management:

– *Diccionario de términos de Recursos Humanos* (2011).

– *Las 50 herramientas de Recursos Humanos que todo profesional debe conocer* (2017).

– *Social media y Recursos Humanos* (2012).

– *La Marca Recursos Humanos* (2014).

– *Cuestiones sobre Gestión de Personas. Qué hacer para resolverlas* (2015).

De los siguientes títulos están disponibles solo en Internet (**www.marthaalles.com**), para profesores, una edición de *Casos* y otra edición de *Clases: Comportamiento organizacional, Codesarrollo, Construyendo talento, Dirección estratégica de Recursos Humanos* (nueva edición 2015), *Desempeño por competencias, Desarrollo del talento humano. Selección por competencias, La trilogía (Diccionario de competencias. La trilogía. Tomo 1; Diccionario de comportamientos. La trilogía. Tomo 2; y Diccionario de preguntas. La trilogía. Tomo 3), 200 modelos de currículum, y Mitos y verdades en la búsqueda laboral.*

De la serie **Liderazgo** podemos mencionar:

– *Rol del jefe* (2019).

– *12 pasos para ser un buen jefe* (2008).

– *Conciliar vida profesional y personal* (2016).

– *12 pasos para transformarse en un jefe entrenador* (2019).

– *Cómo delegar efectivamente en 12 pasos* (2010).

– *12 pasos para conciliar vida profesional y personal* (2013).

Su colección de libros destinados al **Management Personal** está compuesta por:

– *Las puertas del trabajo* (1995).

– *Mitos y verdades en la búsqueda laboral* (1997, y nueva edición revisada y ampliada, 2008).

– *200 modelos de currículum* (1997, y nueva edición revisada y ampliada, 2008).

– *Su primer currículum* (1997).

– *Cómo manejar su carrera* (1998).

– *La entrevista laboral* (1999).

– *Mujeres, trabajo y autoempleo* (2000).

En la colección de **Bolsillo** se publicaron:

– *La entrevista exitosa* (2005 y 2009).

– *La mujer y el trabajo* (2005).

– *Mi carrera* (2005 y 2009).

– *Autoempleo* (2005).

– *Mi búsqueda laboral* (2009).

– *Mi currículum* (2009).

– *Cómo llevarme bien con mi jefe y con mis compañeros de trabajo* (2009).

– *Cómo buscar trabajo a través de Internet* (2009).

Martha Alles es habitual colaboradora en revistas y periódicos de negocios, programas radiales y televisivos de la Argentina y de otros países hispanoparlantes, y conferencista invitada por diferentes organizaciones empresariales y educativas, tanto locales como internacionales. En los últimos dos años ha dictado conferencias y seminarios en Bolivia, Colombia, Costa Rica, Chile, Ecuador, El Salvador, Estados Unidos, Guatemala, México, Nicaragua, Panamá, Paraguay, Perú, República Dominicana, Uruguay, Venezuela, entre otros, además de numerosos seminarios en su país, Argentina.

Es consultora internacional en Gestión por competencias y presidenta de Martha Alles International, firma regional que opera en toda Latinoamérica y Estados Unidos, lo que le permite unir sus amplios conocimientos técnicos con su práctica profesional diaria. Cuenta con una experiencia profesional de más de veinticinco años en su especialidad.

Es casada, tiene tres hijos, dos nietas y un nieto.

Martha Alles SA
Talcahuano 833 (Talcahuano Plaza), piso 2
Buenos Aires, Argentina
Teléfono: (54-11) 4815 4852
Twitter: marthaalles

Libros de Martha Alles de la serie Recursos Humanos, publicados por Ediciones Granica

Guía de lecturas: secuencia sugerida

- Comportamiento organizacional

- 5 pasos para transformar una oficina de personal en un área de Recursos Humanos

- Dirección estratégica de Recursos Humanos. Volumen 1. Gestión por competencias.
- Dirección estratégica de Recursos Humanos. Volumen 2. Casos.

Trilogía:
- Diccionario de competencias. Tomo 1
- Diccionario de comportamientos. Tomo 2
- Diccionario de preguntas. Tomo 3

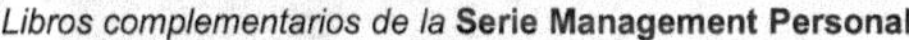

Libros complementarios de la **Serie Management Personal**

- Mitos y verdades en la búsqueda laboral
- 200 modelos de currículum

- Selección por competencias
- Elija al mejor. La entrevista en selección de personas. La entrevista por competencias

- Desempeño por competencias. Estrategia. Desarrollo de personas. Evaluación de 360°

- Desarrollo del talento humano. Basado en competencias

- Construyendo talento
- Codesarrollo: una nueva forma de aprendizaje

Libros de Martha Alles publicados por Ediciones Granica relacionados con Recursos Humanos y Liderazgo

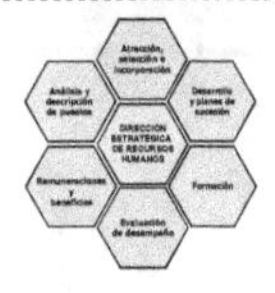    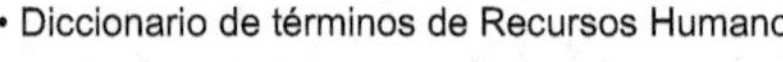 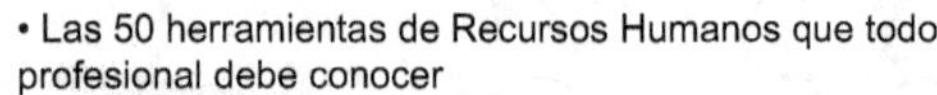

- Diccionario de términos de Recursos Humanos
- Las 50 herramientas de Recursos Humanos que todo profesional debe conocer
- Social media y Recursos Humanos
- La Marca Recursos Humanos
- Cuestiones sobre gestión de personas. Qué hacer para resolverlas

Libros de la serie Liderazgo de Martha Alles publicados por Ediciones Granica

Guía de lecturas: secuencia sugerida

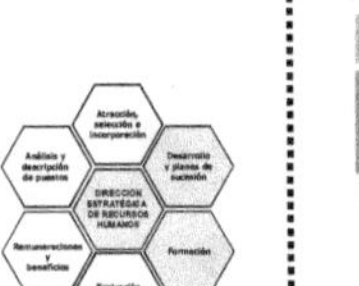   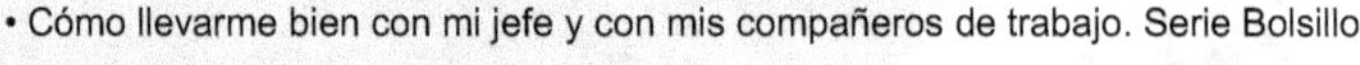 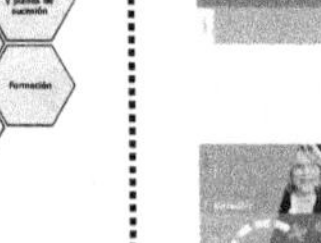   

- Rol del jefe. Cómo ser un buen jefe

- 12 pasos para ser un buen jefe

- Cómo llevarme bien con mi jefe y con mis compañeros de trabajo. Serie Bolsillo

- Conciliar vida profesional y personal

- 12 pasos para transformarse en un jefe entrenador

- Cómo delegar efectivamente en 12 pasos

- 12 Pasos para conciliar vida profesional y personal

El libro que tiene en sus manos dispone de una herramienta práctica adicional para ayudarlo a llevar a la práctica todos los conceptos aquí tratados. Dicha herramienta es un diario de trabajo denominado:

12 pasos para ser un buen jefe

Esta propuesta para la acción se basa en *Rol del jefe.* Bajo el formato de un diario lo ayudará a transformarse en un buen jefe. Como se deriva del título y pensado como un complemento de trabajo a la obra ya mencionada se proponen *12 pasos* para un eficaz crecimiento como jefe. Cada *paso* propone una temática diferente. Diseñado con un formato singular, el lector podrá primero auto administrarse un test antes de poner en práctica los *12 pasos.*

Cada uno de los pasos consta de cinco ideas /sugerencias, una autoevaluación, un *check list* y bibliografía sugerida. El desarrollo de los temas se acompaña con espacios en blanco para que cada uno pueda aportar sus experiencias, plan de acción para mejorar, reflexiones y cualquier otro aspecto que quiera considerar en relación con el paso en cuestión.

Sobre el final, se ofrece un nuevo test para medir los progresos obtenidos luego de haber transitado los 12 pasos para alcanzar un desempeño superior como jefe.

CONTENIDO DE LA OBRA

- Introducción
- Comenzando por el principio. La primera evaluación
- PASO 1: Establezca una comunicación eficaz.
- PASO 2: Seleccione a un nuevo colaborador.
- PASO 3: Evalúe el desempeño de sus colaboradores.
- PASO 4: Ayude a los colaboradores a crecer.
- PASO 5: Logre una buena relación con sus colaboradores.
- PASO 6: Lidere con el ejemplo.
- PASO 7: Conduzca mejor a sus colaboradores.
- PASO 8: Plantee desafíos a sus colaboradores.
- PASO 9: Incentive el autodesarrollo.
- PASO 10: Genere confianza en sus colaboradores.
- PASO 11: Transfórmese en un jefe entrenador.
- PASO 12: Conozca los nuevos enfoques organizacionales.
- Nueva evaluación
- Bibliografía
- Guía de lecturas
- Unas palabras sobre la autora

¿Cuál es la mejor forma de utilizar este diario de trabajo para transformarse en un buen jefe? Nuestra sugerencia es que vaya *paso a paso* y dentro de cada uno, *de página en página,* analizando y reflexionando cada tema uno por uno, utilizando los espacios en blanco para tal fin.

OTROS LIBROS COMPLEMENTARIOS A ROL DEL JEFE

- Cómo delegar efectivamente en 12 pasos: refuerza delegación
- Cómo transformarse en un jefe entrenador en 12 pasos: refuerza en los jefes la capacidad de ser entrenador de sus colaboradores

Revista Técnica Virtual

alles@marthaalles.com
www.marthaalles.com

info@xcompetencias.com
www.xcompetencias.com

CORPORATE
T: +1 (786) 600-1064
A: 2450 Hollywood Blvd, Suite 700, Hollywood,
FL 33020, USA

ARGENTINA
T: +54 (11) 4815-4852
A: Talcahuano 833, 2 piso, Suite "E", Buenos
Aires, (1013) Argentina

Martha Alles International

Martha Alles International

@marthaalles

Martha Alles International